普通高等学校"十三五"省级规划教材

电子商务课改系列教材

网上贸易实务

主　编　夏名首
副主编　何兴旺
编写人员（以姓氏笔画为序）
　　　　卫莹莹　王召义　何兴旺
　　　　索金龙　夏名首　虞昌亮

中国科学技术大学出版社

内 容 简 介

本书为安徽省高等学校"十三五"省级规划教材,安徽省MOOC示范项目配套教材,教育部和财政部"双高计划"安徽商贸职业技术学院电子商务专业群、教育部创新行动计划电子商务骨干专业建设成果。本书结合直播电商、跨境电商、网店运营推广证书(1+X)等内容,着重介绍了网络营销环境下网上交易与处理的方法与技能,包括网络营销概述、网络营销策略、网上市场调研、商务数据采集、电子支付与网上银行、网上贸易安全、网店运营、网上商务客户服务、移动商务、网上贸易案例分析等。

本书可作为高等职业院校电子商务、物流管理、市场营销等专业教材使用,也适合电子商务从业者阅读参考。

图书在版编目(CIP)数据

网上贸易实务/夏名首主编. —合肥:中国科学技术大学出版社,2021.9
ISBN 978-7-312-05296-5

Ⅰ.网⋯ Ⅱ.夏⋯ Ⅲ.网络贸易 Ⅳ.F713.36

中国版本图书馆CIP数据核字(2021)第165993号

网上贸易实务
WANG SHANG MAOYI SHIWU

出版	中国科学技术大学出版社
	安徽省合肥市金寨路96号,230026
	http://press.ustc.edu.cn
	https://zgkxjsdxcbs.tmall.com
印刷	安徽国文彩印有限公司
发行	中国科学技术大学出版社
经销	全国新华书店
开本	787 mm×1092 mm 1/16
印张	20.25
字数	493千
版次	2021年9月第1版
印次	2021年9月第1次印刷
定价	45.00元

前　言

学校开设"网上贸易实务"课程已经有十多年了。在这十多年中,我国互联网产业实现了与全球同步发展,并且在发展速度、用户规模、应用创新、技术突破等多个方面呈现出居于世界领先水平的发展态势。过去的十年,是中国互联网快速发展的十年,这种快速发展不仅仅体现在某一个层面或角度,还在于互联网已经从一个工具转变为一种基础设施,渗透到各行各业。互联网甚至还成为承载数字经济发展的核心,成为我们工作与生活的重要载体。得益于互联网的快速发展,电子商务也迅速发展起来,并已经融入我们工作与生活中的每个角落,既带动了许多行业的发展,也带动了商业模式的转变,还带动了现代服务业的创新。

在这十多年中,职业教育发展也取得了显著的成绩,职业教育在培养技术技能人才、促进就业创业创新、推动服务上水平等方面发挥了重要作用。国务院《国家职业教育改革实施方案》的颁布与实施,更为职业教育的发展指明了方向,其中优化完善教材和教学方式成为了重要任务。基于此,我们对本书内容进行了甄选,加强了适合职业教育特点的适应性、实践性和有效性。

本书为安徽省高等学校"十三五"省级规划教材,是安徽省电子商务高水平高职专业(2018ylzy148)、安徽省电子商务专业教学创新团队(2019cxtd071)、安徽省示范基层教学组织(教研室)(2020sjsfjys05)、教育部和财政部中国特色高水平高职学校和专业群建设计划项目电子商务专业群建设的阶段性成果。

本书着眼于网上贸易实务方面的内容,对近年来电子商务的新知识、新技能、新案例及新应用进行了甄选、整合。具体分工如下:第一、二章由安徽商贸职业技术学院夏名首编写,第三、四章由安徽商贸职业技术学院王召义编写,第五章由山西机电职业技术学院索金龙编写,第六、七章由安徽商贸职业技术学院何兴旺编写,第八、九章由安徽商贸职业技术学院虞昌亮编写,第十章由三只松鼠股份有限公司卫莹莹编写。

本书在出版过程中,得到了安徽商贸职业技术学院各位同仁的帮助,特别是得到了奋斗在电子商务职业教育战线上的各位老师的指导,同时也参考了诸多电子商务领域学者的研究成果,在此表示衷心的感谢。由于编者水平有限,书中难免有疏漏之外,希望读者批评指正。

编 者

2021 年 5 月

目 录

i 前言

第一章
001 网络营销概述

- 003 第一节 网络营销的内涵
- 010 第二节 网络营销与传统营销的比较
- 015 第三节 网络营销的理论基础
- 023 第四节 网络营销目标市场定位
- 025 第五节 网络营销的参与对象

第二章
031 网络营销策略

- 033 第一节 网络营销策略组合
- 042 第二节 站点推广
- 046 第三节 网络广告

第三章
062 网上市场调研

- 064 第一节 网上市场调研概述
- 075 第二节 网上问卷调研策略
- 085 第三节 网上市场调研报告

第四章
098 商务数据采集与分析

- 100 第一节 商务数据采集
- 108 第二节 商务数据采集工具
- 119 第三节 商务数据分析

第五章
127 电子支付与网上银行

- 128 第一节 电子支付
- 135 第二节 网上银行
- 141 第三节 第三方支付

第六章
148 网上贸易安全

- 149 第一节 网络贸易安全概述
- 153 第二节 网上贸易安全技术与协议
- 166 第三节 网上贸易的交易安全管理
- 172 第四节 安全工具的应用

第七章

185 网店运营

- 187 第一节 网店运营认知
- 192 第二节 网店开设
- 207 第三节 网店推广

第八章

227 网上商务客户服务

- 229 第一节 认知网络客服
- 233 第二节 售前客户服务
- 246 第三节 售中客户服务
- 248 第四节 售后客户服务

第九章

263 移动商务

- 264 第一节 认识移动商务
- 268 第二节 微商朋友圈营销
- 274 第三节 微信公众号内容运营
- 279 第四节 今日头条运营
- 284 第五节 短视频运营
- 289 第六节 手机淘宝开店

第十章

296 网上贸易案例分析

- 297 第一节 网络综合销售平台——淘宝网
- 299 第二节 第三方支付平台——支付宝
- 303 第三节 社交电商——小红书
- 306 第四节 专注C2M拼团购物——拼多多
- 308 第五节 直播电商——抖音

315 参考文献

第一章 网络营销概述

 学习目标

- 了解网络营销的内涵
- 掌握网络营销对传统营销的冲击及两者的区别
- 理解网络营销的理论基础
- 理解网络消费者的购买动机及购买过程
- 能够对网络营销目标市场进行定位

王老吉的网络营销

王老吉是加多宝公司名下的一个老字号品牌。2002年以前,从表面上看,红色罐装王老吉是一个不错的品牌,在广东、浙南地区销量稳定,盈利状况良好,有比较固定的消费群,红色罐装王老吉饮料的销售业绩连续几年维持在1亿元人民币。但是,在企业发展到一定规模后,加多宝的管理层发现,要把企业做大,王老吉还面临着两个问题:一是品牌定位不明确,即王老吉究竟是"凉茶"还是"饮料";二是营销范围有限,王老吉暂时无法走出广东、浙南。

2002年底,加多宝找到成美营销顾问公司,初衷是想为红色罐装王老吉拍一则以赞助奥运会为主题的广告片,希望以"体育、健康"的口号来进行宣传,以期推动销售。成美营销顾问公司经过初步研究发现,红色罐装王老吉的销售问题并不是单纯依靠广告就能解决的,而是应进行一个系统、严谨的品牌定位。在调查中成美营销顾问公司发现,在消费者的认知中,饮食是导致上火的一个重要原因,特别是"辛辣""煎炸"的饮食习惯不利于健康,而在预防上火的饮料方面,市场中仍是一片空白。

从"健康永恒,永远相伴"到"怕上火,喝王老吉",王老吉终于找到了自己明确的定位——预防上火。王老吉迅速在电视和网络中播放消费者在吃火锅、通宵看球、吃油炸食品和夏日阳光浴等场景中畅饮王老吉的广告。由于品牌定位及网络、电视广告的成功,王老吉的销售额大幅增加。

2008年5月12日,汶川遭受特大地震。2008年5月18日晚,中央电视台举办"抗震救灾募捐晚会",加多宝集团以1亿元人民币的捐款额成为国内单笔捐款数额最高的企业。地震灾害中王老吉慷慨捐助的行为感动了大批消费者并快速形成口碑,而消费者的感动和支持也转化成了购买行为且极具"传染性"。随后,一则主题为"封杀王老吉"的帖子在网上热传。帖子中写道:"生产罐装王老吉的加多宝公司向地震灾区捐款1亿元人民币,这是迄今为止国内民营企业单笔捐款的最高纪录!王老吉,你够狠!为了'整治'这个嚣张的企业,买光超市的王老吉!上一罐,买一罐!"这给王老吉带来的不仅是在百度上搜索量的直线上升,同时还有销售量的大幅提升与知名度的迅速提高。

王老吉使用网络推广手段,借助网络营销中的事件营销和病毒式营销,用1亿元人民币感动了3亿网民,进而感动了全体中国人。而为地震灾区所捐的1亿元人民币,为其带来了远不止花费1亿元人民币广告费就能赢得的品牌美誉度。

这一案例表明,网络营销正以前所未有的速度走进我们的经济生活,而且大有替代传统营销的趋势。本章将系统地阐述网络营销的基本原理。

第一节　网络营销的内涵

网络营销以互联网为媒体,以新的方式、方法和理念实施营销活动,能够更有效地促成个人与组织间交易活动的实现,推动企业营销目标的达成。

网络营销的产生,是科学技术的发展、消费者价值观念的变革和商业竞争的演变等综合因素促成的结果。

一、网络营销的产生基础

(一)网络营销产生的科技基础——计算机通信技术与网络的普及

现代计算机通信技术及网络的应用与发展是网络营销产生的技术基础。网络营销的产生,离不开20世纪90年代互联网的飞速发展。互联网起源于1969年,在加利福尼亚大学洛杉矶分校的计算机实验室里,6名科学家首次将一台计算机与远在千里之外的斯坦福研究所的另一台计算机联通,此举标志着网络时代的到来。1974年,计算机网络已拥有100多个站点,再后来的发展就是爆炸式的了。国际互联网络(Internet)是一种集通信技术、信息技术、计算机技术为一体的网络系统。它将入网的不同类型的网络和不同机型的计算机互联起来,构成一个整体,从而实现了网上资源的共享和网络信息的交换。互联网是目前计算机之间进行信息交换和资源共享的最佳方式。在互联网上,任何人都可以享有创作、发挥的自由,所有信息的流动皆不受限制,网络的运作可使使用者自由地连接,任何人都可加入互联网,因此网络上的信息资源是共享的。由于互联网源自学术交流,人们习惯于免费使用互联网资源,在商业化后,各网络服务商也只能采取低价策略。这些因素促使了互联网的蓬勃发展。

中国互联网信息中心(CNNIC)2021年2月发布了第47次《中国互联网络发展状况统计报告》(以下简称《报告》),《报告》显示,截至2020年12月,我国网民规模达9.89亿,已占全球网民的五分之一,互联网普及率达到70.4%,高于全球平均水平。2020年,面对突如其来的新冠肺炎疫情,互联网显示出强大力量,对打赢疫情防控阻击战起到了关键作用。《报告》显示,疫情期间全国一体化政务服务平台推出"防疫健康码",累计申领近9亿人,使用次数超400亿人次,支撑了全国绝大部分地区实现"一码通行"。

互联网不再是单一的辅助工具,企业开始将"互联网+"行动计划设定为企业战略规划的重要组成部分,各类互联网模式的创新有效推动了复工复产。截至2020年12月,我国在线教育、在线医疗用户规模分别为3.42亿、2.15亿,占网民整体的34.6%、21.7%。其中,各大在线教育平台面向学生群体推出各类免费直播课程,方便学生居家学习,用户规模迅速增长;同样受疫情影响,网民对在线医疗的需求也不断增长。

数字基础设施是数字乡村建设的基石,为实现农村和城市"同网同速",实施数字乡村建设发展工程,全面推进乡村振兴,加快农业农村现代化。截至2020年底,全国农村宽带用户总数达1.41亿。实施数字乡村建设发展工程,发展智慧农业,建立农业农村大数据体系,全面助力乡村振兴。

(二)网络营销产生的观念基础——消费者价值观的变革

当今企业正面临着前所未有的激烈竞争,市场已由卖方市场向买方市场演变,消费者主导的营销时代已经来临。因此,满足消费者的需求是网络营销的核心。随着科技的发展、社会的进步、文明程度的提高,消费者的观念也在不断地发生变化,这为在互联网上开展网络营销提供了普及的可能。这些观念变化可概括如下。

1. 消费者消费个性回归

网络营销最大的特点在于以消费者为主导。消费者将拥有比过去更多的选择自由,他们可根据自己的个性特点和实际需求利用网络在全球范围内寻找商品,而不受地域限制。消费者心理上的认同感是做出购买决策的先决条件,以商品供应多样性为基础的商品单独享有成为社会时尚。通过进入感兴趣的企业网址或网上商店,消费者可获取更多的产品相关信息,使购物更具个性化。

2. 消费者需求的差异性

不仅仅是消费者的个性消费会使网络消费需求呈现出差异性,对于不同的网络消费者,因其所处的环境不同,也会产生不同的需求。即便在同一需求层次上,网络消费者的需求也会有所不同,他们来自世界各地,有不同的国别、民族、信仰和生活习惯,因而会产生明显的需求差异。所以,从事网络营销的厂商要想取得成功,就必须在整个生产过程中,即从产品的构思、设计、制造到产品的包装、运输、销售,都要认真思考这些差异性,并针对不同消费者的特点,采取相应的措施和方法。网络技术的发展,使这种需求得到满足成为可能。

3. 消费者的主动性增强

由于商品生产日益细化和专业化,消费者购买商品的风险感随选择的增多而上升。对于消费者来说,已经不再满足于卖方单方面的信息传递,而更多的是追求双方的信息沟通,消费者会主动通过各种途径获取与商品有关的信息,并进行分析比较,以减少购买失误的可能。多数消费者会利用网站提供的"对比功能"比较产品获取或服务,主动参与到买卖活动中。

4. 消费者直接参与生产和流通的全过程

传统的商业流通渠道由生产者、商业机构和消费者组成,其中商业机构起着重要的作用,生产者不能直接了解市场,消费者也不能直接向生产者表达自己的消费需求。而在网络环境中,消费者能直接参与生产和流通环节,与生产者直接进行沟通,降低了市场的不确定性。

5. 追求消费过程的方便和享受

在现代化的生活节奏下,消费者用于在实体商店购物的时间越来越短。在传统的购物方式中,从商品买卖过程来看,一般需要经过看"样品→选择商品→确定所需购买的商品→付款结算→包装商品→取货(或送货)"等一系列过程。买卖过程短则几分钟,长则数小时,加上往返、逗留时间，消费者往往会为购买商品而付出很多的时间和精力；拥挤的交通和日益扩大的店面更增加了消费者购物所耗费的时间和精力。然而，由于现代人工作负荷较大，消费者希望购物方便，尽量节省时间和精力，特别是对某些品牌的消费品已经形成固定偏好的消费者，这一需求尤为重要；人们越来越珍惜闲暇时间，越来越希望在闲暇时间内从事一些有益于身心愉悦、健康的活动，并充分地享受生活。同时，现代人的生活丰富多彩，购物活动不仅是消费需要，也是心理需要，很多消费者以购物为生活内容，从中获得享受。

6. 消费者选择商品的理性化

网络营销系统强大的信息处理能力为消费者挑选商品提供了前所未有的选择空间，消费者会利用在网上得到的信息对商品进行反复比较，以决定是否购买。对企事业单位的采购人员来说，可利用预先设计好的计算程序，迅速比较进货价格、运输费用、优惠、折扣、时间效率等综合指标，最终选择有利的进货渠道和途径。

7. 价格仍是影响消费心理的重要因素

虽然现代市场营销倾向于以各种策略来削减消费者对价格的敏感度，避免恶性价格竞争，但价格始终对消费者发挥着重要的影响，价格仍然是影响购买的重要因素。只要价格削减的幅度超过消费者的心理预期，就会影响消费者既定的购物原则。网络营销能为企业提供强有力的促销，节省流通费用，使产品成本和价格的降低成为可能。而消费者则可在全球范围内寻找最优惠的价格，甚至可绕过中间商直接向生产者订货，进而能以更低的价格实现购买。

8. 网络消费仍然具有层次性

在网络消费的初始阶段，消费者偏重于精神产品的消费；到了网络消费的成熟阶段，当消费者完全掌握了网络消费的规律和操作，并且对网络购物产生一定的信任感后，消费者就会从侧重于精神消费品的购买转向日用消费品的购买。

中国电子商务研究中心监测数据显示，近年来，我国网络零售交易规模不断增长，2010～2017年的增速均在30%以上；2018年以后，增速有所下降，但仍呈现稳步增长趋势；2019年，全国网络零售突破10万亿元，同比增长20.6%；2020年，我国网络零售市场交易规模达12.3万亿元。从网络零售市场来看，2019～2020年，手机淘宝、拼多多和京东的活跃用户数呈总体增长态势。其中，手机淘宝的活跃用户数稳居三家网络零售商的首位，2020年11月末的活跃用户数达9.17亿人；拼多多自2019年4月开始发力，其活跃用户数后来赶超京东，排名第二，2020年11月末达6.71亿人；京东的活跃用户数则维持在2～4亿人。此外，这些数据还表明，目前网络消费已经不是早期的以图书、软件等精神产品为主的购买，而是更多地向日用消费品市场进军。

（三）网络营销产生的现实基础——商业竞争的日益激烈

市场竞争日益激烈，为了在竞争中占据优势，各家企业都使出了浑身解数，想方设法地吸引消费者，很难说还有什么新颖独特的方法能令商家出奇制胜。市场竞争已不再依靠表层的营销手段，经营者迫切需要用更深层次的方法和理念武装自己。经营者迫切需要寻找变革机会，尽可能降低商品在从生产到销售的整个供应链上的成本，缩短运作周期。

而对于经营者求变的要求,网络营销可谓一举多得。开展网络营销,可以大幅降低昂贵的店面租金,可以减少库存商品资金的占用,可以使经营规模不受场地限制,可以方便采集客户信息等,这些都使得企业经营的成本和费用降低、运作周期变短,从根本上提高企业的综合竞争力。

总之,网络营销的产生有其技术基础、观念基础与现实基础,是多种因素综合作用的结果,并且在未来有着巨大的发展潜力,蕴藏着无限的商机。

二、网络营销的定义

市场营销作为一门学科,20世纪初诞生于美国,历经以生产为导向的营销观念、以产品为导向的营销观念、推销观念、以市场为导向的营销观念和社会营销观念等五个发展阶段。近年来,营销理论取得了较大的发展,这主要表现在随着互联网的普及,市场营销环境发生了根本性的改变,从而对市场营销策略和理念产生了巨大的冲击。作为一种全新的信息沟通与产品销售渠道,互联网改变了企业所面对的用户和消费者、虚拟市场的空间以及竞争对手,企业将在一个全新的营销环境下生存。

网络营销在国外有许多翻译,不同表述方式有着不同的含义:

(1) Cyber Marketing:主要指网络营销在虚拟的计算机空间中(Cyber,即计算机虚拟空间)进行运作。

(2) Internet Marketing:主要指在互联网上开展的营销活动。

(3) Network Marketing:指在网络上开展的营销活动,同时,这里的网络不仅仅是指互联网,还可以是其他一些类型的网络,如增值网络VAN。

(4) e-Marketing:"e"表示电子化、信息化、网络化,既简洁又明了,而且与电子商务(e-Business)、电子虚拟市场(e-Market)等概念相呼应。

虽然具体表述方式不同,但它们都体现了一个新的理念,那就是采用电子手段来进行营销活动,即网络营销以互联网为媒体,以新的方式、方法和理念实施营销活动,更有效地促成个人与组织间交易活动的实现。

小思考 1.1

认识网络营销应注意哪些问题?

答:认识网络营销要注意以下几点:① 网络营销不是网上销售;② 网络营销不仅限于网上;③ 网络营销是建立在传统营销理论基础之上的。

三、网络营销的特点

网络营销作为实现企业营销目标的新兴营销方式和营销手段,它的基本营销目的和营销工具与传统营销是一致的,只不过其实施和操作过程与传统营销存在着很大的区别。事实上,作为新兴媒体,互联网的发展速度超过了以往其他所有的技术,广播在出现38年后才拥有500万的受众,电视是13年,有线电视用了10年,而互联网只用了5年。这表明,互联网已经成为继报纸、杂志、广播、电视之后发展最迅速的传播媒体之一,并且有着巨大的潜力。在互联网上进行信息交流可以实现自由、开放和平等,信息交流费用低廉,信息交流渠道既直接又高效。互联网具有传统渠道和传统媒体所不具备的特点,因此在网上开展营销活动时,必须改变传统的营销手段和方式。

(一) 跨时空

以不受时间和空间约束的互联网为依托的网络营销,没有时间、空间、地域、国别的限制,减少了市场壁垒和市场扩展的障碍。从生产者和经营者角度来说,企业通过网络可随时传播产品信息、经营企业形象等,直接面对全球市场开展营销活动;从客户角度来说,消费者通过网络可以实时快捷地查询、浏览到所需的各种产品及服务信息,并将自己的意见及时反馈给企业。比如生产各种中、小型家庭轿车和多用途汽车的公司,可以充分利用互联网具有不受时间、空间约束的特点来进行信息交换,24小时为全世界提供营销服务,完成大量的交易。

(二) 多媒体

互联网有着多媒体的功能,而且内容清晰度高、信息容量大。有条件上网的消费者可以"足不出户,购尽所需",因为网络上几乎可以购买到任何商品。

互联网企业可以充分利用多媒体的优势传播网络营销信息。信息在网络上可以采用诸如文字、图像、声音、视频等多种形式。信息的传递不受容量、时间等限制,可以更好地做到信息传递及时、快捷、保真。

(三) 交互式

市场营销中最重要的环节是企业与客户之间的信息传播与交流。传统营销单向式的信息沟通方式,被网络营销中"一对一"的、具有双向交互式的沟通方式取而代之。消费者可以主动地在网上选择自己感兴趣的信息、产品、服务或向企业提出各种消费意愿。企业也可根据消费者反馈的需求信息,定制、改进或开发新产品。这种交互式的沟通方式是以消费者为主导的,而非强迫性的。

(四) 拟人化

互联网上的促销是"一对一"的定制化的营销,它充分考虑到了消费者的心理感受,由消费者作为主导,自愿地进行。这是一种低成本、人性化的促销,避免了人员推销中强势推销的干扰,通过信息交流与沟通,企业可以与消费者建立良好的关系。

(五) 成长性

互联网正以前所未有的速度成长并且普及,在我国,使用网络的人数已经超过9.89亿,从上网人群的特征来看,不仅偏年轻化,受教育程度越来越高,购买力强,还有很强的市场影响力,是一个极具开发潜力的市场。

(六)整合性

互联网上的网络营销是一种全程的营销渠道,可以对商品信息、收款结算、售后服务等活动进行整合。美国通用汽车公司就充分利用了互联网的这一特点,允许消费者在互联网上通过公司的相关系统按自己的兴趣,自行对车辆进行设计和组装,以满足消费者的个性需求。在结算方面,我国的招商银行率先推出企业网上银行,使企业财务人员不到银行就可在网上办理支付结算等业务,同时也为网上交易提供结算手段奠定了基础。

(七)超前性

互联网是一种具有强大营销能力的工具,兼有渠道、促销、互换信息及网上交易等一系列功能,它所具备的"一对一"营销能力,恰好符合直复营销等未来的营销趋势。

小应用 1.1

以直销成名的雅芳(AVON)公司,为了巩固老客户、发展新客户、占领更大的市场,在1997年4月抢先一步实行网上销售。它们为进入网络市场作了充分的准备,在行动开展之前就向美国的主管部门详细介绍了公司的网络营销策略,其目的是为了扩大新客户,并不是"甩开"老客户,反而还要进一步巩固同老客户的关系。

(八)高效性

计算机可储存大量的信息供消费者查询,其可传送的信息数量与精确度远远超过其他媒体,并能顺应市场需求,及时更新产品或调整价格。因此,网络营销能更及时、更有效地了解客户的需求。

(九)经济性

网络营销具有快捷性,因此将极大地降低经营成本,提高企业利润。形成网络营销的经济性有诸多原因,如资源的广域性、地域价格的差异性、交易双方的最短连接性、市场开拓费用的锐减性、无形资产在网络中的延伸增值性。这一切与网络营销经济性相关的关系和影响,都将极大地降低交易成本,给企业带来经济利益。

(十)技术性

网络营销建立在计算机及现代通信等高新技术支撑的网络环境中,这就要求企业在实施网络营销时必须要有一定的技术投入和技术支持,经营决策、市场运作更加依赖于科技手段的应用。同时,应引进既懂营销又熟悉计算机和网络技术的复合型人才,才能在未来的市场上具备竞争优势。

四、网络营销的内容

网络营销可以使从生产者到消费者的价值交换全过程更便利、更充分、更有效率。它的独特之处在于利用网络手段与技术,面向特殊的网上市场环境。这个特征已经深刻地影响了企业未来的生存方式。可以预测,网络营销将成为现代营销最基本的形式,而且它的内容也尤为丰富。

(一)网上市场调查

网上市场调查主要是指利用互联网交互式的信息沟通渠道来实施调查活动。它包括网上直接资料的收集,如电子邮件、网上调查问卷、随机 IP 法、视讯会议法等;也包括网上间接资料的收集,如搜索引擎、公告栏、新闻组、电子邮件等。利用网上调查工具,可以提高调查效率,加强调查效果。互联网作为信息交流渠道,因为它的信息发布来源广泛、传播迅速,已成为信息的海洋,所以在利用互联网进行市场调查时,重点是如何利用有效的工具和手段来实施调查和收集整理资料。当前来说,获取信息不再是难事,关键是如何在信息海洋中获取想要的资料信息和分析出有用的信息。

(二)网络消费者行为分析

互联网用户作为一个特殊群体,它有着与传统市场群体截然不同的特性,因此要开展有效的网络营销活动,就必须深入了解互联网用户群体的需求特征、购买动机和购买行为模式。互联网作为信息沟通工具,成为许多兴趣、爱好趋同的群体聚集交流的场所,并且形成一个个特征鲜明的网上虚拟社区,因此了解这些虚拟社区的群体特征和偏好是网络消费者行为分析的关键。

(三)网络营销策略分析

不同企业在市场中处于不同地位。在采取网络营销实现企业营销目标时,必须采取与企业相适应的营销策略,因为网络营销虽然是非常有效的营销工具,但企业在实施网络营销时需要进行投入并且是有风险的。同时企业在制订网络营销策略时,还应该考虑到产品周期对网络营销策略制订的影响。

(四)网上产品和服务策略

网络作为信息沟通的有效渠道,它可以成为一些无形产品(如软件和远程服务)的载体,这改变了传统产品的营销策略——特别是渠道的选择。网上产品和服务营销必须结合网络特点,重新考虑产品的设计、开发、包装和品牌的传统产品策略。

(五)网上价格营销策略

网络作为信息交流和传播的工具,从诞生开始实行的便是自由、平等和信息免费的策略。因此,在制订网上价格营销策略时,必须考虑到互联网对企业定价的影响和互联网本身独特的免费思想。

(六) 网上渠道选择与直销

互联网对企业营销影响最大的方面之一是对企业营销渠道的影响。美国戴尔（Dell）公司借助互联网的直接特性建立的网上直销模式获得了巨大成功，改变了传统渠道中的多层次选择、管理与控制问题，最大限度地降低了营销渠道的费用。但企业在建设自己的网上直销渠道时，必须考虑重建与之相适应的经营管理模式。

(七) 网上促销与网络广告

互联网作为一种双向沟通渠道，最大优势是可以让沟通双方突破时空限制直接进行交流，而且简单、高效、费用低廉。因此，在网上开展促销活动是最有效的沟通渠道，但网上促销活动开展必须遵循网上信息交流与沟通的规则，特别要遵守虚拟社区的一些礼仪。网络广告作为最重要的促销工具，主要依赖互联网的第四媒体功能，目前网络广告作为新兴产业得到了迅猛发展。网络广告作为在第四类媒体上发布的广告，具有传统的报纸、杂志、无线广播和电视等媒体无法比拟的优势，即网络广告具有交互性和直接性。

(八) 网络营销管理与控制

网络营销作为在互联网上开展的营销活动，必将面临许多传统营销活动不曾碰到的新问题，如网上销售产品的质量保证问题、消费者的隐私保护问题以及信息安全与保护问题等。这些都是网络营销必须重视并进行有效应对的问题，否则网络营销效果可能适得其反，甚至会产生很大的负面效应，这是由于网络信息传播速度非常快，并且网民对反感问题反应比较强烈而且迅速。

小思考 1.2

网络营销与传统营销的管理内容是否不同？
答：网络营销与传统营销的管理内容大体相同，只是手段不同，具体表现形式也不一样。

第二节　网络营销与传统营销的比较

菲利普·科特勒将营销定义为"个人和集体通过创造、提供并同他人交换产品价值，以获得其所需物品的一种社会和管理过程"。也就是说，营销是以满足人类各种需要和欲望为目的，通过市场变迁在交换为现实交换活动的总称。而网络营销（e-Marketing）是指借助于互联网、计算机通信技术和数字交互式媒体来实现营销目标的一种营销方式。从这两种定义来看，网络营销与传统的市场营销并没有本质的区别，它们都要实现其营销目标，即将潜在的交换转化为现实的交换,但由于采用的手段不同,具体表现形式也存在着区别。

一、网络营销与传统营销的区别

(一) 营销理念的转变

传统营销中,因为手段与技术的落后,企业不可能全面了解消费者的需求,也不可能满足消费者个性化的需求,所以不管企业采取的是无差异化策略还是差异化策略,其目标市场都是大众化的市场,即一定范围内符合某种条件的特定消费者。但从理论上来说,任意两名消费者的需求都是不一样的,因此每一名消费者都是一个目标市场。网络营销的出现,使大众化市场向个性化市场转化成为可能。通过网络,企业可以收集大量信息,了解消费者的需求,从而使企业的产品更能满足消费者的个性化需求,真正做到"一对一"营销。

例如,服装可满足人们对美的需求,对个人形象、气质的外在表现产生影响,可是要挑选到合适的服装并不容易。在传统营销方式下,消费者购买服装需要逛多家商场,耗费大量精力。即使选购同种样式的短袖衬衫,消费者对面料的需求也不同。很多消费者对于面料的特性并不了解,买后可能才发现此面料缩水、不透气或光照掉色。而网络营销恰好弥补了这个缺陷,如淘宝网上的商店,把衣服的质地、尺码以及此衣服的原产地、所表现的风格、适应人群等信息都发布在网上,让消费者一目了然,尽情选购,还不用花费很大力气去商场,而且特别适合白领阶层。因此,可以说网络营销使营销更具个性化、更加方便。

(二) 沟通方式的转变

1. 信息输送的改变

传统的促销手段只能提供单项的信息传输,企业难以及时得到消费者的反馈信息。秦池酒厂耗巨资买"标王",但这只能向消费者传递自己的品牌和经济实力,并不能向消费者宣传秦池酒的特色和品种,也不能了解秦池酒的目标消费群体和消费者对于酒的口味、包装的满意度,所以很难进行决策、改进产品。

而网络营销则改变了信息输送的方式。如当当网上书城,相比传统的书店,它可以对消费者的购买行为进行分析,针对不同的用户群体,有针对性地进行营销推广。如图1.1所示,消费者在浏览《国史读本》图书时,还会看到"买过本商品的人还买了"模块中相似度很高的《隋唐史》等图书。网上书城在为消费者提供便利的同时,也增加了营销机会。

2. 信息内容和空间的转变

很多制造服务器的厂商在做广告时,只能利用图片、Flash宣传自己的品牌、形象,而不能更多地提及自己产品的特色。而通过网络,厂商可以把一台服务器的所有参数,如性能指标等罗列在网上,以满足企业的不同需求。有的企业买服务器是为了构建管理信息系统(Management Information System,MIS),而大企业和小企业做MIS时,对服务器的需求不同,需要考察各种参数后再做决定,品牌只是选择的考虑因素之一。

互联网理论上具有无限的信息储存和传输空间,企业可以在互联网上利用各种不同类型的方式,为用户提供丰富的产品信息以及所有与产品相关的其他信息,即使在一则十分简短的广告语中,企业也可以通过链接的方式简便地将客户带到他所感兴趣的、宣传企业产品和服务的页面中去。

图1.1 当当网上书城

(三)营销策略的转变

无论是传统营销还是网络营销,自始至终都体现一个观点,即全程营销。全程营销指的是企业必须从产品的设计阶段就开始充分考虑消费者的需求与意愿。传统营销无法实现全程营销,消费者不可能从产品的概念提出伊始,就对该产品的研制、开发、试用提出意见或建议,因为消费者与企业之间的沟通费用太高;同时,对于小企业而言,它们也没有足够多的资源用于了解消费者的各种潜在的需求,它们只能从自身能力或市场策划者的策划角度出发进行产品开发设计。

在网络环境下,这种情况可以改变。网络营销企业可以通过企业网站、博客、论坛和电子邮件等方式,以极低的成本在营销的全过程中对消费者进行即时的信息收集,使得消费者有机会对从产品设计到定价以及服务的一系列问题发表意见,真正实现全程营销。

(四)营销便捷性的转变

网络营销比传统营销更能满足消费者对购物方便的需求。网络消除了原本的空间距离,而且提供24小时服务,这使得消费者可以随时查询所需商品或企业的信息并在网上购物。书籍是一种很适宜网络营销的产品,世界上每天都有成千上万种新书出版,互联网很适宜介绍新书的内容,彩色界面还可以逼真地展示图书的封面。在网络中,读者不需要为一本书跑遍大小书店,只需要上网查询,就可以得到该书的详尽信息。

二、网络营销对传统营销的冲击

传统营销依赖层层严密的渠道,并以大量人力与广告投入市场,这在网络时代将成为企业无法负荷的奢侈品。在未来,人员推销、市场调查、广告促销、经销代理等传统营销手法将与网络营销相结合,企业可以充分运用网上的各项资源,形成以最低成本投入获得最大市场销售量的新型营销模式。

(一)对营销渠道的冲击

在网络营销中,渠道不再意味着中间商、分销商等概念,也不再只等同于特约加盟店、连锁店。在网络的环境下,生产商可以通过互联网与最终用户直接联系,因此中间商的重要性将有所降低。这种情况会造成以下两种后果:一是,由跨国公司建立的传统国际分销网络对其他小竞争者或新的进入者造成的进入门槛将明显降低;二是,对于目前直接通过互联网进行产品销售的生产商来说,其售后服务工作是由各分销商承担的,但随着它们代理销售利润的消失,分销商将很有可能不再承担这些工作。所以在不破坏现存营销渠道的情况下,如何提供这些售后服务将是网络环境下企业不得不面对的又一问题。

(二)对定价策略的冲击

如果公司某种产品的价格标准不统一或经常改变,那么客户将会通过互联网认识到这种价格差异问题,并可能因此对公司产生不满。所以相对于目前的各种传统媒体来说,互联网先进的网络浏览功能会使变化不定且存在差异的价格水平趋于一致,这将对有分销商分布在海外并在各地采取不同价格策略的公司产生巨大冲击。如果一个公司对某地的消费者提供20%的价格折扣,那么在世界各地的互联网用户都会了解到这项交易行为,从而可能会影响到那些通过分销商或本来并不需要折扣的业务。另外,通过互联网搜索特定产品的代理商也将认识到这种价格差异,从而扩大了公司采取价格歧视策略的不利影响。

总之,上述这些因素都表明互联网将导致国际间的价格水平标准化或至少会缩小国别间的价格差别,这对于执行差别化定价策略的公司来说确实是一个严重的问题。

(三)对广告策略的冲击

企业开展网络营销主要通过互联网发布网络广告进行网上销售,网络广告将消除传统广告的障碍。首先,相对于传统媒体来说,网络空间具有无限扩展性,因此在网络上做广告可以较少地受到空间、篇幅的限制,可以尽可能地将必要的信息一一罗列。其次,网络广告迅速提高的广告效率也为企业创造了便利条件。譬如,有些公司可以根据其注册用户的购买行为很快地改变向访问者发送的广告;有些公司可根据访问者的特性如硬件平台、域名或访问时的搜索主题等方面有选择地显示其广告。

(四)对标准化产品的冲击

作为一种新型媒体,互联网的受众遍布在全球范围内。通过互联网,厂商可以进行市场调研,迅速获得关于产品概念和广告效果测试的反馈信息,也可以测试消费者的认同水平,从而更加容易地对消费者行为方式和偏好进行跟踪。因此,在互联网大量使用的情况下,不同的消费者提供不同的商品将不再是天方夜谭。

(五)对消费者关系的冲击

网络营销的企业竞争是一种以消费者为焦点的竞争形态,争取新的消费者、留住老消费者、扩大消费者群、建立亲密的消费者关系、分析消费者需求、创造消费者需求等,都是最关键的营销课题。因此,在网络环境下,企业如何与散布在全球各地的消费者群保持紧密的关系,并能正确掌握消费者的特性,再通过与消费者的沟通和对企业形象的塑造,建立消费者对于企业虚拟形象与网络营销的信任感,这些都是网络营销成功的关键。网络时代的目标市场、消费者形态、产品种类与以前传统的营销方式会有很大的差异,如何进行跨越地域、文化和时空的差距,重新营造企业与消费者的关系,将需要更多创新的营销行为。

互联网可以大大改善企业同消费者的关系。简单地说,这是因为互联网使消费者能够控制他们自己作为产品和服务潜在购买者的价值。网络信息中介商的出现帮助买主从卖主处获取更多的产品和服务信息,同时帮助潜在的买主很容易地了解他们可能在哪里找到自己所需要的信息资源,从而进行比较,让用户能够以最小的成本投入获得最大的利益。

三、网络营销存在的不足

与传统营销相比,网络营销尚处于起步与发展阶段,因此也存在着诸多不足。

(一)消费者缺乏信任感

虽然网络消费方便快捷,但仍有许多人对网络消费缺乏信任感,他们一方面担心商家的信誉问题;另一方面,担心商品在网上与现实中存在误差。例如,服装款式、颜色、大小,虽然商家在网上能详细标注,但可能由于视角的不同、显示器产生的色差等原因,会出现图片、文字与实物不太相符的情况。因此,在网络营销中,一方面要不断提高商家的信誉度;另一方面,商家在尽量详细地介绍产品或服务信息的同时,最好能提供免费的退换货服务。

(二)网络营销缺乏购物乐趣

网络消费者面对的往往是冷冰冰、没有感情的机器,它没有商场里优雅舒适的环境氛围,缺乏三五成群逛街的乐趣,也没有精美的商品可供欣赏。有时候,逛街的目的并不是产生购物行为,它可以是一种休闲和娱乐,也可以是一种享受。网上购物还存在着试用的不便,消费者没有实地的感受,也没法从推销者的表情上判断真假,而实物终归总是比图像来得真实和生动。所以对许多人来说,网上购物缺乏足够的吸引力。

(三)价格问题愈加敏感

网上信息的充分性,使消费者可以很方便地比较价格,只需浏览商家的站点即可货比三家。而对商家而言,则容易引起价格战,使行业利润率降低,甚至导致两败俱伤。对一些价格存在一定灵活性的产品而言,在网上不便于讨价还价,可能会贻误商机。

(四)广告效果不佳

虽然网络广告具有多媒体的效果,但由于网页上可选择的广告位以及计算机屏幕等限制,其色彩效果不如杂志和电视,声音效果不如电视和广播,创意受很大的局限。

(五)企业促销更加被动

通常,网上的信息只有等待消费者上门索取,企业很少能够主动出击,网络营销实现的只是点对点的传播。而且它不具有强制收视的效果,主动权掌握在消费者的手中,他们可以选择看与不看,商家无异于在守株待兔。企业处于被动地位,不利于营销策略的开展。

作为一种全新的营销和沟通的方式,网络营销还有待于完善和发展,相信随着网络技术的发展和互联网的普及,这些问题将逐渐被解决。

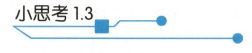

小思考 1.3

网络营销带来哪些转变?
答:营销理念的转变,沟通方式的转变,营销策略的转变,营销便捷性的转变。

第三节　网络营销的理论基础

一、网络直复营销理论

直复营销,即直接回应的营销。它是以盈利为目标,通过个性化的沟通媒介向目标市场成员发布信息,以寻求对方直接回应(问询或订购)的管理过程。直复营销的"直"指的是"direct",即直接,是指不通过中间分销渠道而直接通过媒体连接企业和消费者,在网上销售产品时,消费者可通过网络直接向企业下订单付款;直复营销中的"复"指的是"response",即回复,是指企业与消费者之间的交互,消费者对这种营销努力有一个明确的回复,企业可以统计这种明确回复的数据,由此可对以往的营销效果进行评价。从销售的角度来看,网络营销是一种直复营销。

美国直复营销协会(American Direct Marketing Association,ADMA)将直复营销定义为:"一种为了在任何地点产生可以度量的反应或达成交易而使用一种或几种广告媒体的互相作用的市场营销体系。"

基于网络的直复营销更加吻合直复营销的理念。在互联网上的网络直复营销的特征具体表现在以下四个方面:

(1)直复营销的互动性。互联网是一个自由的、开放的双向式信息沟通网络,作为营销者的生产企业与作为消费者的顾客之间,可以实现直接的、一对一的信息交流与沟通。

(2) 直复营销的跨时空特征。直复营销活动强调的是在任何时间、任何地点,都可以实现营销者与消费者的双向信息的交流。互联网的持续性和全球性的特征,使得消费者可以通过互联网,在任何时间、任何地点直接向作为营销者的生产企业提出服务请求或反映问题;企业也可以利用互联网,低成本地跨越地域空间和突破时间限制,与消费者实现双向交流和沟通。

(3) 直复营销的一对一服务。直复营销活动最关键的部分是为每位作为目标的消费者提供直接向营销者反映情况的通道。这样企业可以凭借消费者的反馈,找到自己的不足之处,为下一次直复营销活动做好准备。互联网的方便性、快捷性,使得消费者可以方便地通过互联网直接向企业提出购买需求或建议,同时可以直接通过互联网获取售后服务。企业也可以从消费者的建议、需求和希望得到的服务中,找出企业的不足,改善经营管理,提高服务质量。

(4) 直复营销的效果可测定。互联网作为最直接的简单沟通工具,可以很方便地为企业与消费者间的交易提供沟通支持和交易平台,通过数据库技术和网络控制技术,企业可以很方便地处理每一位消费者的购物订单和需求,而不用考虑消费者的规模大小、购买量的多少,这是因为互联网的沟通费用和信息处理成本非常低廉。因此,通过互联网可以最低成本、最大限度地满足消费者需求,同时还可以了解消费者的需求,细分目标市场,提高营销效率和效用。

网络营销作为一种有效的直复营销策略,源于网络营销的可测试性、可度量性、可评价性和可控制性。因此,利用网络营销这一特性,企业可以大大提高营销决策的效率和营销执行的效用,麦考林国际邮购有限公司就是一个典型案例。

小应用 1.2

麦考林公司从邮购向网络营销的转型

麦考林公司成立于 1996 年 1 月 8 日,由美国著名风险基金——Warburg Pincus 投资,实际投入资金超过 3000 万美元。麦考林公司是中国首批获得政府批准的从事邮购业务的三资企业,年营业额超过 6000 万元人民币,是目前在我国投资规模最大的邮购公司,涉足邮购及电子商务领域,配备了美国最先进的电脑管理系统。公司业务覆盖全国,以其优秀的产品质量、富有竞争力的价格、优异的客户服务确立了行业的领先地位。因其邮购业务的快速发展,它也成为上海邮政局的最大客户。在其 10000 平方米的发货中心内设有邮局定点服务窗口,每天可处理 10000 张外运包裹单。麦考林与全国各地 60000 个邮政分局和 400 个城市的特快专递紧密合作,为数以百万计的消费者高效递送产品提供了时间和质量的保证。麦考林在一些城市还提供 24 小时送货上门的快递服务。

随着互联网在中国的广泛使用,同样是一种直销模式的网上商店也日渐受到关注,这不仅对麦考林构成了潜在的威胁,更重要的是,互联网给了麦考林一个难得的机遇,可以利用自己的业务优势,完成又一次飞跃。

"麦网"(www.M18.com)是上海麦考林国际邮购有限公司在1999年12月开始试运行的在线零售网站——"麦考林商厦"(www.mecoxlane.com)和"欧梦达天地"(www.euromada.com.cn)的基础上于2000年4月开通的一家电子商务门户网站。其主页如图1.2所示。

图1.2 "麦网"主页

(资料来源:麦考林官方网站.www.M18.com.)

由邮购向网络营销的转型主要依赖于以下四个方面:

第一,邮购服务和网络电子商务都属于直复式营销,商品都由厂家直接到消费者手里,两者的订单处理过程也相似,都属于直销范畴,B2C电子商务只是运用了一种现代化的工具,对邮购业务进行了自然的延伸。在这方面,邮购公司拥有经验丰富的产品组织能力、间接展示产品的经验和适合这种营销方式的人力资源,非常适合开展网上销售。

第二,麦考林国际邮购有限公司具有完善的结算体系和配送体系。在强大的电子商务系统支持下,邮购服务遍及全国31个省、市、自治区及直辖市的250多万消费者,是唯一拥有全国性服务网络的邮购公司。

第三,优质的客户服务是麦考林的特色所在,麦考林的热线服务、信件答复、客户信息、数据库查询都可以借用网络化工具,自然转变成在线客户服务(call center)、E-mail答复、在线查询等网上个性化客户服务。同时,麦考林还对所售商品提供"10天满意保证期",即10天内无条件退换货的"让消费者完全满意"的承诺。

第四,在品牌、信誉和忠实的客户群方面,麦考林也有着巨大的优势。它拥有一个忠实的、重复购买率很高的客户群,麦考林在开展电子商务后,能够大大降低成本,让利于消费者,促成更高的购买率。

随之而来的改变是,麦考林的用户可以以更便宜的价格订购更丰富的产品,而且购物方式比以前更方便,收到货物的时间也更及时。

二、网络整合营销理论

(一) 整合营销

整合营销是一种对各种营销工具和手段的系统化结合,根据环境进行即时性的动态修正,以使交换双方在交互中实现价值增值的营销理念与方法。整合营销就是为了建立、维护和传播品牌,以及加强客户关系,而对品牌进行计划、实施和监督的一系列营销工作。整合就是把各个独立的营销工作环节综合成一个整体,以产生协同效应。这些独立的营销工作包括广告、直接营销、销售促进、人员推销、包装、事件、赞助和客户服务等。整合营销的操作思路如下。

1. 以整合为中心

着重以消费者为中心并把企业所有资源综合利用,实现企业的高度一体化营销。整合既包括企业营销过程、营销方式以及营销管理等方面的整合,也包括对企业内外的商流、物流及信息流的整合。

2. 讲求系统化管理

整体配置企业所有资源,企业中的各层次、各部门和各岗位,总公司、子公司,产品供应商与经销商及相关合作伙伴协调行动,形成竞争优势。

3. 强调协调与统一

企业营销活动的协调性,不仅仅是企业内部各环节、各部门的协调一致,还强调企业与外部环境协调一致,共同努力以实现整合营销。

4. 注重规模化与现代化

整合营销十分注重企业的规模化与现代化经营。规模化不仅能使企业获得规模经济效益,还能为企业有效地实施整合营销提供客观基础。整合营销同样也依赖于现代化的科学技术、现代化的管理手段,现代化可为企业实施整合营销提供效益保障。

(二) 网络整合营销

从整合营销的基本理论可以看出,网络营销是一种典型的整合营销。网络整合营销是在一段时间内,营销机构以消费者为核心重组企业和市场行为,网络整合营销综合协调使用以互联网渠道为主的各种传播方式,以统一的目标和形象,传播连续、一致的企业或产品信息,实现与消费者的双向沟通,迅速树立品牌形象,建立产品与消费者的长期密切关系,更有效地达到品牌传播和产品销售的目的。

网络整合营销基于信息网络(主要是互联网)之上,其主要有三个方面的含义:

(1) 传播资讯的统一性,即企业用一个声音说话,消费者无论从哪种媒体获得的信息都是统一的、一致的。

(2) 互动性,即公司与消费者之间展开富有意义的交流,能够迅速、准确、个性化地获得信息和反馈信息。

(3) 目标营销,即企业的一切营销活动都应围绕企业目标来进行,实现全程营销。

(三) 网络整合营销的核心

网络整合营销就是网络营销工作的系统化、体系化,网络整合营销的目标是为企业创造网络品牌价值,为实现企业整体经营目标而服务。

1. 网络营销是企业整体营销战略的一个组成部分

任何企业都有自己的经营目标,即便这个企业没有一套成型的营销计划,但是它也会有自己的一套实施计划,而网络营销就是为这个目标或实现这个计划而存在的。所以网络营销不是孤立存在的,是在企业经营目标实现过程中经营体系的一个组成部分。

2. 网络营销的方式多样化

网络营销目前通过实践应用的方法有近100种,而这么多的网络营销方法并不是适合任何一个行业、任何一个企业的任何一个阶段的营销方法,需要企业在多样化的营销方法中挖掘最优的组合来综合运用。

3. 变化的需求

企业不同发展阶段的网络营销需求是变化的。企业发展是随着企业的规模和经营方向变化而变化的,企业的经营目标也是动态的,同时网络营销方法是随着时代的发展、实践的发展而发展的,因此企业在不同的经营时期对网络营销目标和网络营销方法的选择也是变化的。

4. 网络营销环境是动态的

网络营销环境包括内部环境和外部环境,企业网络营销策略随着外部环境或内部环境的变化而进行调整,最简单的例子就是阿里巴巴平台在推出关键字竞价的时候,一些企业随着这个外部的营销环境的变化,及时调整本企业的网络营销策略,一举成名,取得了良好的营销效果,实现了企业的经营目标。

5. 网络营销的效果呈现多种形式

网络营销并不单指网站的推广,也并不单指在网上开展销售,所以,网络营销工作带来的效果具有多种表现形式,比如对客户服务的支持、对线下产品销售的促进、对公司品牌传播的帮助等。

小应用 1.3

网络营销——利用情怀制造热点

2020年五四青年节之际,bilibili网站(以下简称"B站")专门邀请了国家一级演员"60后"的何冰发布了一则题为《后浪》的演讲。伴随着激昂的背景音乐、动情的文案,代表着"前浪"的何冰表示了对年轻一代"后浪"的理解和祝福,深深打动了年轻一代的心。虽然事后针对这段"鸡汤味"十足的演讲出现了两极分化的评论,有人赞扬有人批评,但这段营销无疑是成功的。《后浪》一出,B站一夜之间股价大涨5%,增资34亿元人民币!

网络营销——借势营销

2020年9月"秋天的第一杯奶茶"这一话题像飓风一般,仅用了一天时间便席卷了朋友圈、QQ空间,甚至抖音、小红书、B站等平台也全部"沦陷",实在说不好这起事件是不是奶茶商家的一次集体营销,但从当天起各大奶茶品牌便默契地开始借势营销,其中奈雪更是联名德芙、大龙燚、农夫山泉继续炒热话题。据不完全统计,"秋天第一杯奶茶"的刷屏让多个品牌的奶茶销售额翻了3~4倍。

三、网络软营销理论

网络软营销是指在网络环境下,企业向消费者传递的信息及采用的促销手段更具有理性化,更易于被消费者接受,进而能够实现信息共享与营销整合。网络软营销理论实际上是针对以工业经济时代的大规模生产为主要特征的"强势营销"而提出的新理论,强调企业在进行市场营销活动时,必须尊重消费者的感受和体验,让消费者快乐、主动地接受企业的营销活动。

(一) 网络软营销与传统强势营销的区别

传统的营销活动中最能体现强势营销活动特征的是两种常见的促销手段:传统广告和人员推销。针对传统广告,人们常常会用"不断轰炸"这个词来形容,它试图以一种信息灌输的方式在消费者的心目中留下深刻印象,至于消费者是否愿意接受、需不需要这类信息则从不考虑,这就是一种强势。人员推销也是如此,它根本就不考虑被推销对象是否需要,也不征得用户的同意,只是根据推销人员自己的判断,强行展开推销活动。网络中以流氓软件为载体的强弹广告便是传统强势营销中具有代表性的例子。

概括地说,软营销与强势营销的根本区别在于:软营销的主动方是消费者,而强势营销的主动方是企业。消费者在心理上要求自己成为主动方,而网络的互动特性使他们变为主动方成为可能。

(二) 网络软营销中两个重要概念

网络社区(network community)和网络礼仪是网络营销理论所特有的两个重要基本概念,是实施网络软营销的基本出发点。网络社区是指那些具有相同兴趣和目的,经常相互交流,能给每个成员以安全感和身份意识等特征的互联网上的单位或个人所组成的团体。网络社区也是一个互利互惠的组织,在互联网上,今天你为一个陌生人解答了一个问题,明天他也许能为你回答另外一个问题,即使你没有这种功利性的想法,仅怀一腔热情去帮助别人也会得到回报。如果你经常在网上帮助别人解决问题,则会逐渐为其他成员所知而成为网上名人,有些企业也许会因此而雇佣你。另外,网络社区成员之间的了解主要依靠他人发送信息的内容,而不像现实社会中的两人间的交往。在网络上,如果你要想隐藏自己,那么就没人会知道你是谁、你在哪里,这就增加了你在网上交流的安全感,因此在网络社区这个公共论坛上,人们会就有关个人隐私或他人公司的一些平时难以直接询问的问题展开讨论。基于网络社区的特点,不少敏锐的营销人员已利用这种普遍存在的网络社区的紧密关系,使之成为企业利润来源的一部分。例如,专营运动和健美体育用品的锐步(Reebok)公司,创建了Reebok的网络社区(Web)站点。网络礼仪是互联网自诞生以来所逐步形成与不断完善的一套良好的、不成文的网络行为规范,如不使用电子公告牌BBS张贴私人的电子邮件,不进行喧哗的销售活动,不在网上随意传递带有欺骗性质的邮件等。网络礼仪是网上一切行为都必须遵守的准则。

四、网络关系营销理论

网络关系营销是1990年以来逐步受到重视的营销理论,主要包括两个基本点:在宏观上,认识到市场营销会对范围很广的一系列领域产生影响,包括顾客市场、劳动力市场、供应市场、内部市场、相关者市场以及影响者市场(政府、金融市场);在微观上,认识到企业与顾客的关系不断发生变化,市场营销的核心应从过去简单的一次性交易关系转变到注重保持长期的关系上来。企业是社会经济大系统中的一个子系统,企业的营销目标要受到众多外在因素的影响,企业的营销活动是一个与消费者、竞争者、供应商、分销商、政府机构和社会组织发生相互作用的过程,正确理解这些个人与组织的关系是企业营销的核心,也是企业成功的关键。

关系营销的核心是维系顾客,为顾客提供高度满意的产品,通过加强与顾客的联系,提供有效的顾客服务,保持与顾客的长期关系,并在与顾客保持长期关系的基础上开展营销活动,实现企业的营销目标。实施关系营销并不是以损伤企业利益为代价的,根据研究,争取一位新顾客的营销费用是维护一位老顾客费用的5倍,因此加强与顾客的关系并建立顾客的忠诚度,是可以为企业带来长远利益的,它提倡的是企业与顾客双赢策略。互联网是一种有效的双向沟通渠道,通过互联网,企业与顾客之间可以实现低费用成本的沟通和交流,它为企业与顾客建立长期关系提供了有效的保障。首先,企业可以利用互联网直接接收顾客的订单,顾客可以直接提出自己的个性化需求。企业根据顾客的个性化需求利用柔性化的生产技术最大限度地满足顾客的需求,为顾客在提供消费产品和服务时创造更多的价值。企业也可以从顾客的需求中了解市场、细分市场和锁定市场,最大限度地降低营销费用,提高对市场的反应速度。其次,企业可以利用互联网更好地为顾客提供服务并且与顾客保持联系。互联网不受时间和空间限制的特性能最大限度地方便顾客与企业进行沟通,顾客可以借助互联网在最短时间内以简便的途径获得企业的服务。同时,通过互联网交易,企业可以实现对从产品质量、服务质量到交易服务等过程的全程质量控制。

此外通过互联网,企业还可以与相关的其他企业和组织建立关系,实现共赢发展。互联网作为最廉价的沟通渠道,能以低廉成本帮助企业与企业的供应商、分销商等建立协作伙伴关系。例如,联想电脑公司通过建立电子商务系统和管理信息系统,实现与分销商的信息共享,降低库存成本和交易费用,同时密切双方的合作关系。

五、数据库营销

数据库营销中,企业通过收集和积累消费者的大量信息,经过处理后预测消费者有多大可能去购买某种产品,以及利用这些信息给产品以精确定位,有针对性地制作营销信息以达到说服消费者去购买产品的目的。通过数据库的建立和分析,企业能够准确了解用户信息,确定企业目标消费群,同时使企业促销工作具有针对性,从而提高企业营销效率。没有数据库营销,企业的营销工作仅仅停留在理论上,而不能根植于客观实际,因为如果没有数据库,企业对市场的了解往往是基于经验的,而不是实际的。企业总是自以为自己了解市场,其实并非如此。

一般来说,数据库营销需要经历数据采集、数据存储、数据处理、寻找理想消费者、使用数据、完善数据等六个过程:

(1) 数据采集。数据库数据采集一方面通过市场调查消费者的消费记录以及促销活动的记录,另一方面利用公共记录的数据,如人口统计数据、银行担保卡、信用卡记录等,并做好数据安全工作。

(2) 数据存储。将收集的数据,以消费者为基本单元,逐一输入电脑,建立消费者数据库。

(3) 数据处理。运用先进统计技术,利用电脑把不同的数据综合为有条理的数据库,然后在各种软件的强有力支持下,产生产品开发部门、营销部门、公共关系部门所需要的详细数据。

(4) 寻找理想消费者。根据消费者的共同特点,用电脑模拟出某产品的消费者模型,此类消费群具有一些共同的特点(如兴趣、收入),以采用专用某品牌产品的一组消费者作为营销工作的目标群体。

(5) 使用数据。数据库数据可用于多个方面:鉴定购物优惠券价值,决定发放给哪些消费者;开发何种新产品;根据消费者特性,确定如何制作广告比较有效;根据消费记录,判定消费者消费档次和品牌忠诚度。如特殊身材的消费者数据库不仅对服装厂有用,而且对于保健品生产厂、医院、食品厂、家具厂都有用。因此,数据库不仅可以满足信息需求,还可以进行数据库经营项目的开发。

(6) 完善数据。随着以产品开发为中心的消费者俱乐部、优惠券反馈、抽奖销售活动记录及其他促销活动而收集来的信息不断增加和完善,数据不断得到更新,从而及时地反映消费者的变化趋势,使数据库持续适应企业经营需要。

小应用 1.4

梅塞德斯-奔驰公司的数据库营销

梅塞德斯-奔驰公司决定将梅塞德斯新M级越野车投放美国市场。面对已经很拥挤的汽车市场,只靠梅塞德斯的品牌,传统的广告效应已经不能保证销售的成功,必须尝试新的营销模式,以图有所突破。于是,梅塞德斯-奔驰选择了数据库营销。

梅塞德斯-奔驰美国公司收集了越野车和奔驰车拥有者的详细信息,将它们输入数据库。接着,公司根据数据库的名单,发送了一系列信件。首先是梅塞德斯-奔驰美国公司总裁亲笔签署的信件,大意是:"我们梅塞德斯-奔驰公司正在设计一款全新的越野车,我想知道您是否愿意助我们一臂之力。"该信件得到了积极的回复。接着,每位回信者均收到了一系列反馈问卷,问卷就设计问题征询意见。

在收到反馈问卷的同时,梅塞德斯-奔驰公司不断地收到该车的预约订单。在参与调查的过程中,客户感觉梅塞德斯-奔驰在为他们定做越野车。结果,梅塞德斯-奔驰原定的第一年销售35000辆的目标仅靠预售就完成了。公司原计划投入7000万美元营销费用,通过数据库营销策略的实施,预算费用减至4800万美元,节省了2200万美元。

第四节 网络营销目标市场定位

网络营销从大规模、无差异性向个性化、集中营销转化,它更准确、更详尽地细分了目标市场,使企业可以从每一位消费者身上寻找商机,为其提供称心如意的产品或服务。同时,网上的促销效果是可以统计的,消费者的各种消费意愿也是可以收集到的。如访问某企业网站的人数、来源都可以被网站上的软件所记录,这些数据使企业掌握访问者所要了解的产品信息,以及这些访问者的地理分布,确定有效的营销目标,进而可以主动、有针对性地开展营销活动,这是其他营销手段无法比拟的。

电子商务销售人员应该重视网络营销目标市场定位。网络营销的目标市场定位是指根据所选定目标市场上的竞争者、现有产品所处的位置和企业自身的条件,从各方面为网络产品创造一定的特色,塑造并树立一定的市场形象,以求在目标消费者心目中形成一种特殊的偏爱。市场定位的实质在于取得目标市场的竞争优势,确定产品在用户心目中的适当位置并留下值得购物的印象,以便吸引更多的用户。

如何确定企业网络营销策略,对于企业在市场营销战略体系中建立有利于企业及其产品的市场特色、限定竞争对手、满足消费者偏好、提高企业竞争力具有重要意义。

一、网络营销的市场细分

网络市场上有成千上万的消费者并且其数量还在迅速增加,他们有着各自的心理需要、生活方式和行为特点,而工业品与民用品的购买心态就有很大的差异。就我国敏感元件行业来说,仅从用户对各种敏感元件及传感器的需求看,差异性就很大。例如,用户购买传感器芯体,有的要国产的,也有的要原装进口的;有的不管品质的可用、够用、实用性,一味追求高价格,而有的为了追求低价格,全然不顾产品的使用性。企业体制与性质的不同,其采购心态也不尽相同,国有和民营企业就体现出明显的差异性,采购人员的利益趋向、职业道德、职务角色、管理制度约束等因素都是市场销售要仔细分析的要点。再以服装为例,从消费者对服装的需求来看,差异性也很大,有的为了追求时髦,不惜高价购买时尚服装;有的为了显示自己的身份和社会地位,购买高价高质且雅致的服装;有的由于收入低或追求朴素,购买大众化的服装。企业面对消费者千差万别的需求,受人力、物力及财力的限制,不可能生产各种不同的产品来满足所有消费者的不同需求,也不可能生产各种产品来满足消费者的所有需求。

为了提高企业的经济效益,有必要细分市场。网络消费者的需求差异是网络市场细分的内在依据。只要存在两位以上的消费者,便可根据其需求、习惯和购买行为的不同,进行市场细分。况且在市场竞争中,一个企业不可能在营销全过程中都占绝对优势。为了进行有效的竞争,企业必须评价、选择并集中力量用于能发挥自己相对优势的市场,这便是市场细分的外在强制性,即它的必要性。

市场细分后,每个市场变得小而具体,细分市场的规模、特点显而易见,消费者的需要清晰明了,企业就可以根据不同的商品制订出不同的市场营销组合策略,从而适应消费者不断变化的需求。否则,离开了市场细分,企业制订的市场营销组合策略必然是无的放矢的。

在网络营销条件下,由于使用强大的数据库,企业可以在大的细分条件下实现更精确的细分。比如,服装的细分,除传统的"男装/女装""商务装/休闲装/运动装"等分类标准外,还可以进行更为深入的细分。以男装的外套为例,还可以有领型、收入水平等细分标准。这些分类标准都对应了不同人群里面不同的需求方式。

小应用 1.5

网络营销的市场细分与传统营销不完全一样,网络消费者追求个性化产品,提出个性化需求,而这种个性化需求的差异就是企业进行市场细分的内在依据。

二、目标市场定位原则

目标市场定位的基本原则,是掌握原本存在于人们心中的想法,打开消费者的联想之门,使企业提供的产品在消费者心目中占据有利地位。因此,定位的起点是网民的消费心理。只要把握了消费者的消费心理,并借助恰当的手段把这一定位传播给目标消费者,就可以获得较好的营销效果。

在虚拟市场中,仅仅做到这一点还是不够的。心理定位毕竟需要兑现,成为产品的实际定位。在掌握消费心理的同时,企业也要琢磨产品,使品牌的心理定位与相应产品的功能和利益相匹配,定位才能成功。

定位需要企业的市场研究、定位策划、产品开发以及其他有关部门的密切配合。仔细分析定位内涵后不难发现,定位是为了在消费者心目中占据有利的地位,这个"有利地位"当然是相对竞争对手而言的。从这个角度讲,定位不仅要把握消费者的心理,还要研究竞争者的优势和劣势。

因此,所定位的目标市场,应具备以下两个条件:

(1) 目标市场内所有的消费者必须具备几个基本相同的条件。比如消费者的收入、受教育程度、职业、消费习惯等,这样才能明确地划分出目标市场的范围。

(2)目标市场必须具备一定的市场规模,因为规模小的目标市场购买力相应也较小。如果投资份额过大,那么会得不偿失。

电子商务营销网络是一种虚拟的营销网络,具有若干不同于传统营销网络的特性,因而对所营销的商品有一些特殊的要求。

电子商务销售人员在销售中,一定要注意研究产品特点和行业特点,向用户或者消费者提供周到的售前、售中和售后服务。适合于网络销售的商品,按其商品形态的不同,可以分为三大类:实体商品、软体商品和在线服务。

通过对网上直接交易的产品进行分析,可以看出一些规律:

(1)如果产品与计算机有关,在网上销售软件,则有一定的行业资源优势。

(2)数字化的资讯与媒体商品,如电子报纸、电子杂志、网络电视节目、游戏点卡等,非常适合网上销售。

(3)如果产品比较简单,易于确定质量,如糖、小麦、面粉、黄金、木材、钢铁、石油、天然气等,那么尽管属于实体商品,也容易实现网上交易。

(4)书籍、音像制品等知识含量高的产品仓库众多,在物流安排方面较易实现。

(5)品牌日用品销售容易在网上取得成功,因为消费者在订购前对物品已经很熟悉。

(6)具有独有的新特性、新功能的产品在网上交易容易成功。

做好咨询和服务,才会赢得客户,每位销售人员在销售中都要十分重视这两个问题。一旦解决好这两个问题,销售收入自然就会增长。

小思考 1.4

什么样的商品最适合网上销售?
答:与计算机有关的产品和数字化产品。

第五节 网络营销的参与对象

网络营销的参与对象是针对可能在网络虚拟市场上产生购买行为的消费者群体提出的,随着网络的普及,这一群体的范围在不断扩大,这一群体主要包括三类人员:

(1)产品使用者。指实际使用或消费产品的人。实际需求构成了这些客户购买产品的直接动机。这是网络营销最重要的受众群。

(2)产品购买的决策者。在许多情况下,特别是在虚拟市场中,产品的使用者和购买决策者是一致的,因为大多数网络使用者都有独立的决策能力,也有一定的经济收入。另有一些特殊的情况,比如婴儿用品使用者无疑是婴儿,但购买的决策者却是婴儿的母亲或其他与之有关的成年人。因此,网络营销应当把购买决策者放在重要的位置上。

（3）购买产品的影响者。这里指对最终购买决策可以产生一定影响力的人。在低价、易耗日用品的购买决策中，购买产品的影响者的影响力较小，但在高价、耐用消费品的购买决策上，购买产品的影响者的影响力较大。这是由于购买高价耐用品时，购买者往往比较谨慎，希望广泛征求意见后再做决定。

网络消费者是一种与众不同的消费群体，他们不是在有物质形态的商店、商厦中通过对实物商品的比较、鉴别、挑选，最后做出购买决策；网络消费者的购物场所是无形的网络虚拟世界，他们的购物工具是计算机和网络，他们以漫游网络世界的方式，在网络中充分收集各种有关消费品的信息，随后将各种信息进行对比、分析，最后做出购买决策，一旦购买决策做出以后，只要点击鼠标就可以完成整个购买过程和货款的支付过程。网络营销的对象是网络世界的"网民"，这些"网民"的内在动机是什么，是网络营销首先要搞清楚的问题。

一、网络消费者的群体特点

消费者行为及其购买行为永远是营销者关注的一个热点问题，对于网络营销者也是如此。网络用户是网络营销的主要个体消费者，也是推动网络营销发展的主要动力。网络消费者群体主要具备以下四个方面的特征：

（一）注重自我

目前网络用户多以年轻、高学历用户为主，他们拥有不同于他人的思想和喜好，有自己独立的见解和想法，对自己的判断能力也比较自信，所以他们的具体要求越来越独特，而且变化多端，个性化越来越明显。因此，从事网络营销的企业应想办法满足用户独特的需求，尊重用户的意见和建议，而不是用大众化的标准来寻找大批的消费者。

（二）头脑冷静、擅长理性分析

网络用户以大城市、高学历的年轻人为主，不会轻易受舆论左右，对各种产品宣传有较强的分析判断能力，因此从事网络营销的企业应该加强信息的组织和管理，加强企业自身文化的建设，以诚信待人。

（三）喜好新鲜事物、有强烈的求知欲

网络用户爱好广泛，无论是对新闻、股票市场还是网上娱乐都具有浓厚的兴趣，对未知的领域抱有永无止境的好奇心。

（四）好胜、但缺乏耐心

网络用户以年轻人为主，因而比较缺乏耐心，当他们搜索信息时，经常比较注重搜索所花费的时间，如果连接、传输的速度比较慢的话，那么他们一般会马上离开这个站点。

网络用户的这些特点，对于企业加入网络营销的决策和实施过程都是十分重要的。商家要想吸引消费者，保持持续的竞争力，就必须对本地区、本国以及全世界的网络用户情况进行分析，了解他们的特点，制订相应的对策。

二、网络消费者的购买动机

所谓动机,是指推动人进行某项活动的内部原动力,即激励人们行为的原因。人们的消费需要都是由购买动机引发的。网络消费者的购买动机,是指在网络购买活动中,能使网络消费者产生购买行为的某些内在的动力。企业只有了解消费者的购买动机,才能预测消费者的购买行为,以便采取相应的促销措施。因为网络促销是一种不见面的销售形式,消费者的购买行为不能直接被观察到,所以针对网络消费者购买动机的研究,就显得尤为重要。

网络消费者的购买动机基本上可以分为两大类:需求动机和心理动机。

(一)需求动机

网络消费者的需求动机是指由需求引起的购买动机。要研究消费者的购买行为,首先必须要研究网络消费者的需求动机。美国著名的心理学家马斯洛把人的需要划分为五个层次:生理的需要、安全的需要、社会的需要、尊重的需要和自我实现的需要。需求理论对网络需求层次的分析,具有重要的指导作用。网络技术的发展,使现在的现实市场变成了网络虚拟市场,但虚拟社会与现实社会毕竟有很大的差别,所以在虚拟社会中人们希望能满足以下三个方面的基本需要:

(1)兴趣需要。人们出于好奇或获得成功后的满足感而对网络活动产生兴趣。
(2)聚集需要。通过网络给相似经历的人提供一个聚集的机会。
(3)交流需要。网络消费者可聚集在一起交流买卖的信息和经验。

(二)心理动机

心理动机是指因人们的认识、感情、意志等心理过程而引起的购买动机。网络消费者购买行为的心理动机主要体现在理智动机、感情动机和惠顾动机三个方面:

(1)理智动机。理智动机具有客观性、周密性和控制性的特点。这种购买动机是消费者在反复比较各在线商场的商品后才产生的,因此这种购买动机比较理智、客观,且很少受外界环境的影响。这种购买动机的产生主要用于耐用消费品或价值较高的高档商品的购买。

(2)感情动机。感情动机是指由人们的情绪和感情引起的购买动机。这种动机可分为两种类型:一种是因人们喜欢、满意、快乐、好奇而引起的购买动机,它具有冲动性和不稳定性的特点;另一种是因人们的道德感、美感、群体感而引起的购买动机,它具有稳定性和深刻性的特点。

(3)惠顾动机。惠顾动机是建立在理智经验和感情之上的,是对特定的网站、国际广告、商品产生特殊的信任与偏好从而重复、习惯性地前往访问并购买的一种动机。由惠顾动机产生的购买行为,一般是网络消费者在做出购买决策时心目中已首先确定了购买目标,并在购买时克服和排除其他同类产品的吸引和干扰,按原计划确定的购买目标实施购买行动。具有惠顾动机的网络消费者,往往是某一站点忠实的浏览者。

三、网络消费的购买过程

网上购物是指用户为完成购物或与之有关的任务而在网上虚拟的购物环境中浏览、搜索相关商品信息,从而为购买决策提供所需要的必要信息,并实现决策购买的过程。电子商务的热潮使网上购物作为一种崭新的个人消费模式,日益受到人们的关注。消费者的购买决策过程,是消费者需要、购买动机、购买活动和买后使用感受的综合与统一。网络消费的购买过程可分为以下五个阶段:

(1) 确认需要。网络购买过程的起点是诱发需求,当消费者认为已有的商品不能满足需求时,才会产生购买新产品的欲望。在传统的购物过程中,消费者的需求是在内外因素的刺激下产生的,而对于网络营销来说,诱发需求的动因只能局限于视觉和听觉。因此,网络营销对消费者的吸引是有一定难度的。作为企业或中介商,一定要注意了解与自己产品有关的实际需要和潜在需要,掌握在不同时间内这些需求的程度以及刺激诱发这些需求的因素,以便设计相应的促销手段去吸引更多的消费者浏览网页,诱导他们的需求欲望。

(2) 收集信息。当需求被唤起后,每一位消费者都希望自己的需求能得到满足,所以收集信息、了解行情成为消费者购买的第二个环节。

收集信息的渠道主要有两个:内部渠道和外部渠道。消费者首先在自己的记忆中搜寻可能与所需商品相关的知识经验,如果没有足够的信息用于决策,那么他便要到外部环境中去寻找与此相关的信息。当然,不是所有的购买决策活动都要求同样程度的信息和信息搜寻。

(3) 比较选择。消费者需求的满足是有条件的,这个条件就是实际支付能力。消费者为了使消费需求与自己的购买能力相匹配,就要对各种渠道汇集而来的信息进行比较、分析、研究,根据产品的功能、可靠性、性能、模式、价格和售后服务,从中选择一种自认为"足够好"或"满意"的产品。

因为网络购物不能直接接触实物,所以网络营销商要对自己的产品进行充分的文字描述和图片描述,以吸引更多的消费者。但也不能对产品进行虚假的宣传,否则可能会永久地失去消费者。

(4) 购买决策。网络消费者在完成对商品的比较选择之后,便进入购买决策阶段。与传统的购买方式相比,网络购买者在购买决策时主要有三个方面的特点:一是网络购买者理智动机所占比重较大,而感情动机的比重较小;二是网络购物受外界影响小;三是网上购物的决策行为与传统购买决策相比,速度更快。

网络消费者在决策购买某种商品时,一般要具备三个条件:一是对厂商有信任感;二是对支付平台有安全感;三是对产品有好感。所以网络营销的厂商要重点抓好以上工作,促使消费者购买行为的实现。

(5) 购后评价。消费者购买商品后,往往通过使用对自己的购买选择进行检查和反省,以判断这种购买决策的准确性。购后评价往往能够决定消费者以后的购买动向,这就是所谓的"满意的消费者就是我最好的广告"。

为了提高企业的竞争能力,最大限度地占领市场,企业必须虚心听取消费者的反馈意见和建议。方便、快捷、便宜的电子邮件为网络营销者收集消费者购后评价提供了得天独厚的优势,厂商在网络上收集到这些评价之后,通过计算机的分析、归纳,可以迅速找出工作中的缺陷和不足,及时了解消费者的意见和建议,制订相应对策,改进自己产品的性能和售后服务。

本章小结

- 网络营销以互联网为媒体,以新的方式和理念实施营销活动,更有效地促成个人与组织交易活动的实现,实现企业的营销目标。网络营销的产生,是由科学技术的发展、消费者价值观念的变革和商业竞争等综合因素所促成的。
- 网络营销具有跨时空、多媒体、交互式、拟人化、成长性、整合性、超前性、高效性、经济性、技术性等特点。
- 网络营销的内容包括:网上市场调查、消费者行为分析、网络营销策略分析、网上产品和服务策略、网上价格营销策略、网上渠道选择与直销、网上促销与广告、网络营销管理与控制等。
- 网络营销与传统营销的区别体现在:营销理念的转变、沟通方式的转变、营销策略的转变、营销便捷性的转变。
- 网络营销从多方面对传统营销造成影响:对营销渠道的冲击、对定价策略的冲击、对广告策略的冲击、对标准化产品的冲击、对消费者关系的冲击。
- 网络营销是在传统营销的理论基础上产生的,网络营销的理论基础主要包括:网络直复营销、网络整合营销、网络软营销、网络关系营销、网络数据库营销。
- 网络营销的目标市场定位是指根据所选定目标市场上的竞争者、现有产品所处的位置和企业自身的条件,从各方面为网络产品创造一定的特色,塑造并树立一定的市场形象,以求在目标消费者心目中形成一种特殊的偏爱。
- 网络目标市场,应具备两个条件:目标市场内所有的网民必须具备几个基本相同的条件;目标市场必须具备一定的市场规模。
- 网络消费者主要包括三类人员:产品购买者、产品购买的决策者、购买产品的影响者。

关键概念

网络营销　网络消费者　目标市场定位　网络营销的整合

基本训练

☞ 知识题

1. 判断题

网络营销作为新的营销理念和策略,将完全取代传统营销。（　　）

2. 选择题

(1) 网络营销与传统营销的整合,就是利用整合营销策略实现以(　　)为中心的传播统一、双向沟通,实现企业的营销目标。

A. 企业　　　　B. 消费者　　　　C. 产品　　　　D. 服务

(2) 关于网络营销,目前比较惯用的翻译为(　　)。

A. Cyber Marketing B. Internet Marketing
C. Network Marketing D. e-Marketing

(3) 网络营销对传统营销的影响不包括( )。
A. 对传统标准产品产生冲击 B. 对传统广告产生影响
C. 对营销渠道产生冲击 D. 对产品品牌产生影响

3. 简答题

(1) 网络营销的理论基础包含哪些内容?

(2) 简述网络营销的主要内容。

☞ 技能题

你认为作为企业如果想要开展网络营销,那么应从哪些方面着手?

☞ 分析题

如何推广自己的网站

多数公司在互联网上销售产品时所采取的第一个步骤就是建立网站。它们坐等访问者发现其网站,并希望这些访问者会发现其内容如此吸引人,从而经常自愿地重访。还有些企业不是被动地等待消费者的到来,而是主动地使公司走向消费者,让消费者认识自己的网站,再通过提供高质量的服务来留住消费者,销售自己的产品。

问题:上述的营销方式分别是什么?作为企业,应如何看待网络营销?

参考答案

☞ 知识题

1. 判断题

错。

2. 选择题

(1) B;(2) D;(3) D。

3. 简答题

(1) 网络直复营销、网络关系营销、网络软营销、网络整合营销、数据库营销。

(2) 网上市场调查、网络消费者行为分析、网络营销策略分析、网上产品和服务策略、网上价格营销策略、网上渠道选择与直销、网上促销与网络广告、网络营销管理与控制。

☞ 技能题

分析提示:从网络营销的内容出发着手分析。

☞ 分析题

分析提示:从网络营销的内容管理出发进行分析。

第二章　网络营销策略

　学习目标

- 掌握网络营销策略组合
- 理解站点推广策略与方法
- 了解网络广告策略
- 能够使用网络营销策略组合推广产品

引 例

老乡鸡的网络营销

老乡鸡是安徽最大的连锁快餐品牌,截至2020年底已经有800家直营店,每月新开近20家店,年销售额超过30亿元。老乡鸡店面覆盖了安徽全省16个地市以及南京、武汉、徐州、上海等地,并不断向全国各地市场拓展,员工总数超过15000人,日均进店40万人次,荣获中国快餐业"中国驰名商标"。

自新冠肺炎疫情以来,餐饮企业老乡鸡跟品牌创始人束从轩,可谓出尽了风头。2020年2月8日正值元宵节,不少企业面临着疫情防控和复工的双重压力。晚间,一段题为《刚刚!老乡鸡董事长手撕员工联名信》的视频通过微博、微信等平台广为流传,引发舆论关注。一个多月之后,老乡鸡宣布正式布局全国,董事长束从轩在村口举办的充满80年代"复古风"且"土到极致"的战略发布会再度刷屏(见图2.1),这支于老乡鸡官微、官博、抖音上线的时长近10分钟的视频瞬间圈粉无数,再现网络营销的经典案例。疫情之下,老乡鸡前后两次有影响力的成功营销让媒体、大V、网民都颇为兴奋,掀起一阵阵讨论热潮。

老乡鸡的营销团队都是"85后"甚至"90后",他们有很强的网络营销意识,也深谙当下年轻一代消费群体的心理,更懂得如何以网络形式与网友进行交流和互动。除此之外,他们还在微博、微信等网络媒体上推出了一系列迎合时尚主流消费群体的活动,创造话题,抓住眼球,推广品牌,让网友深入了解老乡鸡并增加其品牌好感。

图2.1 老乡鸡战略发布会

在整合的网络营销组合中,企业网站是支持营销内容与策略的"骨骼"框架,协作网站是联合作战的可靠同盟,即便不作为攻击对手的力量,也对品牌网络环境的优化起到不可低估的作用,同时给潜在客户以信心。但是,要想真正有效地抓住消费者,引导消费者的购买行为,则需要依靠附着于内容网站这一"骨骼"框架之上的"经络与皮肉"——营销服务系统,它能够赋予网络营销盎然的生气。本章将系统地阐述网络营销策略的基本原理。

第一节　网络营销策略组合

互联网的商业应用,改变了传统的买卖关系,带来了企业营销方式的改变,对市场营销提出了新的要求。随着互联网信息技术与市场营销的广泛结合、相互作用,形成了网络营销的产品、价格、促销和渠道的组合。

网络营销策略组合,是指企业对其内部与实现目标有关的各种可控因素的组合和运用。网络营销策略组合是网络营销理论体系中的一个重要概念,它与网络营销观念、网络市场细分和网络营销目标市场等概念相辅相成,组成一个系统化的整体策略。在网络营销观念的指导下,企业把选定的目标市场作为一个子系统,同时也把自身的各种营销策略分解归类,组成一个与之对应的系统。在这个系统中,各种网络营销策略均可看作一个可调的子系统。这就是通常所说的四个策略子系统,即产品、价格、渠道和促销。虽然随着电子商务的发展,产生了网络营销等许多新的概念,营销的内容也发生了较大的变化,但影响网络营销的基本因素仍是这四个子系统,人们把这四个子系统称为"4P组合"。

一、产品策略

(一) 网络营销产品

在网络营销中,产品的整体概念可分为以下五个层次。

1. 核心利益层次

核心利益是指产品能够提供给消费者的基本效用或益处,是消费者真正想要通过购买商品获得的基本效用或益处。例如,消费者购买电脑是为了学习电脑、利用电脑作为上网工具;购买软件是为了办公、播放MP3格式的音乐或观看视频等。由于网络营销是一种以消费者为中心的营销策略,企业在设计和开发产品核心利益时要从消费者的角度出发,要根据上次的营销效果来制订本次产品的设计开发策略。要注意的是网络营销的全球性,企业在提供核心利益和服务时要针对全球性市场中的有形产品,如医疗服务可以借助网络实现远程医疗。

2. 有形产品层次

有形产品是指产品在市场上出现时的具体物质形态。对于物质产品来说,一是产品的品质必须得到保障;二是必须注重产品的品牌;三是注意产品的包装;四是在样式和特征方面,要根据不同地区的亚文化来进行有针对性的加工。

3. 期望产品层次

期望产品是指消费者购买前对产品的质量、使用方便程度、特点等方面有所期望的产品。在网络营销中,消费者处于主导地位,消费呈现出个性化的特征,不同的消费者可能对产品的要求不一样,因此产品的设计和开发必须满足顾客这种个性化的消费需求。为满足这种需求,对于物质类产品,要求企业的设计、生产和供应等环节必须实行柔性化的生产和管理。对于无形产品如服务、软件等,要求企业能根据消费者的需要来提供服务。

4. 延伸产品层次

延伸产品是指由产品的生产者或经营者提供的购买者需求,主要是帮助用户更好地实现核心利益的服务。在网络营销中,对于物质产品来说,延伸产品层次要注意提供满意的售后服务、送货和质量保证等。

5. 潜在产品层次

潜在产品是指在延伸产品之外,由企业提供的能满足消费者的潜在需求的产品。它主要是产品的一种增值服务。它与延伸产品的主要区别在于,当消费者没有遇到潜在产品时,仍然可以很好地使用自己需要的产品的核心利益和服务。在高新技术发展日益迅猛的时代,有许多潜在需求和利益还没有被消费者认识到,这需要企业进行引导和支持,以更好地满足消费者的潜在需求。

(二) 适合在网上销售的产品

一般而言,目前适合在互联网上销售的产品通常可以从以下七个特性进行分析。

1. 产品性质

因为网上用户在初期对技术有一定要求,用户上网大多与网络等技术相关,所以网上销售的产品最好与高技术或与电脑、网络有关。一些信息类产品如图书、音乐等也比较适合网上销售,还有一些无形产品(如服务)也可以借助网络来实现远程销售,如远程医疗。

2. 产品质量

网络的虚拟性使得消费者可以突破时间和空间的限制,实现远程购物和在网上直接订购,这使得网络购买者在购买前无法尝试或只能通过网络来尝试产品。故一般情况下,产品质量差异不大的产品更适合在网上销售。

3. 产品样式

通过互联网对全球进行营销的产品要符合目标国家或地区的风俗习惯、宗教信仰和教育水平。同时,由于网上消费者的个性化需求,网络营销产品的样式还必须满足购买者的个性化需求。

4. 产品品牌

在网络营销中,生产商与经营商的品牌同样重要,一方面要在网络浩如烟海的信息中获得浏览者的注意,必须拥有明确、醒目的品牌;另一方面,因为网上购买者面临很多选择,同时网上的销售无法获得购物体验,所以购买者对品牌比较关注。

5. 产品包装

作为通过互联网经营和销售的、针对全球市场的产品,其包装必须适合网络营销的要求。

6. 目标市场

网上市场是以网络用户为主要目标的市场,在网上销售的产品要能够覆盖足够大的地理范围。如果产品的目标市场比较狭窄,那么可以采用传统营销策略。

7. 产品价格

互联网作为信息传递工具,在发展初期是采用共享和免费策略发展而来的,网上用户比较认同网上产品具有低廉的特性。另外,由于通过互联网进行销售的成本低于其他渠道的产品,在网上销售的产品一般可采用低价位定价。

(三) 网络营销产品分类

网络营销产品受到网络的限制,因而只有部分产品适合在网上销售,随着网络技术发展和其他科学技术的进步,将有越来越多的产品会在网上销售。在网络上销售的产品,按照产品性质的不同,可以分为实体产品和虚体产品。

1. 实体产品

将网上销售的产品分为实体和虚体两类,主要是根据产品的形态来区分的。实体产品是指有具体物理形状的物质产品。在网络上销售实体产品的过程与传统的购物方式有所不同,在这里已没有传统的面对面的买卖方式,网络上的交互式交流成为买卖双方交流的主要形式。消费者或客户通过卖方的主页考察其产品,通过填写表格表达自己对品种、质量、价格、数量的选择。而卖方则将面对面的交货改为邮寄产品或送货上门,这一点与邮购产品颇为相似。因此,可以说网络销售也是直销方式的一种。

2. 虚体产品

虚体产品与实体产品的本质区别在于,虚体产品一般是无形的,即使表现出一定形态也是通过其载体体现出来的,产品本身的性质和性能必须通过其他方式才能表现出来。在网络上销售的虚体产品可以分为两类:软件和服务。软件包括计算机系统软件和应用软件。网络软件销售商常常可以提供一段时间的试用期,允许用户尝试使用并提出意见。好的软件很快能够吸引消费者,使他们爱不释手并为此慷慨解囊。服务可以分为普通服务和信息咨询服务两类,普通服务包括远程医疗、法律救助、航空火车订票、入场券预定、饭店旅游服务预约、医院预约挂号、网络交友、电脑游戏等,而信息咨询服务包括法律咨询、医药咨询、股市行情分析、金融咨询、资料库检索、电子新闻、电子报刊等。

对于普通服务来说,消费者不仅注重所能得到的收益,还关心自身付出的成本。通过网络这种渠道,消费者能够尽快地得到所需要的服务,免除恼人的排队等候的时间成本。同时,消费者利用浏览软件,能够更快地得到更多的信息,提高信息传递的效率,增强促销的效果。

对于信息咨询服务来说,网络是一种最好的媒体选择。用户上网的最大诉求就是寻求对自己有用的信息,信息服务正好提供了满足这种需求的机会。通过计算机互联网,消费者可以得到包括法律咨询、医药咨询、金融咨询、股市行情分析在内的咨询服务和包括资料库检索、电子新闻、电子报刊在内的信息服务。

二、价格策略

价格策略是指企业通过按照市场规律制定价格和变动价格等方式来实现营销目标的方案与策略,包括对与定位有关的基本价格、折扣价格、津贴、付款期限、商业信用以及各种定价方法与定价技巧等可控制因素的综合运用,价格策略是具有重要意义的营销策略。

(一)营销价格及其在网络营销中的影响因素

企业营销价格受到多种因素的影响和制约。一般来说,影响企业产品网上定价的因素主要有以下三个方面。

1. 成本因素

成本是营销价格的最低限,对企业营销价格有很大的影响。产品成本是由产品在生产过程和流通过程中耗费的物质资料和支付的人员薪酬形成的,一般由固定成本和变动成本两部分构成。

2. 供求关系

供求关系是影响企业产品价格的一个基本因素。一般而言,当商品供小于求时,企业产品的营销价格可能会高一些,反之,则可能低一些;在供求基本一致时,企业营销中的商品售价,多数为使买卖双方能够接受的"均衡价格"。此外,在供求关系中,企业产品营销价格还受到供求弹性的影响。一般来说,需求价格弹性较大的商品,其营销价格相对较低,而需求价格弹性较小的商品,其营销价格相对较高。

3. 竞争因素

竞争因素对价格的影响,主要表现在商品的供求关系及变化趋势等方面。竞争是影响企业产品定价的重要因素之一,在实际营销过程中,以竞争对手为主的定价方法主要有三种:一是低于竞争对手的价格;二是与竞争对手同价;三是高于竞争对手的价格。

在企业网络营销实践中,除了上述三个主要因素外,网络营销的其他组合因素如产品、分销渠道、促销手段、消费者心理因素、企业本身的规模、财务状况和国家政策等,都会对企业的营销价格产生不同程度的影响。

(二)网络定价策略

企业为了有效地促进产品在网上销售,就必须针对网上市场制订有效的价格策略。因为网上信息具有公开性和消费者易于搜索的特点,故网上的价格信息对消费者的购买起着重要的作用。消费者选择网上购物,一方面是因为网上购物比较方便,另一方面是因为从网上可以获取大量的产品信息,从而可以择优选购。网络定价的策略很多,根据网络营销的特点,主要有低位定价策略、个性化定制生产定价策略、使用定价策略、折扣定价策略、拍卖定价策略和声誉定价策略等,在此简单地介绍前四种。

1. 低位定价策略

借助互联网进行销售,比传统销售渠道的费用低廉,因此网上销售价格一般来说比线下的市场价格要低。采用低位定价策略就是在公开价格时一定要比同类产品的价格低。采取这种策略一方面是通过互联网,企业可以节省大量的成本费用;另一方面,采用这一策略也是为了扩大宣传、提高市场占有率并占领网络市场这一新型市场。在采用这一策略时,应注意三点:一是在网上不宜销售那些消费者对价格敏感而企业又难以降价的产品;二是在网上公布价格时要注意区分消费对象,要针对不同的消费对象提供不同的价格信息发布渠道;三是因为消费者可以在网上很容易地搜索到价格最低的同类产品,所以网上发布价格要注意比较同类站点公布的价格,否则公布价格信息会起到反作用。

2. 个性化定制生产定价策略

个性化定制生产定价策略是指在企业能实行定制生产的基础上,利用网络技术和辅助设计软件,帮助消费者选择配置或者自行设计能满足自己需求的个性化产品,同时承担自己愿意付出的价格成本。这种策略是利用网络互动性的特征,根据消费者的具体要求来确定商品价格的一种策略。网络的互动性使个性化行销成为可能,也将使个性化定价策略有望成为网络营销的一个重要策略。

3. 使用定价策略

所谓使用定价策略就是消费者通过互联网注册后可以直接使用某公司产品,消费者只需要根据使用次数进行付费,而不需要完全购买产品。这一方面减少了企业为完全出售产品进行大量不必要的生产和包装的浪费,同时还可以吸引过去那些有顾虑的消费者购买和使用产品,扩大市场份额。采用这种定价策略,一般要考虑产品是否适合通过互联网传输,是否可以实现远程调用。目前比较适合的产品有软件、音乐、电影等。

4. 折扣定价策略

为鼓励消费者多购买本企业商品,可采用数量折扣策略;为鼓励消费者按期或提前付款,可采用现金折扣策略;为鼓励中间商淡季进货或消费者淡季购买,可采用季节折扣策略等。

小应用 2.1

美容院、餐饮业的很多商店都会推出会员卡,这就是折扣定价策略的一种形式。比如,到一家美发连锁店做一次面部保养要168元,如果买了卡则每次可以打5折,就只需84元。而办一张卡最低要2000元,2000元的卡可能只能打8折,要想打5折甚至更多,至少要买面值5000元的卡,即根据不同面值的卡给予的折扣大小不一样。

5. 拍卖定价策略

网上拍卖是目前发展较快的领域,是一种最市场化、最合理的方式。随着互联网市场的拓展,将有越来越多的产品通过互联网拍卖竞价。因为目前购买群体主要是消费者市场,个体消费者是目前拍卖市场的主体,所以这种策略并不是目前企业首选的定价方法,它可能会破坏企业原有的营销渠道和价格策略。比较适合网上拍卖竞价的是企业的一些原有积压产品,也可以是企业的一些新产品,通过拍卖展示能够起到促销作用。

6. 声誉定价策略

在网络营销的发展初期,消费者对网上购物和订货还有着很多疑虑。例如,网上所订商品的质量能否保证、货物能否及时送到等。因此,对于声誉较好的企业来说,在进行网络营销时,价格可定得高一些;反之,价格则定得低一些。总之,企业可以根据自己产品的特性和网上市场的发展状况来选择合适的价格策略。但无论采用什么策略,企业的定价策略都应与其他策略相配合,以保证企业总体营销策略的实施。另外,因为互联网上信息产品的免费性已深入人心,所以免费价格策略是市场营销中常用的营销策略。虽然这种策略一般是短期的和临时的,但它对于促销和推广产品却有很大的促进作用。许多新型公司凭借这一策略一举成功。目前,企业在网络营销中采用免费策略的目的,一是先让用户免费使用,等形成习惯后再开始收费;二是想发掘后续商业价值,从战略发展的层面制订定价策略,主要目的是先占领市场,然后再在市场中获取收益。

三、促销策略

网络促销是指利用现代化的网络技术向虚拟市场传递有关产品或服务的信息,以引导消费需求,激发消费者购买欲望和购买行为的各种活动。它与传统促销的目的一样,都是让消费者了解产品或服务,引起消费者的注意和兴趣,激发他们的购买欲望,并最终实现其购买行为。网络促销具有独有的特点,它与传统促销在信息传播模式上、在时间和空间观念上以及在消费者参与方式上都有较大的差别。

(一)网络促销形式

网络促销形式有四种,分别是网络广告、站点推广、销售促进和关系营销。其中网络广告和站点推广是主要的网络促销形式。

1. 网络广告

网络广告已经形成了一个很有影响力的产业市场,因此企业的首选促销形式就是网络广告。网络广告的类型很多,根据不同形式可以分为旗帜广告、电子邮件广告、电子杂志广告、新闻组广告、公告栏广告等。网络广告主要借助网上知名站点(如新浪、搜狐等)、免费电子邮件和一些免费公开的交互站点(如新闻组、公告栏)发布企业的产品信息,对企业和产品进行宣传推广。网络广告作为有效而可控的促销手段,被许多企业用于在网上进行新产品的推广、提高企业知名度等。

2. 站点推广

站点推广就是利用网络营销策略扩大站点的知名度,吸引上网者访问网站,得到宣传和推广企业以及企业产品的效果。站点推广主要有两大类方法:一类是通过改进网站的内容和服务,吸引用户访问,起到推广的效果;另一类是通过网络广告宣传和推广站点。前一类方法费用较低,而且能够稳定消费者访问流量,但推广速度比较慢;后一类方法可以在短时间内提高站点知名度,但与前一类相比费用较高。电脑游戏与硬件的生产商美国世嘉公司利用网站进行各种不同的促销宣传,如向公众推出新的游戏角色并为上网者提供下载游戏的机会,因此世嘉主页的每日访问量平均达25万人次。

3. 销售促进

销售促进就是企业利用可以直接销售的网络营销站点,采用一些销售促进方法宣传和推广产品。具体方法主要有以下六种:

(1)网上折价促销。折价促销亦称打折、进行价格折扣,是目前网上最常用的一种促销方式。一般来说,网上商品的价格要比传统销售方式的价格低,以吸引人们购买。由于网上销售商品不能给人以全面、直观的印象,也不可试用、触摸等,再加上配送成本和付款方式的复杂性,导致网上购物和订货的积极性下降;而幅度比较大的折扣可以促使消费者进行网上购物的尝试并做出购买决定。目前大部分网上销售商品都有不同程度的价格折扣,如卓越网、当当网上书店等。

(2) 网上变相折价促销。变相折价促销是指在不提高或稍微增加商品价格的前提下,提高产品的数量及服务的品质,较大幅度地增加产品或服务的附加值,让消费者感到物有所值。由于网上直接进行价格折扣容易让消费者产生商品品质降低的疑虑,利用增加商品附加值的促销方法会更容易获得消费者的信任。

(3) 网上赠品促销。赠品促销目前在网上的应用不算太多,一般情况下,在新产品推出试用、产品更新、对抗竞争品牌、开辟新市场等情况下,利用赠品促销可以达到比较好的促销效果。赠品促销可以提升品牌和网站的知名度,鼓励人们经常访问网站以获得更多的优惠信息,能根据消费者索取赠品的热度来总结分析营销效果和产品本身反映的情况等。大部分网上销售商品都会在特定的时期附加赠品。

(4) 网上抽奖促销。抽奖促销是网上应用较广泛的促销形式之一,是大部分网站乐意采用的促销方式。抽奖促销是以一个人或数人获得超出参加活动成本的奖品为手段进行商品或服务的促销,网上抽奖促销可在短时间内迅速聚焦人气,提高网站的访问量。

(5) 积分促销。积分促销在网络上的应用比传统营销方式更加简单且易操作。网上积分活动很容易通过编程和数据库等来实现,并且结果可信度很高,操作起来相对较为简便。积分促销一般设置价值较高的奖品,消费者通过多次购买或多次参加某项活动来增加积分以获得奖品。积分促销可以增加上网者访问网站和参加某项活动的次数,可以增加上网者对网站的忠诚度,可以提高商业活动的知名度等。

(6) 网上联合促销。由不同商家联合进行的促销活动称为联合促销,联合促销的产品或服务可以产生一定的优势互补、互相提升自身价值等效应。如果应用得当,那么联合促销可起到相当好的促销效果,如网络公司可以和传统商家联合,以弥补在网络上无法实现的服务。

4. 关系营销

关系营销是借助互联网的交互功能吸引用户与企业保持密切关系,培养消费者忠诚度,提高企业收益率。例如,一家鲜花礼品递送公司,会在适当的时候通过电子邮件提醒消费者,他应该为母亲的生日订购一束鲜花。

(二) 网络促销的实施过程

对于任何一家企业来说,如何实施网络促销都是一个新问题,每一位营销人员都必须摆正自己的位置,深入了解产品信息在网络上传播的特点,分析网络信息的接收对象,设定合理的网络促销目标,通过科学的实施程序,打开网络促销的新局面。

网络促销的具体实施过程包括以下五个阶段。

1. 确定网络促销对象

网络促销对象是针对可能在网络虚拟市场上产生购买行为的消费者群体提出的概念。它主要包括产品的使用者、产品购买的决策者和产品购买的影响者。

2. 设计网络促销内容

消费者在做出购买行为之前一般经历认知、感知和行动这三个阶段。企业需要了解消费者所处的阶段,并制订出适合这一阶段的促销活动内容。

3. 选择网络促销的组合方式

网络促销策略主要有"推策略"和"拉策略"两种。推策略主要指的是将企业的产品或服务推向市场,获得广大消费者的认可。而拉策略主要指的是将消费者牢牢地吸引过来。企业应根据自己产品的特性,将两种策略有机地组合起来,达到最佳促销效果。

4. 制订网络促销预算方案

根据企业的网络促销内容和目标,对整体的投资做好促销的预算方案。

5. 网络促销的执行与效果评价

在执行了网络促销活动之后,应对已经执行的促销内容进行效果评价,以便对促销的内容、形式进行调整和改进。主要评价数据来源于两方面:一是通过访问量的数据统计进行促销活动好坏的评价;二是通过对市场占有率、销售量、利润等数据的分析,来判断促销决策正确与否。

> **小思考 2.1**
>
> 网络促销的效果评价数据从哪来?
>
> 答:一是通过访问量的数据统计来评价促销活动的好坏;二是通过市场占有率、销售量、利润等数据的分析,来判断促销决策正确与否。

四、分销策略

因为网上销售对象不同,所以网上分销渠道是有很大区别的。一般来说,网上销售主要有两种方式。第一种是B2B,即企业对企业的模式,这种模式每次交易量很大、交易次数较少,并且购买者比较集中,因此网上分销渠道建设的关键是做好订货系统,以方便购买企业进行选择。这主要是由于一方面购买企业一般信用较好,通过网上结算实现付款比较简单;另一方面,因为交易量大、次数少,所以配送时可以进行专门运送,既可以保证速度,也可以保证质量,减少中间环节造成的损伤。第二种方式是B2C,即企业对消费者模式,这种模式的每次交易量小、交易次数多,而且购买者非常分散,因此网上分销渠道建设的关键是做好结算系统和配送系统,这也是网上销售必须面对的门槛。

在选择网络销售渠道时还要注意产品的特性,有些产品易于数字化,可以直接通过互联网传输;而对大多数有形产品来说,还必须依靠传统配送渠道来实现货物的空间移动。对于部分产品所依赖的渠道,可以对其网络进行改造,以最大限度地提高渠道的效率,减少渠道运营中因人为失误和时间耽误造成的损失。

(一) 网络直接销售

网络直接销售简称网络直销,是指生产厂家通过网络直接分销渠道直接销售产品,中间没有任何形式的网络中介商(见图2.2)。目前常见的做法有两种:一是企业在互联网上建立自己独立的站点,申请域名,制作主页和销售网页,由网络管理员专门处理有关产品的销售事务(见图2.3);二是企业委托信息服务商(Internet Aervice Provider,ISP)在其网点上发布信息,企业利用有效信息与客户联系,直接销售产品,虽然有ISP参加,但主要的销售活动还是在买卖双方之间完成的。

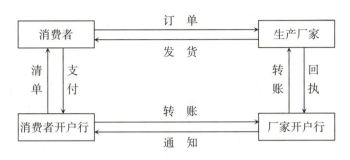

图2.2　网络直接销售流程图

图2.3　戴尔的在线购物网页

网络直销的优点是多方面的。第一,网络直销促成产需双方直接沟通。企业可以直接从市场上收集到真实的第一手资料,合理安排生产。第二,网络直销对买卖双方都有直接的经济利益。由于网络营销大大降低了企业的营销成本,企业能够以较低的价格销售自己的产品,消费者也能够买到低于现货市场价格的产品。第三,营销人员可以利用网络工具,如电子邮件、电子公告栏等,随时根据用户的愿望和需要,开展各种形式的促销活动,迅速扩大产品的市场占有率。第四,企业能够通过网络及时了解到用户对产品的意见和建议,并针对这些意见和建议提供技术服务,解决疑难问题,提高产品质量,改善经营管理。

(二) 网络间接销售

为了克服网络直销的缺点,网络商品交易中介机构应运而生。这类机构成为连接买卖双方的枢纽,使得网络间接销售成为可能。虽然网络商品交易中介在发展中仍然有许多问题,但它在未来虚拟网络市场的作用却是其他机构不能代替的。

导致网络商品交易中介机构的存在成为必然的原因有以下两点:

(1) 网络商品交易中介机构的存在简化了市场交易过程。随着更多的信息被放在网上,信息越来越分散,更多的商业机构都在网上寻找操作业务的机会,因此网络商品交易中介机构的出现及其增长是很快的,利用网络交易中介商的目的就在于能够更加有效地推动商品广泛地进入目标市场。比较图2.4和图2.5可知,利用网络商品交易中介机构完成商品从生产领域向消费领域转移,是实现社会经济效益和企业经济效益的一个主要手段。图2.4呈现的是($M×N$)次交易,而图2.5呈现的是($M+N$)次交易,M、N越大,效益越明显。

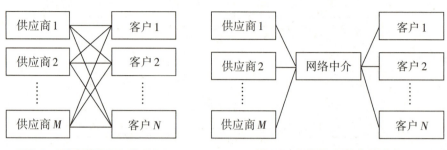

图2.4　无网络商品交易中介　　　　图2.5　有网络商品交易中介

(2) 网络商品交易中介机构的撮合功能有利于降低业务花费和全球操作。网络商品中介机构为买卖双方提供了类似于集成的功能,因此为买卖双方都创造了价值。而且,中介机构在特定的市场领域里与许多机构都关系亲密,它们能运用这种关系将某些卖主的产品进行捆绑式销售,以满足客户的需要。

(三)双道法

在国外企业的网络营销活动中,双道法是常用的方法之一。所谓双道法,是指企业同时使用网络直接分销渠道和网络间接分销渠道,以达到销售量最大化的目的。在买方市场的现实情况下,通过两种渠道推销产品比单一渠道更容易实现"市场渗透"。

在现代化大生产和市场经济的条件下,企业积极开展网络营销活动,在建立网站的同时,大部分企业都积极利用网络间接渠道销售自己的产品,通过中介商信息、广告的撮合服务,扩大企业的影响范围,开拓企业产品的销售领域,降低销售成本。因此,对于从事网络营销活动的企业来说,必须熟悉和研究国内外电子商务交易中介商的类型、业务性质、功能、特点及其他有关情况,以便能够正确地选择中介商,顺利地完成商品从生产到消费的整个转移过程。

第二节　站点推广

一、概述

网络营销站点是企业在网上市场进行营销活动的阵地,站点能否吸引大量流量是企业开展网络营销成败的关键,也是网络营销的基础。站点推广就是通过对企业网络营销站点的宣传来吸引用户访问,同时树立企业网上品牌形象,为企业营销目标的实现打下坚实的基础。站点推广是一项系统性的工作,它与企业营销目标是相一致的。

网站推广与传统的产品推广一样,需要进行系统安排和计划,需注意以下三个问题:

(1) 注意效益/成本原则,即增加1000个访问者带来的效益与成本费用的比较,当然效益包括短期利益和长期利益,需要进行综合考虑。

(2) 稳妥慎重原则,宁慢勿快,在网站还没有建设好而且不够稳定时,千万不要急于推广网站。第一印象是非常重要的,网民给企业网站的机会只有一次,因为网上资源太丰富了,这就是通常所说的网上特有的"注意力经济"。

(3) 综合安排实施原则,因为网上推广手段很多,不同方式可以吸引不同的网民,所以必须综合采用多种渠道以吸引更多网民到网站上进行访问浏览。

二、网站推广策略

(一) 网上和网下推广相结合

用户获取网站信息的来源可分为网上途径和网下途径,因此网站推广手段相应地也有网上推广和网下推广两种基本类型。网上获取信息的途径就是本节主要介绍的网站推广渠道,但这些并不是用户获取有关信息的唯一渠道。事实上,网络营销并不拒绝网下的营销方法,二者并不矛盾,可以互相配合发挥各自的优势,从而获得更好的网站推广效果。在网络营销方法中,一般很少去考虑网下的营销手段,不过在网站推广方面,利用网下的手段有时是很有必要的,因为一些网站在刚发布时只利用网上推广手段并不一定能很快达到推广的目的,所以往往需要网上网下相结合进行推广。

我们经常会看到一些大型企业网站使用路牌广告和电视广告等方式进行宣传,这是很好的宣传途径,但对于大多数中小企业网站来说,因为缺乏资金实力,一般是难以模仿的,所以往往造成一种错觉,好像只有大型企业网站才能利用传统渠道宣传。实际上,传统的宣传渠道有很多,并不一定要大量资金才可以实施,关键是在策略层面将网站推广与市场营销结合起来,在不知不觉中发挥网站的作用。

(二) 主动与被动推广相结合

按照用户获取网站信息的主动性和被动性,可将获取信息的渠道分为主动渠道和被动渠道,因此网站推广手段也有主动和被动之分,用户主动获取信息就意味着网站以被动的方式来推广。例如,我们用电子邮件的方式向潜在用户推广新的网站是主动推广,而用户则是被动地接受信息;当用户通过搜索引擎发现并进入一个网站时,是用户主动获取信息,而网站则是被动推广。但这里的被动并不是消极地等待用户了解(本质上不同于几年前一些企业建好网站之后从不对外宣传,因此用户根本无法了解其网址的被动状况),实际上是为用户了解网站信息提供尽可能方便的条件,因此从用户的角度来看,用户是主动的,而网站方面是被动地等待用户的了解。同样,用户通常也并不总是真的只能被动接受信息,仍以用户电子邮件推广为例,E-mail营销是首先经过用户许可的,也就是用户自定义是否接受,但什么时间发送给用户是由企业决定的。电子商务时代通常被认为是用户制订营销规则的时代,因此用户掌握了更多的主动权。而信息的多少,以及对用户是否有价值,其主动权仍然掌握在作为信息提供方的企业手里。

(三) 利用不同的推广方式

根据用户了解网站信息所利用的具体手段,可以罗列出许多方式,如搜索引擎、分类目录、分类排行榜、网站链接、电子邮件、即时信息、网络实名、通用网址、论坛、黄页、电子商务平台、网络广告、电子书、免费软件、网址大全书籍、报刊网站推荐等,每一种方式均可作为一种网站推广的手段。因为这种分类方式难以穷举所有网站的推广方法,所以通常将这些方法穿插在其他网站推广类别中。

(四) 在不同阶段采用不同的推广方法

根据网站所处的阶段,推广方法可以分为网站发布前的推广策略、网站发布初期的推广策略、网站发展期和稳定期的推广策略等,每个阶段所采用的网站推广方法存在一定的差别,同样的网站采取的推广手段在不同的时期也有所不同。从网站运营者的角度考虑,根据网站的不同发展阶段来设计网站推广策略更有意义。

小应用 2.2

网站推广之十不要:① 不要把首页做成 Flash;② 不要把导航做成图片链接;③ 不要用大量的图片组成首页;④ 不要去做所谓的"通用"网址,那只能用来骗不懂网络的人;⑤ 不要去相信网络公司对你销售业绩的承诺;⑥ 不要被某些网站的廉价垃圾服务欺骗;⑦ 不要去做第一页以后的广告;⑧ 不要期望用垃圾邮件来推广你的网站;⑨ 不要过于追求免费,疯狂地做友情链接;⑩ 不要为难那些电子商务师,他们心有余而力不足。

(资料来源:网站推广时几点禁忌[EB/OL].(2006-10-19). https://www.chinaz.com/manage/2006/1019/4917.shtml.)

三、站点推广方法

(一) 利用搜索引擎

调查显示,网民寻找新网站主要是通过搜索引擎来实现的,因此在著名的搜索引擎进行注册是非常必要的,而且在搜索引擎进行注册一般都是免费的。在多个引擎进行注册时,首先要确定引擎再进行注册,一般说来同时在八个重要的搜索引擎进行注册就足够了,注册过多账号一方面时间代价比较大,另一方面大多数引擎的使用者少,用户都主要集中在少数引擎中。在注册多个引擎时,有两种方式,一种方式是利用专业软件代理注册,另一种方式是利用专业服务公司代理注册。

（二）建立链接

与不同站点建立链接，可以缩短网页间距离，提高站点的被访问概率。一般建立链接有下面三种方式：

（1）在行业站点上申请链接。如果站点属于某些不同的商务组织，而这些组织建有会员站点，那么应及时向这些会员站点申请链接。

（2）申请交互链接。寻找具有互补性的站点，并向它们提出进行交互链接的要求（尤其是要链接到站点的免费服务）。为通向其他站点的链接设立一个单独的页面，这样就不会使刚刚从前门请进来的消费者，转眼间就从后门溜到别人的站点上去了。

（3）在商务链接站点申请链接。特别是当站点提供免费服务的时候，可以向网络上的许多小型商务链接站点申请链接。只要站点能提供免费的服务，就可以吸引许多站点为自己建立链接。寻找链接伙伴时，通过搜索寻找可能为站点提供链接的地方，然后向该站点的所有者或主管发送电子邮件，告诉他们可以链接的站点名称、URL以及200字左右的简短描述。

（三）发送电子邮件

电子邮件的发送费用非常低，许多网站都利用电子邮件来宣传站点。利用电子邮件来宣传站点时，首要任务是收集电子邮件地址。为防止发送一些令人反感的电子邮件，收集电子邮件地址时要非常注意，一般可以利用站点的反馈功能记录愿意接受电子邮件的用户电子邮件地址。另外一种方式是租用一些愿意接受电子邮件信息的通信列表，这些通信列表一般是由一些提供免费服务的公司收集的。

（四）发布新闻

及时掌握具有新闻性的事件（如新业务的开通），并定期把这样的新闻发送到行业站点和印刷品媒介上。互联网使得具有相同专业兴趣的人们组成成千上万的具备很强针对性的公告栏和新闻组，可以将站点在公告栏和新闻组上加以推广。比较好的做法是加入这些新闻讨论，让邮件末尾的"签名档"发挥推广的作用。

（五）提供免费服务

提供免费服务在时间和精力上的代价都是昂贵的，但其在增加站点流量上的功效可以回报企业。应当注意，提供的免费服务应与销售的产品密切相关，这样吸引来的访问者同时也就可以成为良好的业务对象。此外，还可以在网上开展有奖竞赛，因为人们总是喜欢免费的奖品。如果在站点上开展有奖竞赛或者抽奖活动，那么可以产生很大的访问流量。

（六）发布网络广告

利用网络广告推销站点是一种比较有效的方式。比较廉价的做法是加入广告交换组织，广告交换组织通过不同站点的加盟后，在不同站点交换显示广告，起到相互促进的作用。另外一种方式是在合适的站点上购买广告栏发布网络广告。

(七)使用传统的促销媒介

使用传统的促销媒介来吸引访问也是一种常用方法,如一些著名的网络公司纷纷在传统媒介发布广告,这些媒介包括直接信函、分类展示广告等。对小型工业企业来说,这种方法更为有效,应当确保各种卡片、小册子等文化用品和文艺作品上包含公司的URL。

小应用 2.3

搜索引擎优化(Search Engine Optimization,SEO)是一种利用搜索引擎的搜索规则来提高目的网站在有关搜索引擎内的排名的方式。研究发现,不少搜索引擎的用户往往只会留意搜索结果最前面的几个条目,所以不少网站都希望通过各种形式来影响搜索引擎的排序,当中尤以各种依靠广告维生的网站为甚。所谓"针对搜索引擎做最佳化的处理",是指为了让网站更容易被搜索引擎接受,即通过SEO这样一套基于搜索引擎的营销思路,为网站提供生态式的自我营销解决方案,让网站在行业内占据领先地位,从而获得品牌收益。

小思考 2.2

什么是网站PR值?

答:网站PR值全称为PageRank(又称"网页级别"),名称取自Google的创始人Larry Page。它是Google排名运算法则(排名公式)的一部分,是Google用来标志网页的等级/重要性的一种方法。PR值的大小是Google用来衡量一个网站好坏的一项重要标准。在糅合了诸如Title标志和Keywords标志等所有其他因素之后,Google通过PageRank来调整结果,使那些更具"等级/重要性"的网页(网站)在搜索结果中的排名获得提升,从而提高搜索结果的相关性和质量。

级别分为1~10级,10级为满分。PR值越高,则说明该网站越受欢迎(越重要)。例如,一个PR值为1的网站表明这个网站不太具有流行度,而PR值为7~10则表明这个网站非常受欢迎(或者说极其重要)。一般PR值达到4,就算是一个不错的网站了。Google把自己的网站的PR值定到10,这说明Google这个网站是非常受欢迎的,也可以说这个网站非常重要。

第三节 网络广告

一、网络广告的概念和特点

(一)网络广告的概念

网络广告一般是指在互联网上发布、传播的广告信息,它是互联网作为市场营销媒体最先被开发和利用的营销技术。网络营销中的一整套营销战略、策略以及营销方法,正是从最初的网络广告出发,逐渐扩散到其他营销技术,并进一步渗透到整个营销理念层次,从而最终构建成一个较为完整的网络营销管理体系的。自1994年10月14日,*Wired*杂志网络版首次发布网上广告后,互联网作为市场营销媒体就以其不可替代的独特性,成为继传统广告媒体之后的一个新型传播媒体形式。

实践证明,网络广告是宣传网址和发布网络广告最有效的方法之一。与报纸、广播、杂志、电视等传统媒体上的商业性宣传相比,网络广告宣传不仅更加廉价、快捷,而且覆盖面更广、针对性更强。可以预见的是,随着电子商务的广泛推行、电子支付货币的广泛使用、网络交易安全性的提高以及上网人数的增加,网络广告将有更加广阔的发展空间。

然而,在互联网上传播信息有其特定的行为规则,因此不能将在传统广告媒体上所用的方法简单地照搬到网络上来,必须遵循网络礼仪,采用符合网络特征的广告技术来发布网络广告。

小应用 2.4

艾瑞网发布的《2020年中国网络广告市场年度洞察报告》显示,2019年中国网络广告市场规模达到6464.3亿元,同比增长30.2%,预计在2021年市场规模将达到近万亿(见图2.6),从细分市场来看,电子商务广告市场仍为网络广告的主要板块,未来几年电商网站广告份额占比仍将稳定在30%左右,随着信息流在社交领域的发展以及内容营销与原生营销的暴发,社交广告市场规模快速增长,在未来具有较大的发展空间,而门户资讯广告通过内容布局调整,体现不同的营销价值,未来市场稳定发展。

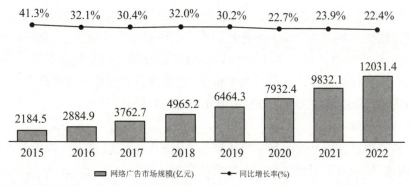

注:1. 网络广告市场规模按媒体收入作为统计依据,不包括渠道代理商收入;2. 此次统计数据包含搜索联盟的联盟广告收入,同时也包含搜索联盟向其他媒体网站的广告分成;3. 此次统计数据结合全年实际情况,对2019年前三季度部分数据进行了微调。

图2.6 2015~2022年中国网络广告市场规模及预测

(资料来源:根据企业公开财报、行业访谈及艾瑞统计预测模型估算)

(二)网络广告的优点

网络广告得以兴起和发展,根本上是由于这种广告有着自己独有的特点。网络广告可以通过互联网进入更广阔的宣传范围,也可以更精确地锁定目标群体。得益于软件技术的发展,网络广告实际上兼具了不同种类传统媒体广告的优点,这些特点都使网络广告具有更好的宣传效果,并拥有更广阔的发展前景。具体来说,网络广告有以下五个优点。

1. 投入成本低

企业做广告的目的是为了促销产品,而促销产品的最终目标是为了获取商业利益。商业广告的价格不断增长,已对很多企业构成负担,而网络广告的价格较其他形式广告的价格要便宜得多。可以说,网络广告的出现为企业提供了一种新的宣传促销手段。

2. 宣传范围广泛

广告商在使用传统媒体做广告时,往往会受版面、时间等条件的影响和限制,因此广告商会想方设法浓缩版面,想用最精练的语言、最简约的画面对客户产生最具震动性的影响,从而起到劝诱消费的作用,但事实上却往往收效甚微。而网络广告则不然,它不受时间、版面的限制与约束,能够以图文并茂的方式,加上良好的音响效果,将企业的基本状况、产品外观、价格、性能、技术指标等对客户有用的信息在网上反映出来。主页可以大幅度扩展,重要内容可以采用多重超链接进行细致描述。

网络广告容量之大,是其他媒体所不可比拟的。网络广告可以随时提供各种信息,全天候为用户服务。而且,广告信息可以随时更换,传播速度快,可以瞬间传播到全球,没有国界限制。

3. 便于检索、反馈直接

因为各种形式的广告信息充斥耳目,所以方便查找信息就变得极为重要。互联网提供了极为方便的信息检索工具,比如用户通过使用网上的搜索引擎,可以方便、快捷地检索到所需网站及其广告产品,使得客户能很容易地从网站获得许多数据。因为在互联网中投放的广告首先以图形品牌的形式显示,所以即便用户不点击企业的广告,也已经看到了企业所宣传的品牌。

在线广告能够提供庞大的用户跟踪信息库,商家可以从中找到很多有用的反馈信息,网络广告能够直接获得客户的反馈。不论是销售产品还是推广企业形象,企业都可以发现哪些广告备受关注,而哪些广告根本就没人注意,这些信息都有益于捕捉商机。当然,这些信息对于在线广告和传统媒体广告都有参考价值,能帮助企业清楚地计算自己的广告投入效果。目前的技术完全能够使在线广告客户得知广告的效果。

4. 表现形式灵活

网络广告是构建在信息技术和多媒体技术之上的,采用图、文、声、像等多种形式,将产品的外观、用途、使用方法、价格、购买方法等信息展示在用户面前。此外,交互式界面可以大大地方便用户对网络广告的阅读,用户可以有选择地阅读与企业和产品有关的资料,同时可以借助电子邮件等技术,与企业进行进一步的沟通。

5. 目标准确、更改方便

网络广告往往能够针对相关的用户群体进行更准确的投放。很多用户在网络上提供的个人资料都有可能变成广告商推出不同广告的依据,运用相应的技术,网站可以追踪用户在网上的行踪,记录用户曾经点击了哪些广告,需要深入了解哪些信息,这为广告商提供了制作广告的背景资料。将来的广告目标市场还将更加具体,一些广告网站已经在准备为广告目标市场提供非常细致的市场统计数据和消费心理统计,而这些是传统的广告媒体很难做到的。

同时,网络广告的内容可以随时更改,且花费很少,不会造成任何浪费。而传统广告的内容更改一般需要不少的费用,且更改的时间周期比较长。

(三) 网络广告的缺点

尽管网络具有许多传统媒体无法比拟的优势,但这并不表明它是一个完美的媒体,在目前的情况下,它存在许多的不足,这或许就是某些广告主和代理商不愿选择网络广告的原因。

1. 网络广告的覆盖率仍然偏低

统计资料表明,即使在北京、上海,网络广告的覆盖率也只是城市人口的8%,其覆盖率的增长将在相当长的一段时间内受制于计算机与网络的发展与普及。

2. 网络广告的效果评估困难

在我国,至今没有一家公认的第三方机构可以提供量化的评估标准和方法。当一个媒体不具备可评估条件的时候,我们从媒介作业的角度就完全有理由去质疑它的可选用性。目前对网络广告效果的评估主要基于网站提供的数据,而这些数据的准确性、公正性一直受到某些广告主和代理商的质疑。

3. 网页上可供选择的广告位置有限

目前网络广告的形式主要还是旗帜广告(banner)、按钮广告(icon或button)、漂移广告、弹出广告等,而每个网页上可以提供的广告位置是很有限的。

4. 创意的局限性

现在网络广告最常见的尺寸是468像素×60(或80)像素,相当于15厘米×2厘米左右的面积,要在这样小的广告空间里形成吸引目标消费者的广告创意,其难度可想而知。虽然弹出广告的尺寸比较大,但用户对弹出广告比较反感,故使用起来受到一定的限制。

二、网络广告的策略

网络广告策略是实现网络广告目的的方法和手段,制订网络广告策略是一项创造性的劳动,策略的成败决定着网络广告宣传的成败。

(一) 网络广告定位策略

网络广告定位策略发展至今已进一步得到细分,从某种意义上可以被划分为抢先策略、比附策略、空隙策略、品牌形象策略、企业形象定位、文化定位等六种策略。

1. 抢先策略

心理学研究证明,首先进入大脑的信息,常常占有不易被排挤的位置。抢先策略就是利用人们认知心理先入为主的特点,使网络广告宣传的产品、服务或企业形象率先占领消费者的心理位置,这被认为是最重要的定位策略,也是网络广告界最重视的策略。

这一策略最适宜于新产品上市,特别是那些标新立异、能够引导消费的产品。采用高频率、强刺激率策略先抢占消费者心理位置,往往能一举成名,使产品成为同类中的第一品牌、领导者品牌。当然,一举成名并不等于永久保持,还需持续不断的网络广告以沟通与消费者间的情感,从而巩固这种地位。老产品进入一个新市场,或进入一个还没有竞争强手的市场时,也可以采取这种抢先定位、建立领导者地位的策略。

2. 比附策略

这是一种"攀龙附凤"的定位方法。第一品牌、领导者地位已被别人占领时,跟进者要想与之抗争十分困难,于是聪明的网络广告主或网络广告人往往委曲求全,用比照攀附领导者的方法为自己的产品争得一席之地。

3. 空隙策略

这也是跟进者重要的定位方法。它是一种"钻空子"的方法,即寻找消费者心中的空隙,网络广告宣传的重点就是填补这种空隙。有一个空隙就可能确立一种定位,没有空隙也可以创造空隙。常用的空隙定位方法有特点空隙、价位空隙、性别空隙、年龄空隙、时段空隙和消费习惯空隙等。

4. 品牌形象策略

根据产品的个性和消费者的审美心理塑造一个产品形象,并将这个形象植入消费者心中,这个形象一旦被消费者所喜爱,就会在消费者心中形成牢固的品牌地位,与其说消费者是为了满足某种物质需要购买这种品牌的产品而不购买其他品牌,倒不如说是因为喜欢这种品牌所表现的一种形象、所满足的一种精神追求,所以进行购买。

品牌形象策略可以和抢先策略、比附策略、空隙策略等结合运用。品牌形象策略多运用于高档消费品定价。

5. 企业形象定位

公共关系网络广告直接与间接推销的都是组织自身形象,对于企业来说,推销的就是企业自身的形象。企业的特点、企业的价值观、企业的文化、企业对公众对社会的责任等,常常是企业公关网络广告宣传的主题,也是此类网络广告的定位。而企业的特点、价值观、文化以及对公众对社会的责任等,正是企业形象的重要表征。

6. 文化定位

作为网络营销的手段之一,网络广告是以文化为基础的。从文化层次发展的非均衡性的特点出发,网络广告与传统广告相比,最大的特点就是它宣传的信息要涉及不同的国家、不同的民族和不同的文化。网络广告作为广告行业的"新贵",在对网上发布的内容进行制作时,不能循规蹈矩、千篇一律,而应特别突出广告的文化风格。虽然对于商业广告活动来说,其目标不外乎是推销商品、追逐利润,但在不同区域的市场上,实现这一目标的方法和手段却不尽相同。网络广告没有放之四海而皆准的灵丹妙药,但有特色文化、宣传目标明确的广告却往往最能被用户接受,最能达到推销商品的目的。

网络文化的文化定位离不开本土性这一基本特点,因此必须先客观分析自身所处文化背景的优点、不足,同时还要充分了解广告受众所处的文化背景,以其最容易接受的方式进行广告创意,以增强针对性,避免无的放矢。只有这样,才有可能避免因"水土不服"而引起的消化不良。事实上,在网络广告的活动中,与异域文化的交融占了相当的比例。在互联网时代,信息共享是基本原则,制作精美、创意非凡的广告不用花太大的力气推广就可以吸引全球的用户参与传播,更会吸引更多的用户登录网站欣赏。因此,网络广告制作者制作的每一幅广告画面,都必须使用能被所有相关文化认同的信息符号;设计的每一项广告促销方案,其主题思想、表现手法以及传递方式等必须行之有效且富有创意,必须首先能在文化层面被目标市场接受,这样才有可能取得良好的效果。

由于文化发展的非均衡性,要进行准确的网络广告文化定位,就必须对目标市场的消费者行为进行广泛的跨文化分析。这就要求广告制作者必须具备有关文化的基础知识。按照文化学的观点,有关文化的知识主要有两类:一是关于文化的事实知识,二是关于文化的释意知识。事实知识相对较容易,如文字、符号等掌握起来比较简单。而释意知识则不同,主要包括对目标市场的道德规范、思维特性、价值取向、民情风俗、宗教信仰、文化教育以及社会经济发展状况等的确切把握。只有掌握了这两方面的文化知识,对各种相关的文化环境进行客观的分析和把握,才能对由此形成的各种消费需求的特点进行准确的判断。

(二) 网络广告市场策略

目标市场认定的依据有两个:一是网络广告产品自身的功效,即网络广告产品能满足消费者某一种或某几种需要的功效;二是市场需求情报,即市场上哪个地区或哪个阶层的人需要这种产品。以下是四种常见划分目标市场的方法。

1. 按经济地位划分

按消费者经济收入的不同,划分出不同的目标市场。比如美国戴尔家用电脑问世伊始,认定的目标市场是具有一定文化素养的中等经济收入的家庭。根据这一目标市场确定的网络广告活动策略以展示会为主,并配合专业性媒体网络广告宣传,结果很快打开了局面。

2. 按地理环境划分

不同的地理环境,会使居住在不同地区的人形成不同的生活需要;同一地理环境,则会使生活在同一地区的人形成某些共同的生活需要。例如,生活在多雨地区的人,都需要雨具;居住在高寒地区的人,则需要防寒用品。因此,雨衣、雨伞、雨鞋等生产厂家,可把多雨地区居民作为主要的目标市场;羽绒、裘皮服装和皮靴等生产厂家则应以高寒地区居民为目标市场。

3. 按人群素质划分

不同社会阶层的人群,所受的教育、所从事的工作不同,他们的经济状况、需求水准、兴趣爱好、审美倾向乃至生活习惯都不尽相同。比如消遣性读物的目标市场主要是文化层次较低的职工群体,而美术性刊物的读者则主要是高文化素养的专业群体。

4. 按购买量划分

在广泛的市场调查基础上,把网络广告产品的所有消费者,按照其购买频率、消费速度等,划分为重消费者、次消费者、轻消费者。重消费者是购买产品最多的人,也是网络广告宣传的主要目标市场。

此外,还有按照消费者性别、年龄、职业等划分的方法。

(三) 网络广告心理策略

网络广告心理策略是指瞄准消费者购买过程中不同阶段的心理特征，进行网络广告诉求，引导消费者从认知产品直至实现购买的策略。

国际上公认的网络广告心理策略是 AIDAS：A(attention)，引起消费者注意；I(interest)，使消费者发生兴趣；D(desire)，使消费者产生购买欲望；A(action)，使购买欲望变成购买行动；S(satisfaction)，使消费者购买后感到满意。

人们的购买心理大致可分为六个过程（知觉过程、了解过程、兴趣过程、偏爱过程、确信过程及购买过程）和三个阶段；其中知觉和了解过程是消费者对产品的认知阶段，兴趣和偏爱过程是消费者对产品的感情升值阶段，最后的确信和购买过程是消费者对产品由感情升值到占有的欲求阶段。

(四) 网络广告时间策略

网络广告的时间策略包括网络广告发布的时机、时序、时限等策略。

时机策略就是抓住有利的时机，发起网络广告攻势的策略。有时候抓住一个有利的时机，能使网络广告产品一夜成名。为了实现网络广告实时传播，让更多的目标受众来点击或浏览企业的网络页面，保证点击的较高有效性，这需要考虑网络广告的时段安排技巧。

网络广告时序策略就是确定网络广告发布与商品进入市场孰先孰后的策略，具体包括提前策略、即时策略、置后策略。

时限策略是指在一次网络广告战役中，确定网络广告宣传时间长短以及如何使用既定网络广告时限的策略。时限策略与网络广告频次有极为密切的关系。

(五) 网络广告导向策略

网络广告导向策略是指网络广告作品诱导公众接受网络广告信息的方式。它是网络广告定位、目标公众心理研究和网络广告设计的有机结合，也可以说是定位策略、心理策略的综合体现。常见的导向策略有利益导向、情感导向、观念导向、生活导向、权威导向、名人导向、激将导向和警喻导向等。

所谓利益导向，就是抓住消费者注重自身利益的心理特点，注重宣传网络广告产品能给其带来的好处。比如宣传产品的特殊功效，能满足消费者的特殊需要等。利益导向和网络广告定位密切相关，不同的定位下，企业针对消费者不同的需要进行劝导。

三、网络广告的类型与收费方式

(一) 网络广告的类型

1. 网幅广告

网幅广告(banner)是以 GIF、JPG 等格式建立的图像文件，定位在网页中，大多数用来表现广告内容,同时还可使用Java等编程语言使其产生交互性,并用Shockwave等插件工具增强广告的表现力。

网幅广告是最早的网络广告形式。美国互动广告局(Interactive Advertising Bureau)在1997年的大规模网络广告综合调查中向广告主、广告代理商和用户广泛征求了关于网幅广告的尺寸意见。目前,绝大多数站点应用的网幅广告的尺寸像素(pixels)类型包括:468像素×60像素(全尺寸网幅广告)、392像素×72像素(全尺寸带导航条网幅广告)、234像素×60像素(半尺寸网幅广告)、125像素×125像素、120像素×90像素、120像素×60像素、88像素×31像素、120像素×240像素,它们一般反映了客户和用户双方的需求和技术特征。

小应用 2.5

网幅广告可以分为静态、动态和交互式三类。

静态的网幅广告就是在网页上显示一幅固定的图片,它的优点是制作简单,并且能够被所有的网站接受。

动态网幅广告拥有会运动的元素,或移动或闪烁。它们通常采用GIF的格式,它的原理就是把一连串图像连贯起来形成动画。它们的点击率普遍要比静态的高。

交互式广告的形式多种多样,如游戏、插播式、回答问题、下拉菜单、填写表格等。

2. 文本链接广告

文本链接广告是一种对浏览者干扰最少,但却最有效果的网络广告形式。整个网络广告界都在寻找新的宽带广告形式,而有时候,最小带宽、最简单的广告形式效果却最好。文本链接广告位的安排非常灵活,可以出现在页面的任何位置,可以竖排也可以横排,每行都是一个广告,点击后就可以进入相应的广告页面。

3. 电子邮件广告

调查表明,电子邮件是用户最常使用的互联网工具。只有不到30%的用户每天上网浏览信息,但却有超过70%的用户每天使用电子邮件,企业的管理人员尤其如此。

电子邮件广告具有针对性强(除非广告商肆意滥发)、费用低廉的特点,且广告内容不受限制。它可以针对具体某一名用户发送特定的广告,令其他网上广告方式难以企及。

电子邮件广告一般采用文本格式或HTML格式。通常采用的是文本格式,就是把一段广告性的文字放置在新闻邮件或经许可的E-mail中间,也可以设置一个URL,链接到广告主公司主页或提供产品、服务的特定页面。HTML格式的电子邮件广告可以插入图片,这和网页上的网幅广告没有什么区别,但是因为与许多的电子邮件系统不兼容,所以HTML格式的电子邮件广告并不是每个人都能完整看到的。因此,邮件广告做得越简单越好,其中文本格式的电子邮件广告兼容性最好。

4. 赞助式广告

赞助式广告的形式多种多样,在传统的网幅广告之外,给予广告主更多的选择。赞助式广告的定义至今仍未有明确划分,网络广告服务商DoubleClick行销总监伍臻祥提出,凡是所有非旗帜形式的网络广告,都可算作赞助式广告。这种概念下的赞助式广告其实可分为广告置放点的媒体企划创意、广告内容与频道信息的结合形式。

5. 内容结合式广告

内容结合式广告可以说是赞助式广告的一种,从表面上看,它们更像网页上的内容而非广告。在传统的印刷媒体上,这类广告都会有明显的标示,指出这是广告,而在网页上通常没有清楚的界限。

这种广告以网页内容的形式出现,所以它们的点击率往往会比普通的广告高。然而,广告主在做这种广告的时候需要非常小心,如果让浏览者产生受骗上当的感觉,那么就会对品牌造成负面影响。内容结合式广告最富争议之处就在于商业利益与媒体内容混淆不清。国外常见的浏览整合广告方式,将广告主的网站链接或者图像整合在网站首页的功能表中,虽然降低了受众对广告的抗拒,但可能会引发他们对网站产生排斥与不信任。值得注意的是,广告主可能为了广告的诉求而提供偏颇的信息,受众通常也难以分辨其中的真假,这对网络媒体的资讯内容也可能造成冲突。

6. 插播式广告

插播式广告的英文名称叫"interstitial",不同的机构对此的定义可能有一定的差别。在中国互联网络信息中心(www.cnnic.cn)关于网站流量术语的解释中,将"interstitial"定义为"空隙页面":空隙页面是一个在访问者和网站间内容正常递送之中插入的页面。空隙页面被递送给访问者,但实际上并没有被访问者明确请求过。好耶广告网(www.allyes.com)在"网络广告术语库"中对"interstitial"的解释为"弹出式广告":访客在请求登录网页时被强制插入一个广告页面或弹出广告窗口。全球网路经济资讯网(www.itbase.com.tw)将"Interstitial"定义为"插入式广告":在等待网页下载的空当出现,以另开一个浏览视窗的形式的网络广告。不过,一些专业文章中,也常用"插播式广告"这一概念。有时也常将"Interstitial/Pop up"统称为"插播式广告"。虽然一些网站或机构对"弹出式广告"和"插播式广告"的理解有一定的差别,但基本上也可以将二者理解为同一类型,或者说,"弹出式广告"是"插播式广告"中的一个类别。

它们有点类似电视广告,都会打断正常节目的播放,强迫受众观看。插播式广告有各种尺寸,有全屏的也有小窗口的,而且互动的程度也不同,从静态的到动态的全部都有。浏览者可以通过关闭窗口来跳过广告(电视广告是无法做到的),但是它们的出现没有任何征兆。

广告主很喜欢这种广告形式,因为它们肯定会被浏览者看到。只要网络带宽足够,广告主完全可以使用全屏动画的插播式广告,这样屏幕上就没有什么内容能与广告主的信息产生"竞争"了。

插播式广告的缺点是可能引起浏览者的反感。互联网是一个免费的信息交换媒介,所以在最初的时候网络上是没有广告的。有一小部分人认为互联网的商业化和网络广告都是无法容忍的,广告主并不担心这部分人(除非他们是目标受众),广告主担心的是大多数的普通用户,他们有自己的浏览习惯,选择自己要看的网站,点击他们想点的东西。当网站或广告主强迫他们浏览广告时,往往会使他们反感。为避免这种情况发生,许多网站都使用了弹出窗口式广告,且只有屏幕的1/8大小,这样可以不影响正常的浏览。

7. 富媒体广告

富媒体广告(Rich Media)并不是一种具体的互联网媒体形式,而是指具有动画、声音、视频或交互性信息的传播方法,包含下列常见的一种或者几种形式或组合:流媒体、声音、Flash,以及Java、Javascript、DHTML等程序设计语言。富媒体广告可应用于各种网络服务中,如网站设计、电子邮件、网幅广告、弹出式广告、插播式广告等。

小应用 2.6

不同的广告商提供的广告类型可能不相同。如搜狐将广告类型分为按钮广告、文字链广告、通栏广告、矩形广告、焦点图、悬停按钮、流媒体+左侧悬停按钮、巨幅广告、摩天楼广告、多媒体视窗、对联广告、全屏广告、背投广告、市场调查等14类,而且根据广告所在的不同页面进行收费。具体收费标准可参考搜狐营销中心广告的报价(http://ad.sohu.com/ad-price/)。

(二)网络广告的收费方式

1. 每千人成本(Cost Per Mille,CPM;或者 Cost Per Thousand,Cost Per Impressions)

网络广告收费最科学的办法是按照受众看到广告的次数来收费,按访问人次收费已经成为网络广告的惯例。CPM指的是广告投放过程中,听到或者看到某广告的每一人平均分担多少广告成本。传统媒介多采用这种计价方式,而CPM取决于"印象"尺度,通常理解为一个人的眼睛在一段固定的时间内注视一个广告的次数。比如说一个广告横幅的CPM价是1元人民币的话,那么就意味着每1000人次看到这个网幅广告的成本为1元人民币,依此类推,10000人次访问的广告成本就是10元人民币。

至于每CPM的收费究竟是多少,要根据主页的热门程度(即浏览人数)划分价格等级,采取固定费率。国际惯例是每CPM收费从5美元至200美元不等。

2. 每点击成本(Cost Per Click,CPC;Cost Per Thousand Click-Through)

CPC是指以每点击一次计费。这样的方法加上点击率限制不仅可以增加作弊的难度,还是宣传网站站点的最优方式。但是,此类方法也让不少经营广告的网站觉得不公平。例如,虽然浏览者没有点击,但是用户已经看到了广告,对于这些看到广告却没有点击的流量就不能收费。有很多网站不愿意做这样的广告,据说是因为传统媒体从来都没有这样做过。

3. 每行动成本(Cost Per Action,CPA)

CPA计价方式是指按广告投放实际效果,即按回应的有效问卷或订单来计费,而不限广告投放量。CPA的计价方式对于网站而言有一定的风险,但若广告投放成功,则其收益也比CPM的计价方式要高得多。广告主为规避广告费用风险,只有当网络用户点击旗帜广告,或链接广告主页后,才按点击次数付给广告站点费用。

4. 每回应成本(Cost Per Response,CPR)

CPR以浏览者的每一个回应计费,这种广告计费方式充分体现了网络广告"及时反应、直接互动、准确记录"的特点,是辅助销售的广告模式,相对CPA等模式来说,CPR成本更低,而且用户质量更高,带给广告受众的印象更深刻,广告主可以查看具体的消费记录。同时,CPR具有便于市场分析、发布快速、数据统计便利、品牌形象深入等优点。

5. 每购买成本(Cost Per Purchase,CPP)

广告主为规避广告费用风险,只有在网络用户点击旗帜广告并进行在线交易后,才按销售笔数付给广告站点费用。

无论是CPA还是CPP,广告主都要求发生目标消费者的"点击",甚至进一步形成购买,才予以付费。而CPM则是只要发生"目击"(或称"展露""印象"),就产生广告付费。

6. 包月方式

很多国内的网站是按照"一个月多少钱"这种固定收费模式来收费的,这对客户和网站都不公平,因为无法保障广告客户的利益。虽然国际上一般通用的网络广告收费模式是CPM和CPC,但在我国,网络广告收费模式始终含糊不清,网络广告商们"各自为政",有的使用CPM和CPC计费,有的则采用包月的形式,不管效果好坏,不管访问量有多少,一律采用固定价格。虽然现在很多大的站点多已采用CPM和CPC计费,但很多中小站点依然使用包月制。

7. 按业绩付费(Pay For Performance,PFP)

著名市场研究机构福莱斯特(Forrester)研究公司最近公布的一项研究报告称,万维网将从目前的广告收费模式——每千次闪现收费(CPM,这也是大多数非在线媒体采用的模式)变为按业绩收费的模式。按业绩付费是根据点击广告或电子邮件信息的用户数量付费的一种网络广告。

虽然基于业绩的广告模式受到广泛欢迎,但这并不意味着CPM模式已经过时。相反,如果厂家坚持这样做,那么受到损失的只会是它自己。一位资深分析家就指出,假如商家在谈判中不能灵活处理,而坚持采取业绩模式,那么它将失去很多合作的机会,因为目前许多网站并不接受这种模式。

8. 其他计价方式

某些广告主在进行特殊营销专案时,会提出以下方法个别议价:以收集潜在客户名单多少来收费(Cost Per Leads,CPL);以实际销售产品数量来换算广告刊登金额(Cost Per Sales,CPS)。

总之,网络广告本身固然有自己的特点,但是玩弄一些花哨名词解决不了实际问题。一个网站要具备广告价值,就要有一定的发展历史。因此,在目标市场决策以后挑选不同的内容网站,进而考察其历史流量,这样才可以估算广告在一定期限内的价格。在这个基础上,或者根据不同性质的广告,可以把CPC、CPR、CPA这些东西当做加权,如此而已。相比而言,CPM和包月方式对网站有利,而CPC、CPA、CPR、CPP或PFP则对广告主有利。目前,比较流行的计价方式是CPM和CPC,最为流行的则是CPM。

四、网络广告的设计与发布

网络广告制作的一般流程如下。

(一) 图片和文字的录入

通过对企业或产品资料的整理,录入广告的文字部分,并配上合适的图片。

（二）图形绘制和图像处理

利用Photoshop等图像处理软件,对图片进行大小、色彩等方面的修改与处理,使之适应广告的发布要求。Photoshop具有处理功能强、兼容性好、支持多种图像格式等特点,同时还附带ImageReady,可以弥补网页设计能力的不足。

（三）网页动画的制作

网络广告表现形式的发展速度令人吃惊,而且潜力无限,两三年前网上还充斥着静态的网幅广告,如今的网幅广告却以动态的居多了。网页动画技术的改进,使网络广告变得异常生动。

制作动画网页的GIF动画,最简单的办法是用Photoshop生成一个包含全部动画元素的文件,对于每一个独立的帧,先隐含不必要的对象,再分别导出为单个的GIF文件,最后用GIF Animator这类网页动画软件将各帧组合成动画文件,也可以安装Photoshop的动画插件,直接在Photoshop文件上生成动画。当然,如果用Adobe ImageReady和Macromedia Fireworks、Flash这样专门设计图像的软件,则可以直接制作动画GIF。

目前越来越受到重视的富媒体广告的制作要复杂得多,类似于Enliven Banner和Java Banner都需要一些专门的工具。

随着多媒体技术在互联网领域的发展,在网络上出现了很多新的多媒体技术。比如,视频非线性编辑软件Adobe Premiere通过自身的发展以及一些第三方厂商的努力,成为网络开发时一个首选的素材制作工具。动画流技术,也称为下载即插技术,它是让上网用户边下载多媒体文件边播放的一种技术,可使用户免受等待的煎熬。经常用到的软件有RealVideo、Streamworks等。现在最流行的是RealVideo、RealNetworks为Adobe Premiere开发的一个叫作Real Publisher Premiere Plugin的插件,可用Premiere来制作RealVideo。Adobe也开发了制作GIF89a动画的插件,可使用户直接生成GIF89a动画。

（四）影像及声音的输入和编辑

数字影像输入的最好办法是用数字摄像机,然后直接存入计算机硬盘。声音则需通过声卡输入。当然,一些传统的影音资料都可以通过专门的硬件设备进行格式转换。

随着互联网传输速度的不断提高,计算机的运行速度不断加快,真正能体现网络多媒体优势的数字影像将被广泛采用。但目前的网络广告中此类应用并不广泛,主要受限于传输速率。虽然几乎所有的数字影音格式都能在网络上广泛使用(如mov、avi、qt等),但用户是没有耐心花费很长时间下载浏览"数字电影广告"的。影像能够正常播放取决于网络传输速率、访问者的计算机硬件处理能力和视频显示卡/系统的速度,一般采用一种或更多的文件压缩方法(如MP3、MP4、RM等高倍压缩格式)。

为了增加影像在可接受的速度下运行的机会,设计时一般采用小画面模式。例如,采用320像素×240像素点显示,或者干脆采用160像素×120像素点显示,最后制作一般采用一种或更多的文件压缩方法。但是即便这样,在网上播放影像文件仍需稳定的高传输速率。

（五）完成各广告要素及不同文件、页面间的链接

最后的步骤就是完成各广告要素及不同文件和页面间的链接,为万维网(World Wide Web,WWW)提供超文本标记语言(Hyper Text Markup Language,HTML)。HTML允许文档创建者在文档中嵌套指向其他任何文件的链接指令。当点击鼠标激活这些嵌套的链接时,就可以直接跳转到该链接所指的文件。该文件无论是存储在本地还是远程计算机里,都可以利用超文本传输协议(Hyper Text Transfer Protocol,HTTP)跨空间在网上的不同网络页面间自由切换。

大多数通用文本编辑器及文字处理软件都能编辑html文档,只要该编辑或字处理软件能把文档以纯文本方式储存即可。一些专门的网页制作软件和多媒体制作软件也具备强大的链接编辑功能,现在常用的软件有FrontPage、Dreamweaver、Fireworks等。

本章小结

- 网络营销策略组合,是指企业对其内部与实现目标有关的各种可控因素的组合和运用。网络营销策略组合,各种网络营销策略可看作一个可调的子系统。这就是通常所说的四个策略子系统,即产品(product)、价格(price)、渠道(place)和促销(promotion)。

- 在网络营销中,产品的整体概念可分为五个层次:核心利益层次、有形产品层次、期望产品层次、延伸产品层次、潜在产品层次。网络定价策略,主要有低位定价策略、个性化定制生产定价策略、使用定价策略、折扣定价策略、拍卖定价策略和声誉定价策略。网络分销渠道有直接和间接两种方式。

网络营销站点作为企业在网上市场进行营销活动的阵地,站点能否吸引大量流量是企业开展网络营销成败的关键,也是网络营销的基础。

网站应采用网上与网下相结合、主动与被动相结合、多种方式、不同阶段不同方法进行推广。

- 网络营销广告一般是指在互联网上发布、传播的广告信息。网络广告是宣传网址和发布网络广告最有效的方法之一。它具有成本低、跨越时空、宣传范围广泛、便于检索、反馈直接、表现形式灵活、目标准确、更改方便等优点。

- 网络广告的策略有定位策略、市场策略、心理策略、时间策略、导向策略等。

- 网络广告定位策略发展至今已进一步得到细分,从某种意义上被划分为抢先策略、比附策略、空隙策略、品牌形象策略、企业形象定位、文化定位。

- 随着计算机技术与网络技术的不断发展与完善,网络广告的类型越来越多,收费方式也灵活多样。在进行网络营销策略的选择时,应根据企业的实际需要进行合理的选择与应用。

关键概念

网络营销策略组合　产品策略　网络营销价格　网络促销　网络直销　双道法　网络广告　CPM　CPC　CPA　CPR　CPP

基本训练

☞ 知识题

1. 判断题

(1) 插播式广告一般都是静态的。　　　　　　　　　　　　　　　　　　(　)
(2) 经验性产品指的是消费者可以在购买时就能确定或评价其质量的产品。(　)
(3) 个性化服务是网络产生后营销方式的一种创新。　　　　　　　　　　(　)
(4) 企业无论大小,都必须按照互联网上的商务规则参与竞争,否则必将被淘汰。
　　　　　　　　　　　　　　　　　　　　　　　　　　　　　　　　　(　)
(5) 网络商品交易中介机构并不能简化市场交易过程。　　　　　　　　　(　)
(6) 网站推广计划是推广的行动指南,但它不能检验推广效果是否达到预期目标。
　　　　　　　　　　　　　　　　　　　　　　　　　　　　　　　　　(　)
(7) 网络广告是宣传网址和发布网络广告最有效的方法之一。　　　　　　(　)

2. 选择题

(1) 下列不属于影响企业产品网上定价因素的是(　　)。
A. 成本因素　　　　B. 供求关系　　　　C. 网络速度　　　　D. 竞争因素
(2) 团购网是(　　)的典型应用。
A. 拍卖定价策略　　　　　　　　　　　B. 折扣定价策略
C. 声誉定价策略　　　　　　　　　　　D. 个性化定制生产定价策略
(3) 网络促销形式有(　　)。
A. 网络广告　　　　B. 销售促进　　　　C. 人员推广　　　　D. 关系营销
(4) 以下关于网络广告的说法正确的是(　　)。
A. 网络广告的覆盖率较高　　　　　　　B. 网络广告的效果评估困难
C. 创意的无限性　　　　　　　　　　　D. 表现形式灵活
(5) (　　)指的是广告投放过程中,听到或者看到某广告的每一人平均分担多少广告成本。
A. CPC　　　　　　B. CPM　　　　　　C. CPR　　　　　　D. CPP

3. 简答题

(1) 网站推广策略有哪些?
(2) 网络广告的一般制作流程是什么?

☞ 技能题

1. 数码产品是否适合网上销售,为什么?
2. 假如你是某图书销售企业的经理,你要如何开展网络营销?如何采取网络营销策略组合?

◈ 分析题

网络风波的转"危"为"安"

正值索纳塔御翔上市前期,北京的高速公路上,一辆正在路测的御翔发生车祸。针对这起事故,厂家并没有简单地封锁消息,网络上很快便有了回声,但是明显具有公关软文的性质,文章以负面的标题出现,但内容却从客观环境的分析(雨天、高速公路、超过150公里时速)开始,到车体状况(前后吸能区工作良好、成员没有任何伤亡、A柱、C柱完好),通过一系列的图片展示最终得到一个主题:御翔的安全性还是很高的!使得这起本应导致严重危机事件的事故,反而成为了最有价值的安全性宣传。类似的案例在马自达6、宝马等以技术见长的产品中也屡有出现。

问题:从这次事件中,你得到了什么启示?

◈ 案例题

华为Mate 40"在一起就可以"刷屏:永不放弃 无畏前路

断供、封杀……2020年对于华为是极其艰难的一年,在非常艰难的处境下,华为依然打造出华为Mate 40系列这一超越期待的旗舰机型。2020年10月30日或成为华为麒麟"绝唱"的华为Mate 40系列如约而至,在国内发布会的结尾,华为消费者业务CEO余承东发布了短片《在一起就可以》,短片既是在讲所有人的故事,也是在讲华为的故事,短片的整体脉络,以"在一起克服困难"为主旨,主题非常鲜明,让人印象深刻。华为打不倒的"胡杨精神"、带领中国科技行业共同发展的信心等,展露无疑。这部让人为之共鸣的短片,显然有着更深层次的寓意。

《在一起就可以》让不少观众万分触动,华为Mate 40的质量保证以及消费者的家国情怀,令华为Mate 40系列全系在京东平台上线后,销售数据水涨船高,人们近乎疯抢下单,预售当天京东官方公布了华为Mate 40系列预售战报,新机全系产品28秒即告售罄。

问题:试分析华为Mate 40网上广告成功的原因。

参考答案

◈ 知识题

1. 判断题

(1)错;(2)错;(3)对;(4)对;(5)错;(6)错;(7)对。

2. 选择题

(1)C;(2)B;(3)ABD;(4)BD;(5)B。

3. 简答题

(1)网上和网下推广相结合,主动与被动推广相结合,利用不同的推广方式,在不同的阶段采用不同的推广方法。

（2）图片和文字的录入，图形绘制和图像处理，网页动画的制作，影像及声音的输入和编辑，完成各广告要素及不同文件、页面间的链接。

☞ 技能题

1. 适合。因为数码产品标准化强，而且上网者中的多数网民都对数码产品感兴趣。

2. 首先分析网上用户的基本特征，然后采取相应的营销策略组合。包括网络产品、网络定价、网络渠道及网络促销。

☞ 分析题

分析提示：有效地解决危机事件需要高超的公关能力与技巧，最重要的就是快速反应，并以积极的态度去面对。但是，再高超的公关手段也难以挽回既成事实的影响，要切实保障企业品牌的良好声誉，一要做好网络危机预警工作，二要做好网络环境维护工作。

☞ 案例题

分析提示：从传统广告的缺点与网络广告的优点的角度去分析。

第三章 网上市场调研

 学习目标

- 了解网上市场调研的特点
- 掌握网上市场调研的方法
- 掌握网上问卷调研的设计程序
- 能够撰写市场调研报告

引 例

2020中国社交电商消费者购物行为研究报告

2020年11月6日,数字100数据研究院联合中国互联网协会社交电商工作组、创奇社交电商研究中心,共同发布了《2020中国社交电商消费者购物行为研究报告》。报告对电子商务消费者进行单项深入研究,从消费者角度反思市场状态,并将传统电商与社交电商进行对比分析,以便从中找到更好地服务消费者的方法,并为电商企业的发展提供战略支持。

2020年中国电子商务领域的社交电商创新进入第10个年头,经过10年不断地探索、尝试、发展、纠错,社交电商全面发力,已经成为中国电子商务领域不可分割的一部分,市场占有率超过1/3,社交电商消费者数量逼近7亿,从业人数超过7000万,传统与创新的融合度接近70%。

2020年社交电商市场依然以超过60%的年复合增长率不断增长,预估整体规模达3.7万亿元。各社交电商平台纷纷利用自身优势,协调各地区产品的供给,采用各种营销手段,满足消费者需求,快速培育消费者消费习惯。

中国社交电商发展具有四大特点:

一是人数多规模大。2020年手机用户规模约9亿;2020年社交电商购物用户规模逼近7亿;2020年社交电商从业人数超过7000万;社交电商在中国电子商务渗透率接近70%。

二是创新不断。社交电商开创了丰富的电子商务蓝海商业模式,直播短视频、内容导购、微信生态社交应用等得到了长足发展。

三是转型融合。社交电商促进传统企业数字化转型,利用互联网创新手段及技术,与原有模式融合,进一步提升企业竞争优势。

四是疫情突围。2020年疫情期间,商家利用社交电商等手段更好地满足消费者需求,在疫情防控常态化形势下推动复商复市,建立市场信心,推动企业可持续发展。

(资料来源:2020中国社交电商消费者购物行为研究报告[EB/OL].(2020-11-20). https://www.sohu.com/a/433183351_745266.)

现在许多网站都使用调查表来收集浏览者信息,以开展调研活动,这些网络调查常用于产品调查、消费者行为调查、客户意见调查、品牌形象调查等方面,是获得第一手调研资料的有效工具。在互联网应用广泛的欧美等发达国家和地区,关于市场调查和民意调查的网络调研已经相当广泛,许多公司相继开发了针对网络调研的专用网上调查软件。在国内,越来越多的网站经营者、公司开始使用网络调研这一新兴方式收集客户信息,评估营销战略和经营业绩。

本章将全面介绍网上市场调研的方法、具体形式和操作程序。

第一节　网上市场调研概述

市场调研是企业营销前期工作中重要的环节之一，通过调研可以获得竞争对手的资料，摸清目标市场和营销环境，为经营者细分市场、识别受众需求、确定营销目标等提供相对准确的决策依据。互联网具有的诸多特性，为企业开展市场调研提供了一条便利途径。

网络市场调研是指在互联网上，运用各种网络工具，以科学的方法，系统地、有目的地收集、整理、分析和研究所有与市场有关的信息，特别是有关消费者的需求、购买动机和购买行为等方面的市场信息，从而提出解决问题的建议，作为营销决策的基础。

一、网上市场调研的特点

（一）及时性和共享性

由于网络的传输速度非常快，网络信息能够快速地传送给任何网络用户，且网上投票信息经过统计分析软件初步处理后，可以显示阶段性结果，而传统的市场调研得出结论需经过很长的一段时间，如人口抽样调查统计分析需3个月，有些调查甚至需要更长时间。中国互联网络信息中心（CNNIC）在对我国互联网发展状况进行调查时，从设计问卷到实施网上调查和发布统计结果，总共只用了1个月时间，这就保证了企业调研信息的及时性。同时，网上调研是开放的，任何网民都可以参加投票和查看结果，这又保证了网络调研的共享性。

因为企业网络站点的访问者一般对企业产品都有一定的兴趣，对企业市场调研的内容都是做了认真的思考之后才进行回复，而不同于传统的调研方式下为了抽号中奖而被动地回答，所以网络市场调研的结果是比较客观和真实的，能够反映消费者的真实要求和市场发展的趋势。

（二）便捷性和经济性

在网络上进行市场调研，无论是调研者还是被调研者，只要拥有一台能上网的计算机就可以进行网络沟通交流。调研者在企业站点上发出电子调查问卷，提供相关的信息，或者及时修改、充实相关信息，而被调研者只需在计算机前按照自己的意愿轻点鼠标或填写问卷，之后调研者利用计算机对访问者反馈回来的信息进行整理和分析，这种调研方式是十分便捷的。

同时，网络调研非常经济，它可以避免传统调查中大量的人力、物力、财力和时间的耗费；省却了印刷调研问卷、派访问员进行访问、电话访问、留置问卷等工作；调研也不会受到天气、交通、工作时间等因素的影响；调研过程中最繁重、最关键的信息收集和录入工作被分派到众多网上用户的终端上完成；信息检验和信息处理工作均由计算机自动完成。所以网络调研能够以最经济、便捷的方式完成。

(三) 交互性和充分性

网络的最大优势是交互性,这种交互性也充分体现在网络市场调研中。网络市场调研在某种程度上具有人员面访的优点,在网上调查时,被调研者可以及时就问卷相关的问题提出自己的看法和建议,可减少因问卷设计不合理而导致的调查结论出现偏差等问题。消费者一般只能针对现有产品提出建议甚至表达不满,对尚处于概念阶段的产品则难以涉足。但在网络调研中,消费者则有机会对从产品设计到定价和服务等一系列因素发表意见。这种双向互动的信息沟通方式提高了消费者的参与性和积极性,更重要的是能使企业的营销决策有的放矢,从根本上提高消费者满意度。同时,网络调研又具有留置问卷或邮寄问卷的优点,被调研者有充分的时间进行思考,可以自由地在网上发表自己的看法。这些优点集于一身,形成了网络调研的交互性和充分性的特点。

(四) 可靠性和客观性

相比传统的市场调研,网络调研的结果比较可靠和客观,主要原因包括:一是,企业站点的访问者一般都对企业产品有一定的兴趣,被调研者在完全自愿的原则下参与调研,调研的针对性强;而传统的市场调研中的拦截询问法,实质上是带有一定"强制性"的。二是,被调研者主动填写调研问卷,证明填写者一般对调研内容有一定的兴趣,回答问题会相对认真,所以问卷填写可靠性高。三是,网络市场调研可以避免传统市场调研中由人为因素干扰导致的调查结论的偏差,因为被调研者在完全独立思考的环境中接受调研,所以能最大限度地保证调研结果的客观性。

(五) 无时空和地域的限制性

传统的市场调研往往会受到区域与时间的限制,而网络市场调研可以24小时全天候进行,同时也不会受到区域的限制。

(六) 调研信息的可检验性和可控制性

利用互联网进行网上调研和收集信息,可以有效地对采集信息的质量实施系统的检验和控制。首先,网上市场调查问卷可以附加全面规范的指标解释,有利于消除被调研者因对指标理解不清或调查员解释口径不一而造成的调查偏差。其次,问卷的复核检验由计算机依据设定的检验条件和控制措施自动实施,可以有效地保证对调查问卷100%的复核检验,保证检验与控制的客观公正性。最后,被调研者的身份验证技术可以有效地防止信息采集过程中的舞弊行为。

二、网上市场调研的方法

传统市场调研通常有两种方式:一种是直接调研,即收集第一手原始资料的调研方式,如运用问卷调查、专家访谈、电话调查等方式;另一种是间接调研,即收集二手资料,如报纸、杂志、电台、调查报告等现成资料。与传统市场调研类似,利用互联网进行市场调研也有两种方式:一种是利用互联网直接进行问卷调查等方式收集第一手资料,称为网上直接调研;另一种是利用互联网的媒体功能,从互联网上收集二手资料,称为网上间接调研。由于越来越多的传统报纸、杂志、电台等媒体以及政府机构、企业等纷纷上网,使得网上信息量急剧增加,发现和挖掘有价值的信息,已成为网上间接调研的关键。

(一)网上直接调研

网上直接调研指的是调研人员直接在互联网上收集原始资料的方法。

1. 调研方法

根据采用的调研方法的不同,网上直接调研可以分为网上问卷调研法、网上观察法、网上实验法和专题讨论法,常用的是网上问卷调研法。

(1)网上问卷调研法。网上问卷调研法是将问卷在网上发布,被调查对象通过互联网完成问卷调查。网上问卷调查一般有以下两种途径:

① 将问卷放置在网络站点上,等待访问者访问时填写问卷,这种方式的好处是填写者一般是自愿性的,但缺点是无法核对问卷填写者真实情况。为达到一定问卷数量,站点还必须进行适当宣传,以吸引大量访问者,如 CNNIC 在调查期间与国内一些著名的网络服务提供商(Internet Service Provider,ISP)或网络媒体提供商(Internet Content Provider,ICP)如新浪、搜狐、网易等设置调查问卷的链接。

② 通过 E-mail 方式将问卷发送给被调研者,被调研者完成后将结果通过 E-mail 反馈。这种方式的好处是可以有选择性地控制被调研者,缺点是容易引发被调研者的反感,有侵犯个人隐私之嫌,如图 3.1 所示。

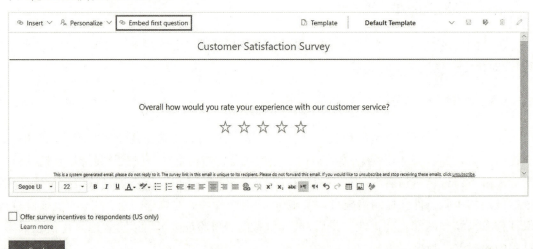

图 3.1　使用电子邮件传送问卷

小应用 3.1

一项问卷调查放置在门户网站或有代表性的新闻网站,与放置在一般网站上相比,填答人数的差距是巨大的。在网站上,一项网上问卷调查放置在哪一个版面和位置,也直接影响网民的关注度及后续的参与行为。涉及社会热点新闻和事件的调查,若放置在首页和新闻频道首页及相关专题的突出位置,那么自然会引发网民的高填答率。而专题类的调查,也可放置在相关频道中,主要是吸引这一领域中的网民参与。放置时间越长,填答的数量自然会越多。但对新闻事件进行的调查,毕竟受其过程长短的影响。

(2) 网上观察法。网上观察法是一种实地研究方法,不过在网络中,"实地"特指一些具体的网络空间。网上观察法一般是指调研人员通过电子邮件向互联网上的个人主页、新闻组或邮件列表发出相关查询,进行网上观察的一种调研方法。

(3) 网上实验法。网上实验法通过选择多个可比的主体组,分别赋予不同的实验方案,控制外部变量,来检查所观察到的差异是否具有统计上的显著性。这种方法与传统的市场调查所采用的原理是一致的,只是手段和内容有所差别。

(4) 专题讨论法。专题讨论法是通过新闻组(Usenet)、电子公告牌(BBS)或邮件列表讨论组进行,从而获得资料和信息的一种调研方法。专题讨论法遵循一定的步骤,首先确定要调查的目标市场;其次识别目标市场中要加以调查的讨论组;再次确定可以讨论或准备讨论的话题;最后登录相应的讨论组,通过过滤系统发现有用的信息,或创建新的话题,让大家讨论,从而获得有用的信息。具体地说,目标市场的确定可根据Usenet新闻组、BBS讨论组或邮件列表讨论组的分层话题选择,也可向讨论组的参与者查询其他相关名录。还应注意查阅讨论组上的常见问题(FAQs),以便确定能否根据名录来进行市场调查。

2. 调查技术

根据网上调研采用的技术,网上直接调研可以分为站点法、电子邮件法、随机IP法和视讯会议法等。

(1) 站点法。站点法是将调查问卷的HTML文件附加在一个或几个网络站点的网络上,由浏览这些站点的网上用户在此网络上回答调查问题的方法。这是目前出现的网上调查的基本方法,也将成为近期网上调查的主要方法。

(2) 电子邮件法。电子邮件法是通过给被调研者发送电子邮件的形式将调查问卷发给一些特定的网上用户,用户填写后再以电子邮件的形式反馈给调研者的调查方法。电子邮件法与传统邮件法相似,优点是邮件传送的时效性大大地提高了。

(3) 随机IP法。随机IP法是以产生一批随机IP地址作为抽样样本的调查方法。随机IP法属于主动调查法,其理论基础是随机抽样。利用该方法可以进行纯随机抽样,也可以依据一定的标志排队进行分层抽样和分段抽样。

(4) 视讯会议法。视讯会议法是基于网络的计算机辅助访问(Computer Assisted Web Interviewing,CAWI),将分散在不同地域的被调研者通过互联网视讯会议功能虚拟地组织起来,在主持人的引导下讨论调查问题的调查方法。

除此之外，网上调查还有OICQ网络聊天或专业聊天室选择网民进行调查、采取IPC网络实时交谈、用Cookies跟踪消费者、分析网页访问统计报告等方式。

（二）网上间接调研

网上间接调研主要利用互联网收集与企业营销相关的市场、竞争者、消费者以及宏观环境等信息。企业用得最多的还是网上间接调研方法，因为互联网上大量的信息在经过加工和分析后能充分满足企业管理决策需要，而网上直接调研一般只适合于针对特定问题进行专项调查。

这些在互联网中已经存在的信息称为二手资料，二手资料的特点有存储方便、检索难度大、时效性强、容易获得、成本低和可辅助现有的原始资料等。

1. 利用搜索引擎收集资料

因为搜索引擎都采用大容量的数据库来记录网站的信息和网页信息，所以利用搜索引擎来查找所要找的信息非常方便和简单。如果需要查找某一类主题的资料，但又不明确具体是哪一方面的资料时，那么可以采用主题分类检索。先确定要查找的信息属于分类目录中哪一个主题或哪几个主题，然后针对该主题采取逐层浏览打开目录的方法，层层深入，直到找到所需信息。

如果查找对象明确，那么可以采用关键词检索方法。先分析检索对象，确定几个能反映对象主题的核心词作为关键词，采用一定的逻辑关系组配关键词，同时适当地采用一些检索技术。常用的关键词检索网站有百度（www.baidu.com，见图3.2）、谷歌（www.google.com.cn）等。

图3.2　百度网站主页

2. 访问专业网站收集资料

专业网站不同于综合网站，它主要提供指定领域的信息，这为需要查找资料的用户提供了极大的方便，提高了信息查找的效率。例如，查找音乐类信息，有爱听音乐、视听在线、MP3音乐网、QQ163音乐网等网站；查找财经类信息，有东方财富网（见图3.3）、证券之星、搜狐财经和中金在线等网站。

另外，还有提供专业讨论区域的电子公告栏和新闻组等软件工具。其中利用BBS收集资料主要是通过与主题相关的BBS网站来了解情况，如美国微软需要了解消费者对Windows 7使用情况的反映，一般会采用注册会员的方式，登录访问各类有关Windows 7的BBS网站，了解市场信息，如图3.4所示；而利用新闻组收集也可以选择合适的主题类型，了解和查找与对象相关的各种信息。

图3.3　东方财富网主页

图3.4　Windows 7之家论坛主页

3. 利用相关的网上数据库查找资料

互联网上有许多专业的网上数据库，主要包括客户数据库、产品数据库、信息数据库等。一方面，调研者可以充分利用网络上已有的数据库，如中国资讯行中国法律法规库、中国上市公司文献库（见图3.5）、中国商业报告库、香港上市公司资料库、中国经济新闻库、名词解释库、中国企业产品库、中国人物库、中国医疗健康库、中国中央及地方政府机构库、高校学位论文数据库(CALIS)。这些数据库中有些是免费开放的,可以供所有网络用户使用;有些是付费使用的,需要用户注册和支付下载费用,才能访问数据库;还有些是只对内部人员开放使用的,仅部门或协会内部工作人员凭账号才能登录数据库,获得所需信息。另一方面,企业可以建立自己的数据库,供本企业及供应商、客户查找资料。

图3.5　中国上市公司文献库网站主页

许多企业设立了BBS以供访问者对企业产品进行讨论,或者加入某些专题的新闻组进行讨论,以便深入调查获取更多相关资料。例如,1995年的Intel奔腾芯片的缺陷就是在有关Intel的新闻组中传出的,但Intel在获得有关信息后不是积极应对,而是采取掩盖的办法,结果适得其反,事后花费巨额资金收回已售芯片才挽回公众对公司的信心。及时跟踪和参与新闻组和公告栏,有助于企业获取一些问卷调查无法发现的问题,因为问卷调查是从企业角度出发考虑问题的,而新闻组和公告栏中的内容是用户自发的感受和体会,他们传达的信息也是最接近市场和最客观的。但其缺点是信息不够规范,需专业人员进行整理和挖掘。

三、网上市场调研的内容

(一)市场需求研究

研究和分析市场需求情况,主要目的在于掌握市场需求量、市场规模、市场占有率,以及如何运用有效的经营策略和手段。其具体内容包括:现有市场对某种产品的需求量和销售量、市场的潜在需求量、不同的市场对某种产品的需求情况、本企业的产品在整个市场的占有率、市场的进入策略和时间策略、国内外市场的变化动态及未来的发展趋势。

例如,某知名化妆品品牌在进行网上市场调研时询问消费者:最近3个月购买本品牌产品的频率;最近3个月购买本品牌产品的金额;最近3个月使用本品牌产品的频率;如果不使用本品牌,那么消费者会使用哪个品牌的同类产品;在使用本品牌的同时,消费者还经常使用哪个(或哪些)品牌的同类产品。

(二)用户及消费者购买行为研究

用户及消费者购买行为的研究方向和内容主要包括:用户的人口、家庭、地区、经济等基本情况及其变动情况和发展趋势;社会的政治、经济、文化教育等发展情况,对用户的需求将会发生什么影响和变化;不同地区和不同民族的用户,他们的生活习惯和生活方式有何不同,有哪些不同需求;了解消费者的购买动机,包括理智动机、感情动机和偏爱动机;调查某新产品进入市场时,哪些用户最先购买,其原因和反映情况;对潜在的用户的调查和发现等。

例如,美宝莲网站上,在睫毛膏系列产品的营销中,将中国女性消费者的睫毛分为长翘型、中长型、规直型、不规则型和隐藏型等,用户在进行选择的同时也将数据统计信息传递给企业,如图3.6所示。

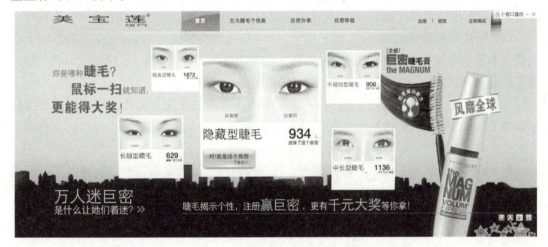

图3.6　美宝莲网站的用户情况调查

(三)营销因素研究

(1)产品的研究。其内容包括:研究企业现有产品处在产品生命周期的哪个阶段,应采取的产品策略;研究产品的设计和包装;研究产品应采用的原料和制造技巧以及产品的保养和售后服务等。

(2)价格研究。价格对产品的销售量和企业盈利的大小都有着重要的影响,其研究的内容包括:有哪些因素会影响产品价格;企业产品的价格策略是否合理;产品的价格是否为广大消费者所接受;价格弹性系数如何等。

(3)分销渠道的研究。其内容包括:企业现有的销售力量是否适应需要,如何进一步培训和增强销售力量;现有的销售渠道是否合理,如何正确地选择和扩大销售渠道,减少中间环节,以利于扩大销售、提高经济效益等。

(4) 广告策略的研究。其内容包括:如何运用广告宣传作为推销商品的重要手段,以及正确地选择各种广告媒介;如何制订广告预算,怎样才能以较少的广告费用取得较好的广告效果;了解广告的接收率及效果,以进行评估;确定今后的广告策略等。

(5) 促销策略的研究。其内容包括:如何正确地运用促销手段,以达到刺激消费、创造需求、吸引用户竞相购买的目的;对企业促销的目标市场进行选择研究;企业促销策略是否合理、效果如何、是否被广大用户接受等。

例如,某饮料企业在向地区代理商进行网上市场调研时,提出下列研究方向:本产品的价格在同类产品中所处的价格水平;本产品今年的新包装对销售是否有促进作用;本产品今年的新代言人广告推出后销售是否有上升、上升多少。

(四) 宏观环境研究

宏观环境包括人口、经济、自然地理、科学技术、政治法律和社会文化等因素。一切营销组织都处于这些宏观环境之中,不可避免要受其影响与制约。

(1) 政治法律环境是指在一定时期内,政府的经济方针、政策,有关税收、财政、外贸等方面的政策会对市场营销产生影响,政府的有关法令和规章制度也会对企业发展产生影响等。

(2) 经济环境是指国民生产、国民收入、社会购买力及其投向的变化,在它的影响下市场供应和需求总量及其结构的变化趋势;在一定时期内个人收入水平、平均工资水平和物价水平的变化;消费水平和消费结构将会对市场产生的影响等。

(3) 社会文化环境是指一定时期、一定范围内人口的数量及其文化、教育、职业、性别、年龄等结构的变化,以及对各类消费者需求的影响;各地的风俗习惯、民族特点对消费需求产生的影响等。

(4) 科学技术环境是指在一段时期内本行业的科技发展新动态;新工艺、新技术的研发状况及其对本企业产生的影响等。

(5) 自然地理环境是指产品(或劳务)供应区的地理位置、交通运输状况、气候条件和气象变化规律等。

例如,2005年海外留学人员回国工作意愿网上问卷调查中,调研者所提的问题中涉及:留学人员对留学人员政策是否满意;留学人员对目前国家的留学人员创业优惠政策是否满意;留学人员对回国后的项目启动资金的态度。

(五) 竞争对手研究

市场经济社会是一个竞争激烈的社会,企业要在竞争中取胜,就必须知己知彼,每个企业都应充分地掌握并分析同行业竞争者的各种情况,认真地分析我方优点和缺点,做到知己知彼,学会扬长避短、发挥优势的竞争诀窍。

其主要内容有:市场上的主要竞争对手及其市场占有率情况;竞争对手在经营、产品技术等方面的特点;竞争对手的产品、新产品水平及其发展情况;竞争者的分销渠道、产品价格策略、广告策略、销售推广策略等情况；竞争者的服务水平等。

四、网上市场调研的步骤

网上市场调研应遵循一定的程序。

（一）确立调研目标

虽然网络市场调研的每一步都是重要的，但是调研问题的界定和调研目标的确定却是其中最重要的一步。只有清楚地定义了网络市场调研的问题、确立了调研目标，才可以正确地设计和实施调研。

（二）设计调研方案

当调研问题和目标明确后，便可以设计调研方案。具体内容包括确定资料来源、调查方法、调查手段、抽样方案和接触方式等。

1. 资料来源

确定收集的是一手资料（原始资料）还是二手资料。一手资料是调研人员通过实地调查，直接向调研对象收集的资料。在互联网上，可以直接向被调研者发放问卷，或在网上跟踪消费者，或召开网上小组座谈会，或利用BBS等收集一手资料。二手资料是经过他人收集、记录、整理所积累的各种数据和资料的总称，在互联网上可以利用搜索引擎来收集二手资料。

2. 调查方法

网络营销的调查方法主要有问卷调查法、专题讨论法、网上实验法、网上观察法、网上文献法。

3. 调查手段

网络市场调研主要用的调查手段是在线问卷，其特点是制作简单、分发迅速、回收方便；交互式计算机辅助电话访谈系统（CATI）是中心控制电话访谈的"计算机化"形式，目前在美国十分流行，它利用一种软件程序在计算机辅助电话访谈系统上设计问卷结构并在网上传输，将服务器直接与数据库连接，对收集到的被访者答案直接进行储存；网络调研软件系统，是专门为网络调研设计的问卷链接及传输软件，它包括整体问卷设计、网络服务器、数据库和数据传输程序。

4. 抽样方案

抽样方案的主要内容包括：确定抽样单位、确定样本规模大小以及抽样程序。抽样单位是指在抽样过程中的某一阶段可供选择的个体，或者包含这个个体的单位。样本规模的大小，即样本量，会涉及调研结果的可靠性。抽样程序是指按照抽样方案进行抽样的过程，抽样程序中要用到抽样技术，抽样技术有概率抽样和非概率抽样两种。概率抽样主要有简单随机抽样、系统抽样、分层抽样和整群抽样；非概率抽样有便利抽样、判断抽样、配额抽样和滚雪球抽样。

(三)收集信息

当确定了调研方案后,就进入了收集信息阶段。与传统的调研方法相比,网络调研收集和录入信息更方便、快捷,收集信息时直接在网上递交或下载即可。在问卷回答中访问者经常会有意无意地漏掉一些信息,这可通过在页面中嵌入脚本或CGI程序进行实时监控。如果访问者遗漏了问卷上的一些内容,那么程序会提示并拒绝递交调查表,或者验证后重发给访问者要求补填。最终,访问者会收到一份完整的问卷。在线问卷的缺点是无法保证问卷上所填信息的真实性。

(四)整理和分析信息

收集的信息本身并没有太大意义,只有进行整理和分析后信息才变得有用。整理和分析信息这一步非常关键,需要使用一些数据分析技术,如交叉列表分析技术、概括技术、综合指标分析和动态分析等。目前国际上较为通用的分析软件有SPSS、SAS、BMDP、Minitab和Excel。

(五)撰写调研报告

撰写调研报告是整个调研活动的最后一个重要的阶段。报告不能是数据和资料的简单堆砌,调研人员不能把大量的数字和复杂的统计技术直接呈现在管理人员面前,否则就失去了调研的价值。正确的做法是把与市场营销决策有关的主要调查结果报告出来,并遵循所有有关组织结构、格式和文笔流畅的写作原则。

小应用 3.3

人口统计是市场调研中很重要的一个部分。营销人员主要对访问本公司站点的人数进行统计,从而分析出消费者的分布范围和潜在消费市场的出现地点。互联网出现了一项人口统计技术,它就是目标对象识别法。这种技术能在被应用的站点上跟踪调查访问者,从而有助于营销人员准确地把握访问者的人口统计情况。

如果营销人员希望在别的国家开拓市场,那么需要了解国外人口的有关统计信息,可以访问互联网上的这两个站点:HotBot(http://www.hotbot.com)和AltaVista(http://altavista.digital.com)。在搜索人口信息时,只需键入census、demographics、population等表示人口的英文单词和想查询的国家的英文名称就可以了。

小思考 3.1

网上市场调研的目的包括哪些?

答:① 客户、员工满意度的调查,对这一指标进行有效的调查、评估和管理,对企业的日常操作行为与长期策略的制订具有极其重要的指导意义;② 新产品的测试,主要是对新产品进行宣传和调查,分析产品的优缺点与市场份额;③网站价值评价,评估的目的除了对网站进行优化,以提高网站的满意度外,还有就是进行网络广告的宣传。

第二节　网上问卷调研策略

目前网上市场调研最普遍的做法是网上问卷调研,因为它比较客观、直接。问卷调研依托调研者根据一定的调研目的精心设计的调查表格开展调研,是各行业用于收集资料的一种最为普遍的方式。问卷调研主要有E-mail问卷和在线调查两种形式。

一、网上问卷调研的设计程序

网上市场问卷调研中,问卷设计是其中的关键,问卷设计的好坏,将直接决定能否获得准确可靠的市场信息。调研问卷设计是由一系列相关的工作过程构成的,为使问卷具有科学性、规范性和可行性,一般可以参照以下工作程序进行。

(一)明确网上市场调研目的、任务来源和限制条件

在接受网上问卷设计任务的时候,首先要明确本次网上市场调研的目的,如是为了新产品定价提供依据,还是为了解目前市场状况或者分析调研对象的偏好情况;其次要了解任务的来源,如是本单位的任务还是客户委托的项目,了解他们的要求;再次要明确完成任务的时间、样本数量要求、资金、人员组成、合作伙伴等限制条件;最后要将上述资料用文件文本的方式记录下来。

例如,每年两次的中国互联网发展状况调研,目的是获得我国互联网上计算机数、用户人数、用户分布、信息流量分布、域名注册等方面情况的统计信息,为国家和企业动态掌握互联网在我国的发展情况提供决策依据。报告发布时间是每年的1月和7月中旬,主要由中国互联网络信息中心(CNNIC)联合互联网单位实施这项调研统计工作,采取网上调研和网下抽样调研相结合的方式。

(二)确定数据收集方法

确定本次调研采用的方式是使用E-mail方式、在线调研方式、网站访问者随机方式,还是网上数据搜索方式等。中国互联网发展状况网上联机调研重在了解网民对网络的使用情况、行为习惯以及对热点问题的看法和倾向。具体方法是将问卷放置在CNNIC的网站上,同时在全国各省级信息港与较大ICP或ISP上设置问卷链接,通过互联网用户主动参与填写问卷的方式来获取信息。

(三)初步确定问卷的构成及编码方式

根据目的和要求初步确定调研问卷的问题数目范围(一般20题以内)、回答方式(单选、

多选、开放式回答)、问题叙述、问题排序等。问卷结构合理清晰、语言流畅、描述清楚、避免二义性,同时问题答案的储存编码方式也要初步确定,以便于后续的数据处理。

(四)修改完善定稿

调研问卷初步完成后需请主管领导审查修改,同时进行测试,请一些客户先行回答,再由数据处理部门提出意见;听取领导、调研对象、数据处理部门的修改意见,并根据建议进行修改;最后定稿,大型调研活动的问卷可能要修改若干次。调研问卷的一般格式包括调研说明、问题陈述、问题回答、致谢等部分。

(五)审批

将调研问卷上报领导审批,同时提交一份调研问卷设计说明报告,简要介绍调研问卷的设计思想、组织结构、设计过程与修改情况等。在得到领导书面批准后,结束问卷设计工作,转入调研实施阶段。如果没有得到批准,则需根据领导批示进行修改直到得到批准,特殊情况下也可能终止或者延期。批准后可以将问卷以在线调研方式或者E-mail方式进行网络调研,也可以结合传统方式进行综合调研。

小应用 3.4

调研问卷的测试技巧有好几种,如焦点小组测试法和一对一询问测试法。焦点小组测试法是找8~10位具有相同特征的人为一组,一起讨论焦点的主题。主持问卷调查的人也可以要求焦点小组想一些新的问卷或评估每个问题的效果。一对一询问测试法是设计者和测试对象一对一交谈,询问测试对象选择此答案的理由,这种方法可以帮助问卷设计者了解测试对象的思考过程和判断标准。

二、网上问卷之E-mail问卷

调研问卷就是一份简单的E-mail,并按照已知的E-mail地址发出。被访者回答完毕后将问卷回复给调研机构,用专门的程序进行问卷准备、收集E-mail地址和收集数据。因此,E-mail问卷属于主动调查法。

(一)E-mail问卷的特点

(1) E-mail问卷制作方便,分发迅速。
(2) E-mail问卷因为出现在被访者的私人信箱中,所以能够得到关注。
(3) E-mail问卷只限于传输文本,图形虽然也能在E-mail中进行链接,但与问卷文本是分开的。

(二)E-mail问卷的设计要点

(1) 尽量使用ASCII码纯文本格式文章。邮件尽量使用纯文本格式,使用标题和副标题,不要滥用多种字体,尽量使电子邮件简单明了,易于浏览和阅读。

(2) 首先传递最重要的信息。主要信息和重点信息应安排在第一屏可以看到的范围内。

(3) 把文件标题作为邮件主题。主题是收件人首先可以看到的,如果主题富有吸引力且新颖,可以激发收件人的兴趣,这种能促使他们打开你的电子邮件。同时,由于网络病毒频繁发生,现在很多网民拒绝接收无标题或未知发件人的邮件。

(4) 邮件越短越好。在使用传统营销手段时,有的推销文章越长越有说服力,而电子邮件则不同。这是因为电子邮件信息的处理方法不同于印刷资料,尤其是当有一大堆邮件需要整理时,为尽量节约收件人的上网时间,便于下载和浏览,文件大小一般不超过10KB。

(三)E-mail问卷调研策略

(1) 确定本次调研目的。确定企业电子邮件调研目的,尽量将电子邮件调研目的细化,以备转换成具体问题。

(2) 确定调研对象并收集他们的E-mail地址。确定本次调研对象并收集E-mail地址,并用Excel表格整理好,导入Foxmail或者Outlook的地址簿备用。

(3) 设计调研问卷。根据细化的调研目的设计调查问题,尽量将问题设计成选择题,但是备选项尽量不要误导被调研对象。

(4) 试发问卷。按照收集到的E-mail地址的5%试发调查问卷,根据回收的问卷回答情况重新完善设计的问题,包括修改表述不清的问题、完善备选项等。

(5) 正式发放问卷。用Foxmail或Outlook的群发功能发放问卷。

(6) 回收问卷。回收问卷的时候,记录每份问卷的信息(编号和E-mail),问卷文件名用编号来命名。

(7) 重复步骤5、6。问卷可能会因为被调查的人邮件太多来不及处理,或者因为休假没有处理而导致问卷被淹没,所以需要第二次发送。在第一次发送问卷的3周之后,将已回收问卷信息记录的E-mail从调查对象的E-mail总表中剔除,将修改后的总表作为第二次发送的E-mail表,再次发送问卷,在邮件主题上要标明是"××××问卷(第二次发送)"。再次回收问卷,记录回收信息。如果回收仍不理想,则可第三次发送问卷。

(8) 整理问卷。用Excel将问卷答案整理到一个工作表中。

(9) 统计分析。对于选择题,可直接将Excel导入SQL Server数据库中,写几个SQL语句就可以得出统计数据,然后制作饼图或者柱状图。对于开放性的问题,需要逐条总结,归纳出几种问题答案,然后分析数据,得出结论。

(10) 反馈调查结果。根据调研问卷和统计分析的数据,形成调研报告。根据调研需要决定是否把调研报告发给回复问卷的被调研对象。

小思考 3.2

E-mail 问卷如果群发给多个收件人,那么应该用怎样的发件方式较好?

答:暗发的方式较好。因为直接群发,调查对象会收到一大堆电子邮件地址,所以会让他产生"到底给哪些人发了信"的想法,影响他对问卷的确认度。

三、网上问卷之在线调查

在线调查是指将事先制作好的调研表直接上传到某个网站(自己公司的网站、门户网站或其他专业网站等),等待调查对象的回答或选择并反馈,以获得结果的调查方式。在线调查是一个了解消费者需求的很好渠道,因为属于被动调查法,所以必须设计科学的调研表,才能得到科学的反馈信息。

(一)在线调查表的制作步骤

1. 在线调研问卷设计程序

在线调研问卷设计是由一系列相关的工作过程构成的,为使问卷具有科学性、规范性和可行性,一般可以参照以下工作程序进行:

(1)根据调研的目的、要求,列出调研的项目,确定问题的范围。首先,问卷设计人员应该从调研的目的、要求出发,确定在调研过程中需要收集哪些方面的信息资料。其次,问卷设计人员要对所要收集的信息资料进行归类,列出具体的调研项目清单。

例如,某饮料生产企业要了解消费者对本企业产品的反映,那么在确定所需要的信息资料时,应该考虑了解几方面的内容,如调研对象的个人基本情况(性别、年龄、文化程度、职业、收入等);调研对象对本企业产品的购买情况(时间、地点、数量、频率等);调研对象对本企业产品的态度反映,如对产品的味道、包装、价格、广告印象以及对本企业产品的改进意见等,并且这些基本的内容都应该在调研问卷中表达出来。根据调研项目清单,问卷设计者可以确定一系列具体的需要被调研回答的问题,从而获得所需要的信息资料。

(2)问题的设计、选择和排列。在确定了需要被调研者回答的问题范围后,问卷设计者就可以着手具体问题的设计。问卷设计者应根据所列调研项目清单,决定问卷应包括什么类型的问题、问题如何提出,同时,要对问题进行选择。一份问卷的空间有限,若其中的问题太多,会使调研对象感到厌烦而拒绝合作。因此,在进行问卷设计时,应保证问卷中的每一个问题都是必要的。

问题选择好以后,要进一步确定问题的排列顺序,什么样的问题放在前面,什么样的问题放在后面,都要精心考虑。考虑问题排列顺序的出发点是:一方面要便于被调研者顺利地回答问题,另一方面要便于调研后对问卷进行整理分析。问题排列顺序的一般要求是:按问题的难易程度排列。一般把比较容易回答的问题放在前面,把比较难的问题放在后面;把被调研者熟悉的问题放在前面,比较生疏的问题放在后面;把比较容易回答的封闭式问题放在前面,把比较难答的开放式问题放在后面;把被调研者比较感兴趣的问题放在前面,把比较严肃的问题放在后面;等等。

按问题的性质和类别排列,把同一性质和同类别的问题排列在一起,这样被调研者可以按一定思路连贯地回答问题。一般是先排列事实、行为方面的问题,后排列观念、态度、意见方面的问题。

(3) 测试、修改问卷。问卷初步完成后请主管领导审查修改,同时进行测试,请一些客户先行回答,再由数据处理部门提出意见,然后听取领导、调研对象、数据处理部门的修改意见,之后根据建议进行修改,最后定稿。大型调研活动的问卷可能要修改若干次。调研问卷的一般格式包括调研说明、问题陈述、问题回答、致谢等部分。

(4) 审批。将调研问卷上报领导审批,同时提交一份调研问卷设计说明报告,简要介绍调研问卷的设计思想、问卷组织结构、设计过程与修改情况等。在得到领导书面批准后,结束问卷设计工作,转入调研实施阶段。如果没有得到批准则根据领导批示进行修改直到得到批准,特殊情况下也可能终止或者延期。批准后即可进行调研。

2. 确定问卷中问题的内容

(1) 问卷内容要完整,要符合调研的要求。问卷设计时要反复调研或预调研,分析有无遗漏重要信息,如果问卷内容反映的信息不完整或不一致,有些必要的信息可能从问卷中反映不出来,那么就会影响其调研效果。

(2) 提问要具体准确。问卷设计中必须尽量避免使用一般性的提问,因为一般性问题往往缺乏针对性。例如,"你对某企业的印象如何?"这样的问题过于笼统,很难达到预期的效果。如果具体地问"您认为某商场商品品种是否齐全?服务态度怎样?"等,则其效果要好得多。

确定问题内容时原则上应一题一问,尽量避免一题多问。一个问题内如果事实上包含着若干个问题的内容,那么结果得到的回答反而会含糊不清,不知道应归属于哪一个问题。例如:"您对'小鸭'洗衣机的价格和服务质量满意还是不满意?"这样的问题实际上包括价格和服务质量两个方面的问题,结果"对价格不满意""对服务不满意"或"对价格和服务不满意"的被调研者都可能回答"不满意",结果显然是不对的。因而,该问题应分为两个问题:"您对'小鸭'洗衣机的价格是否满意?""您对'小鸭'洗衣机的服务质量是否满意?"

(3) 用词要恰当。问卷提问用语要明白易懂,既便于阅读,又不产生歧义,切忌模棱两可。要通俗易懂,不要使用专业名词或令人费解的问句,甚至不要用一些形容词,如"一般""美丽""著名"等。这些词语,人们的理解往往不同,在回答中没有确定的答案。

例如,"您是否经常购买卷烟?"回答者不知经常是指多长时间。又如,"您是否经常抽名牌香烟?"被调研者也很难回答,即使作出了回答,意义也不是很大,因为即使是公认的名牌香烟,价格差异也很大。

(4) 避免诱导性提问。问卷设计的问题应保持中立,不能暗示或有倾向性,不要诱导被调研者的意愿回答问题,否则会造成调研资料失真。例如,"大家普遍认为A牌子的空调卖得很好,你的印象如何呢?"这种引导性的提问会导致两个不良后果:一是被调研者不假思索地同意问题中暗示的结论,直接应付了事;二是由于引导性提问大多是引用权威或多数人的态度，被调研者会产生"从众"心理。

（5）涉及个人的问题应放在问卷的最后。问卷设计要尽可能避开个人问题，如收入问题、生活问题、政治倾向问题等，这些问题通常被调查者是不愿回答的。如果实在需要调研个人问题，那么最好将其放在问卷的最后，而且在提问方式上也要间接和婉转一些为好。例如，把收入分层让被调研者选择的题型的效果要明显优于让其直接填写收入，应尽量采用。

（6）问句要考虑时效性。时间过久的问题容易使人遗忘，逼迫被调研者做过长时间的回忆，往往会使其产生抵制调研的心态，因而问句要考虑时效性。

例如，"您家前年的生活费支出是多少？用于食品上的支出为多少？"这种问题只有非常细心的被调研者才可能回答出来。一般可问："您家上个月的生活费支出是多少？"这样才可使问题回忆起来较容易，答案也比较准确。

（7）有利于数据处理。调查问卷应按计算机的处理要求来设计，最好能直接被计算机读入，以节约时间和提高统计的准确性。

3. 在线调研问卷提问方式设计

提问方式设计主要是针对正文部分的问题而言的，提问的方式可以分为两类，一类是封闭式问题，另一类是开放式问题。

（1）封闭式问题。封闭式问题是指对问题事先设计了各种可能的答案，由被调研者按要求从中选择。封闭式问题的题型是标准化的，这种设计既有利于被调研者的理解和回答，也有利于调研后的资料整理，因而为问卷设计所常用。根据提问项目或内容不同，封闭式问题的种类主要有以下七种：

① 两项选择题。两项选择题又称是非选择题，它的答案只有两项，要求被调研者选择其中一项。

例如：您家里有计算机吗？　　□有　　□没有

这种提问形式的优点是：易于理解和迅速得到明确的答案，便于统计处理，分析比较容易。

② 多项选择题。多项选择题与两项选择题的结构基本相同，只是答案多于两种。被调研者依据问题的要求或限制条件可以选择一种答案，也可以选择多种答案。

例如：a.您的月收入属于下列哪一组？
□500元以下　□501~1000元　□1001~2000元　□2001~5000元　□5001元以上

b.你喜欢"力士"牌香皂的原因是什么？
□香味好　□泡沫多　□去污力强　□购买方便　□价格比其他香皂便宜

c.访销员每次到您的商店访销时做了哪些工作？
□完成订单　□宣传促销　□市场管理　□提供服务　□指导经营

上例问题a因条件限制只能选择一种答案，而问题b、c可选择多种答案。

③ 顺序选择题。顺序选择题是在设计问题时列出若干个答案，由被调研者依自己的喜爱程度确定先后次序。

例如：您在购买A牌彩色电视机时，主要是考虑了以下哪些因素？（请您按优先劣后的顺序给予编号1~5）
□品牌　□价格合理　□款式新　□售后服务　□维修方便

这种提问形式便于被调研者对其意见、动机、感觉等作衡量和比较性的表达,也便于对调研结果加以统计。但调研项目不宜过多,否则容易分散,很难给出顺序。

④ 程度评比题。程度评比题是对某些问题从"极差"到"极好"进行分等,由被调研者根据自己的判断来回答。

例如:本商场的服务态度是?

A. 极好 B. 很好 C. 好 D. 一般 E. 差 F. 很差 G. 极差

⑤ 矩阵式。矩阵式问题将同类的若干个问题及答案排列成矩阵,以一个问题的形式表达出来。这样可以大大节省问卷的篇幅,将同类问题放在一起有利于被调研者阅读和填答。

例如:你对S牌牛奶的评价

	非常满意	比较满意	一般	不满意	很不满意
口味	□	□	□	□	□
价格	□	□	□	□	□
包装	□	□	□	□	□

⑥ 事实性问题。事实性问题是根据需要调研的有关事实设计的由被调研者回答的问题。

例如:通常您一周来本商场几次?

□2次以下(不含2次) □2～3次 □3次以上(不含3次)

⑦ 假设性问题。假设性问题是假定某种情况发生,询问被调研者将采取什么行动。

例如:如果A牌彩色电视机降价200元,那么您是否愿意购买?

□愿意   □不愿意   □难说

(2) 开放式问题。开放式问题是指对问题的回答不提供任何具体的答案,由被调研者根据自己的意愿自由做出回答的问题类型。开放式问题的种类主要有以下五种:

① 自由回答法。自由回答法是对被调研者回答问题不加任何限制,完全由被调研者自由回答的一种方法。

例如:a. 您对本店的售后服务有何意见?_____。

b. 您喜欢抽哪些牌子的卷烟?_____。

② 语句完成法。语句完成法是把一个问题设计成不完整的语句,由被调研者完成该句子的方法。

例如:当您的亲友购买卷烟时,您推荐_____。

③ 文字联想法。文字联想法是设计成综合性或概括性问题的文字,然后由被调研者根据文字提出其脑海里回想起来的内容。

例如:a. 请列举你所知道的名优卷烟:_____、_____、_____。

b. 看到"红塔山"这个词,你脑海中涌现出的第一个词是_____

④ 故事完成法。故事完成法是设计一个未完成的故事,然后由被调研者来完成结局的方法。

例如:我与妻子去逛超市,遇到许多人抢购特价洗发水,我和妻子产生了也要购买的冲动……请您完成这段故事。

⑤ 主题幻觉测验法。主题幻觉测验法同故事完成法有些类似，通过向被调研者出示一组图片或照片，请被调研者根据自己的理解虚构一则故事。

例如：有一幅图画上画着一对老年夫妇，在商店里寻找着什么，请被调研者据此编一段故事。

开放式问题的优点是比较灵活，可以使被调研者充分表达自己的意见和想法，调动被调研者的积极性，有利于搜集封闭式问题不易得到的信息。其缺点是答案分散，不便于资料的整理，有的问题回答较费时。

总之，不论是封闭式问题，还是开放式问题，都有其优缺点，不应简单地认为谁优谁劣，在具体应用上应视调研主题和调研目的而定。

小应用 3.5

问卷设计中的提问形式，归结起来主要有四种：自由问答题、单项选择题、多项选择题和排序式问答题。其中，后三种均可以称为封闭式问题。

（二）在线调查的原则

1. 认真设计在线调查表

在线调查表应该主题明确、简洁明了，问题便于被调研者正确理解和回答，且便于调查结果的处理，这是所有问卷设计的基本原则。

2. 吸引尽可能多的受众参与调查

参与者的数量对调查结果的可信度至关重要，问卷设计内容中应体现出"你的意见对我们很重要"，让被调研者感觉到填写调查表就好像帮助自己或所关心的人，这样往往有助于提高问卷的回收率。当然，调查也离不开有力的宣传推广，网上调查与适当的激励措施相结合会有明显的作用，必要时还应该和访问量大的网站合作以增加参与者数量。

3. 尽量减少无效问卷

提醒被调研者对遗漏的项目或者明显超出正常范围的内容进行完善。

4. 公布保护个人信息声明

所有人对个人信息都有不同程度的自我保护意识，应让用户了解调研目的，并确信个人信息不会被公开或者用于其他任何场合。

5. 避免滥用市场调查功能

市场调研信息也可向用户透露出企业的某些动向，使得市场调查具有一定的营销功能，但应该将市场调查与营销严格区别开来，如果以市场调查为名义，收集用户个人信息开展所谓的数据库营销或者个性化营销，不仅会严重损害企业在消费者（至少是被调研者）中的声誉，还将损害合法的市场调查。

6. 尽量降低样本分布不均衡的影响

样本分布不均衡表现在用户的年龄、职业、受教育程度、用户地理分布以及不同网站的特定用户群体等方面。因此，在进行市场调研时要对网站用户结构有一定的了解，尤其在样本数量不是很大的情况下更应如此。

7. 合理设置奖项

为了补偿或者刺激参与者的积极性,问卷调查机构一般都会提供一定的奖励措施。这样一来,同一位用户多次填写调查表的现象常有发生,即使在技术上给予一定的限制,也很难杜绝。合理设置奖项有助于减少不真实的问卷。

8. 多种网上调研手段相结合

在网站上设置在线调查问卷是最基本的调研方式,但并不仅限于这种方式,常用的网上调研手段除了在线调查表之外,还有电子邮件调查、对访问者的随机抽样调查、固定样本调查,等等。根据调查目的和预算采取多种网上调查手段相结合的方法,以最小的投入取得尽可能多的有价值的信息。

四、网上问卷的样本类型

网络市场调研的样本类型包括以下三类。

(一) 随机样本

随机样本是按照随机原则组织抽样,任意从互联网网址中抽取的样本。随机抽样包括简单(单纯)随机抽样、分层抽样、整群抽样、等距(系统)抽样。

(1) 简单(单纯)随机抽样是指总体中的每个基本单位(子体)都有相等的被选中的机会。即对总体不经任何分组、排列,完全客观地从中抽取调研单位。具体包括抽签法和随机号码表法。

(2) 分层抽样(又称分类或类型抽样)就是先将总体按一定的标志分层(分类),然后在各层(类)中采用简单随机抽样,综合成一个调研样本。具体可分成分层比例抽样和分层最佳抽样。

(3) 整群(分群)抽样就是依据总体的特征,将其按一定标志分成若干不同的群(组),然后对抽中的群(组)中的单位进行调研的方法。

(4) 等距(系统)抽样就是将总体各单位按一定标志排列起来,然后按照固定和一定间隔抽取样本单位的一种方法。

上述四种方法各自有其独特的地方,但其共同点是事先能够计算抽样误差,不致出现倾向性偏差。例如,网站自身发展的需求调研,可以采用随机抽样,以所有网民的注册地址为样本总体进行随机抽样,以保证网站经营者可以了解来自各方面的关于网站的需求详情。

(二) 过滤性样本

过滤性样本是指通过对期望样本特征的配额,来限制一些自我挑选的不具代表性的样本。通常是以分支或跳问形式安排问卷,以确定被选者所属类别,然后根据被访者的不同类型设计适当的问卷。还有一种方式是,一些调研者创建了样本收藏室,将填写过分类问卷的被访者进行分类重置。最初问卷的信息用来将被访者进行归类分析,被访者按照专门的要求进行分类,而只有那些符合统计要求的被访者,才能填写适合该类特殊群体的问卷。

(三)选择样本

选择样本用于互联网中需要对样本进行更多限制的目标群体。被访者均通过电话、邮寄、E-mail 或个人方式进行补充完善,当认定符合标准后,才向他们发送 E-mail 问卷或让他们直接访问与问卷链接的站点。在站点中,通常使用密码账号来确认已经被认定的样本,因为样本组是已知的,所以可以对问卷的完成情况进行监视或督促未完成问卷,以提高回答率。另外,选择样本对于已建立抽样数据库的情形最为适用。例如,以消费者数据库作为抽样框选择参与消费者满意度调查的样本。

五、网上问卷调研的注意事项

(一)调研内容的安全性问题

为了让网上市场调研的信息更接近调研者的需求,调研问卷的题目内容往往会涉及被调研者的个人隐私问题,保护被调研者的私人信息不被泄露,是网上调研的首要问题之一。首先,要采取严密的网络监控和合理的网络安全技术,防止木马病毒、钓鱼邮件等问题的发生;其次,要严厉打击网络私人信息的违法贩卖,让私人网络信息真正成为网络调研的直接依据,而非部分人的牟利工具。

(二)互联网无限制样本问题

由于现在的某些网络调研(如网络投票形式的调研)背后带有商业利益,会造成部分人为了种种目的雇人"刷票",即雇人在很短的时间内反复投票。例如,在 2003 年金鹰节"最佳电视节目主持人"评选中,某卫视主持人的李某被爆出"雇人投票"的丑闻。当时有消息称,有 10 名少年受雇于人,在网吧专门给入围"电视节目主持人奖"的主持人投票,并被要求"必须投李某一票",每人完成 500 张的网上投票便可得到 20 元的工资。如果最终李某的得票超过第二名 1 万票,那么每人还可得到 200 元奖金。结果 6 天内,这些少年总共投了约 2 万张票。最终,被确认为假票的 45 万张票被删去。目前,类似的网络调研已经采取了 IP 地址锁定的方法,即对每个 IP 地址规定固定的限额,以防止重复问卷的出现。

小应用 3.6

"财经投票站"是中国网络电视台(http://www.cntv.cn)网站上关于普通网民对市场经济的各部门的预测调查(见图 3.7)。网民可以在近期热门的调查问卷中选择自己的答案,并可以随时查看调查结果(见图 3.8)。该结果也为中央电视台经济频道的相关节目制作提供数据基础。

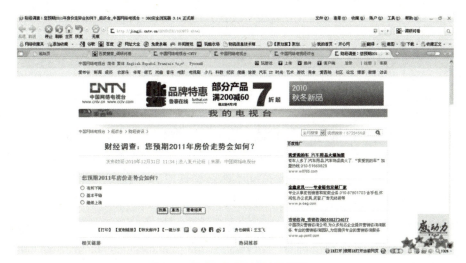

图 3.7 "财经投票站"的投票页面

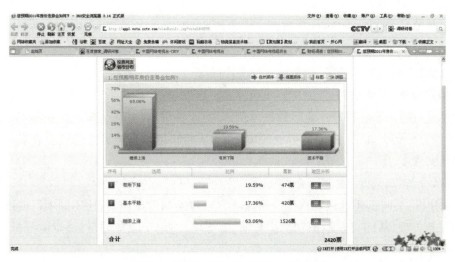

图 3.8 "财经投票站"的结果查看页面

第三节 网上市场调研报告

网上市场调研报告是对整个调研过程的一个总结与呈现。通过报告,把调研的起因、过程、结果及建议完整地呈现出来。网上市场调研报告也是一种沟通与交流的形式,主要在于将调研的结果、可行性建议以及其他有价值的信息传递给决策者,从而让决策者做出正确的理解、判断和决策。一般情况下,需要根据调研目的和数据统计分析结果,撰写网络市场调研报告。

一、调研数据统计分析

(一)调研数据统计分析方法

数据本身并不会直接告诉企业如何确定市场营销策略和采取何种产品促销措施,但它是预测未来市场发展趋势、保留原有市场、开拓新市场的重要客观依据,企业只有认真分析研究消化报告数据结论,并结合市场环境和企业实际情况,实施有效营销战略,才能取得预期效果。要保证数据分析的正确性,必须正确选择数据分析的工具。

SPSS(Statistical Product and Service Solutions)是一款非常优秀的统计分析工具,应用于自然科学、技术科学、社会科学的各个领域。本节就结合SPSS介绍八种市场调研中常用的数据统计分析方法。

1. 频数分析:分析比例,掌握基础信息

无论是哪种领域的统计分析,频数分析都是最常用的方法。在市场调研中,频数分析也是最基础、使用最广泛的方法。一般可用来统计分析样本基本信息、统计比例,如消费者的基本信息、对产品的基本态度、是否愿意购买产品等。

2. 描述分析:定量数据对比

描述分析适用于分析对比定量数据。例如,对比各维度均值,了解产品在哪些方面得分较高,哪些方面得分较低,找出优势项或短板项,从而制订出有针对性的改善方案。可用于分析产品满意度、用户需求等。

3. IPA分析:满意度-重要性分析

IPA分析,又叫重要性表现程度分析法。它通过绘制散点图,对比不同项目或维度的重要度和服务表现,从而直观地识别出优势项、劣势项,适用于服务质量、满意度分析、产品竞争力分析等。

4. 差异分析:交叉分析,寻找个性差异

上面几个方法一般只能初步描述研究结果,想要更深入地探究分析项之间的差异性,则要进行差异分析。例如,探究不同背景的消费者在"认知""态度""行为""原因"上的差异:"是大学生还是工薪族更加喜欢我的产品?""不同学历的消费者对于产品的需求有没有差异?",等等。差异分析常见的几类分析方法包括:方差分析、t检验和卡方检验。

5. 帕累托图:抓大放小,把握关键因素

帕累托图是"二八原则"的图形化体现。在数据分析中,二八原则可以理解为:80%的结果是由20%的因素产生的。实际应用场景中,帕累托图可以用来评估产品、划分客户、员工管理等,找出导致前累积80%的项,并且重点关注和分析。

6. 聚类分析:用户分类

通过聚类分析,可以找到一类人群的综合特征,并按照其特征细分成不同人群。相比用单一分类标准,聚类分析可以综合多个指标结果,得到更加合理的类别。

7. 对应分析：寻找市场定位

对应分析可以把一个交叉表结果通过图形的方式展现出来，用以表达不同的变量之间以及不同类别之间的关系。对应分析可应用在市场细分、产品定位等相关领域中。

8. 市场预测：回归分析

回归分析是确定两种或两种以上变量间影响关系的方法。在市场调研中，回归分析可以用来探究销售量、消费者满意度的影响因素、预测销售量等。

（二）图表分析工具

图表能简洁、形象、系统地说明各种有关的数字资料，是一种较好的数据分析表现形式。通过图表的视觉效果，可以直接查看数据的差异和发展趋势，并对有关数据进行对比，反映变量的变化趋势及其相互关系。图表是网络市场调研与分析专业人员和其他行业非专业人员沟通的一种重要方式。

1. 统计图

（1）圆饼图。圆饼图以圆的整体面积代表被研究现象的总体，按各构成部分占总体比重的大小，通过把圆分割成若干个扇形来表示部分与总体的比例关系，如图3.9所示。圆饼图的优点是可以简单、直观地看出各构成部分所占比例的大小，缺点是时效性差。

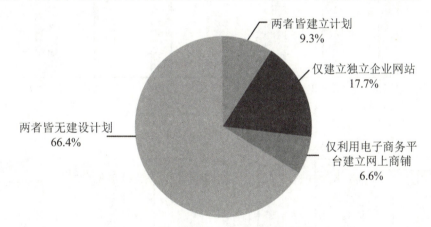

图3.9 无网站（店）中小企业未来建站的倾向

（2）曲线图。曲线图利用线段的升降来说明现象的变动情况，主要用于表示现象在时间上的变化趋势、现象的分配情况和两个现象之间的依存关系。曲线图可分为简单曲线图和复合曲线图。简单曲线图用于描述一段时间内单个变量的历史状况及发展趋势，复合曲线图描述两个或两个以上变量一段时间内单个变量的历史状况及发展趋势，如图3.10所示。

（3）柱形图。柱形图利用相同宽度条形的长短或高低来表现数据的大小与变动。柱形图可以清楚地表现各种不同数值资料相互对比的结果。柱形图可分为简单柱形图（见图3.11）和复合柱形图（见图3.12）。简单柱形图适用于说明一段时间内的一个变量，复合柱形图适用于说明两个或两个以上变量及其对比关系。

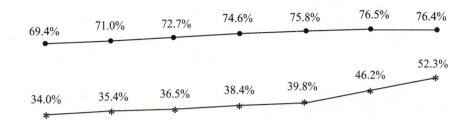

图3.10　城乡地区互联网普及率

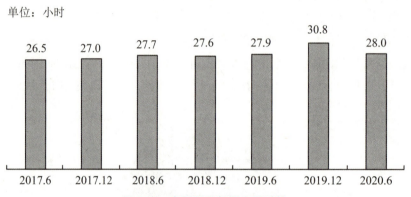

图3.11　中国网民每周上网时长

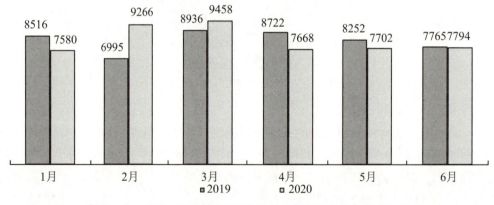

图3.12　2019~2020年CNCERT接收到网络安全事件报告数量

（4）其他图形。此外，还有一些其他常用的图形，如散点图、面积图、高低图、控制图、雷达图、箱图等，这里不再赘述。

2. 统计表

统计表是表现调查资料的一种重要形式，即对调查得来的原始资料进行整理，使之系统化，用表格形式表现。

从形式上看,统计表是由纵横交叉的直线组成的左右两边不封口的表格,表的上面有总标题,即表的名称,左边有横行标题,上方有纵栏标题,表内是统计数据。因此,统计表一般包括四个部分:一是总标题。相当于一篇论文的总标题,表明全部统计资料的内容,一般写在表的上端正中。二是横行标题。通常也称为统计表的主词(主栏),它表明研究总体及其分组的名称,也是统计表说明的主要对象,一般列于表的左方。三是纵栏标题。表明总体特征的统计指标的名称,一般写在表的上方。四是数字资料。即表格中的数字。

(1)简单列表。简单列表是指将资料总体按照一个标志分组,显示对问卷中某一个问题作出每种可能回答的人的数量。

表3.1所示为微波食品购买地点调查中得到的资料,第一列是购买地点,第二列给出了频数,即统计出来回答问题的人数,第三列是相应的比例数。

表3.1 微波食品购买地点的分布情况

购买地点	人数	比例
小区附近的专卖店	591	31.98%
超市里的专卖店	798	43.18%
所有的便利店	459	24.84%
合计	1848	100.00%

简单列表中的变量可以是定性变量,也可以是定量变量。定量变量又分为连续变量和离散变量。在一定区间内可以任意取值的变量叫连续变量,其数值是连续不断的,相邻两个数值可作无限分割,即可取无限个数值。例如,生产零件的规格尺寸,人体测量的身高、体重、胸围等都为连续变量,其数值只能用测量或计量的方法取得。其数值只能用自然数或整数单位计算的则为离散变量。例如,企业个数、职工人数、设备台数等,只能按计量单位数计数,这种变量的数值一般用计数方法取得。

对于连续变量,简单列表必须采用组距式分组(即用表示一定范围的一个区间作为一个组);而对于离散变量可以采取单项式分组(即用一个具体的数位表示一个组)。表3.2和表3.3分别是针对连续变量和离散变量的简单列表。

表3.2 某企业的平均工资情况

按工资收入分组(元)	人数	比例
1000以下(不含1000)	30	10.63%
1001~2000	88	31.20%
2001~3000	98	34.75%
3001~4000	30	10.63%
4001~5000	26	9.22%
5001及以上	10	3.57%
合计	282	100.00%

表3.3　某地区居民家庭的住房数分布情况

购买地点	人数	比例
0	50	10.25%
1	318	65.16%
2	90	18.44%
3及以上	30	6.15%
合计	488	100.00%

在编制简单列表时应该注意"比例"一栏的计算基数问题。因为在整理调查资料时发现，并非所有的调研者均会回答全部的问题，对同一问题，被调研者可能有多种回答，还存在着拒绝回答的情况，所以如何科学计算"比例"是我们要注意的问题。一般可选"作出回答的人数""需要回答此问题的人数"或者"被调研者数而非答案的总数"作为基数。

（2）交叉列表。交叉列表是指将资料按照两个或两个以上标志分组，目的是结合对其他问题的回答来考察对某一个问题的答案。

表3.4所示为婚姻状况和性别对衣服支出水平的交叉列联分析，即为一个交叉列表。

表3.4　婚姻状况和性别对衣服支出水平的交叉列联分析

衣服支出水平	性别			
	男		女	
	婚姻状况		婚姻状况	
	已婚	未婚	已婚	未婚
高	35%	40%	25%	60%
低	65%	60%	75%	40%
合计	100%	100%	100%	100%
个案数	400	120	300	180

简单列表可以回答很多调研问题，但是对每个问题的单独分析毕竟不够深入，因为问题是相关联的，而交叉列表可以就每个问题进行不同因素组合的深入分析，所以在实践中应用极其广泛。虽然人们可以就一个问题结合多种因素进行分析，但过多的变量会使分析过于复杂，因此一般交叉列表针对两种因素进行分析。把要分析的资料分成纵横两个方面，形成二位数据。分析时既可以对每个数据计算百分比，也可以按行或列进行计算，因为这些百分比要从各行或各列的总和中计算出来，所以交叉列表通常被称为列联表，它是进行统计分析表重要的基础。

小思考 3.3

制表时应注意的问题有哪些？

答：①制表要求科学、实用、简明、美观。②表格一般采用开口式，表的左右两端不画纵线,表的上下两端通常用粗线封口。③一个表集中说明一个问题,如果反映的内容较多,可以分为几个表来表达。④表的左上方是表的序号,表格上方的总标题要简明扼要,恰当地反映表中的内容。⑤表中的数字要注明计量单位。

二、网上市场调研报告的结构

(1) 封面。包括调研报告题目、委托单位、承担单位、项目负责人、时间等主要信息。

(2) 内容摘要与关键字。内容摘要为300~500字的简要介绍,包括背景、目的、意义、主要方法、主要结果和结论、建议等。关键字为5~7个可以表达主要内容的字词,一般还应该翻译成英文,以便于检索和交流。

(3) 目录。一般包括三级目录,以便于读者浏览。

(4) 调研报告正文。调研报告正文一般包括调研背景、调研内容、相关说明、调研方法、数据分析和主要结论与建议,也可以挑选或合并其中的部分内容。

(5) 参考资料与附件。即与调研报告相关的资料。

三、撰写调研报告的步骤

(一) 准备工作

(1) 整理与本次调查有关的资料。包括过去已有的调研资料、相关部门的调查结果、统计部门的有关资料(包括统计年鉴)、本次调查的辅助性材料和背景材料等。

(2) 整理统计分析数据。要认真研究数据的统计分析结果,可以先将全部结果整理成各种便于阅读比较的表格和图形。在整理这些数据的过程中,对调查报告中应重点论述的问题逐步形成思路。

(3) 对理论假设形成接受或拒绝的结论。

(4) 对难以解释的数据,要结合其他方面的知识进行研究,必要时可针对有关问题找专家咨询或进一步召开小范围的调查座谈会。

(5) 确定报告类型及阅读对象。调查报告有多种类型,如综合报告、专题报告、研究性报告、说明性报告等。阅读的对象可能是企业、公司领导、专家学者,也可能是一般用户。也就是说,要根据具体的目的和要求来决定报告的风格、内容和长度。

(二) 报告的构思

(1) 通过收集到的资料、获得的实际数据资料及各方面的背景材料,初步认识客观事物。然后深入研究客观事物的性质、作用、表层原因和本质原因,得出所要分析的市场问题的一般规律性。

(2) 在认识客观事物的基础上,确立主题思想。主题的提炼要努力做到准确、集中、深刻、新颖。准确,是指主题能根据调查的目的,如实反映客观事物的本质及其规律;集中,是指主题突出中心;深刻,是指主题能深入揭示事物的本质;新颖,是指主题有新意。

(3) 确立基本观点,列出主要论点、论据。确定主题后,对收集到的大量资料,进行分析研究,逐渐消化、吸收并形成概念,再通过判断、推理,把感性认识提高到理性认识,最后列出论点、论据,得出结论。

(4) 安排报告的层次结构。在完成上述几步后,应构思基本框架。在此基础上,考虑报告正文的大致结构与内容,安排报告的层次段落。报告一般分为三个部分,即基本情况介绍、综合分析、结论与建议。

(三)选取数据资料

市场调查报告的撰写必须根据调查所得的数据资料进行分析,即介绍情况要有数据作为依据,反映问题要用数据开展定量分析,提建议、措施同样要用数据来论证其可行性与效益。恰当选材可以使分析报告主题突出、观点明确、论据有力。因此有无丰富、准确的数据资料作基础是撰写调查报告成败的关键。在构思确立主题、论点、论据后,就要围绕主题,研究和选取数据资料。

在进行市场调查、收集资料的过程中,调研人员思想上还没有形成任何固定的观点,所以,收集到的大量调查数据资料不可能都是切中主题、能准确反映事物本质特征的典型材料。因此,必须对收集的数据资料进行去粗取精、去伪存真、由此及彼、由表及里的分析研究、加工判断,才能挑选出符合选题需要以及最能够反映事物本质特征、形成观点、作为论据的资料。在写作时,要努力做到用资料说明观点,用观点论证主题,详略得当、主次分明,使观点与数据资料协调统一,以便更好地突出主题。

(四)撰写初稿

根据撰写提纲的要求,由一人单独或数人分工负责撰写,各部分的写作格式、文字数量、图表和数据要协调,统一控制。初稿完成后,要对其进行修改,先看各部分内容和主题的连贯性,有无修改和增减,顺序安排是否得当。然后整理完整,提交审阅。

(五)定稿

写出初稿,征得各方意见并进行修改后,就可以定稿。在定稿阶段,一定要坚持对事客观、服从真理、不屈服于权力和金钱的态度,使最终报告较完善、较准确地反映市场活动的客观规律。

四、撰写调研报告的注意事项

一份高质量的调研报告,除了要符合调研报告的一般格式外,还应注意以下一些问题:

(1) 实事求是。市场调查研究是为了揭示事情的真相,在研究过程中要求实事求是,按照程序进行科学的研究,有效地克服个人偏见和主观影响。因此,作为市场调查结果的调查报告也必须真实、准确,要以实事求是的科学态度,准确地总结和反映调查结果。

(2) 重点突出。市场调研报告的内容编排应该密切结合调查宗旨,重点突出调查目标的完成和实现情况。一份高质量的调查报告既要具备全面性、系统性,又要具备专对性和适用性。因此,在编写调查报告时必须对信息资料进行严格分类和筛选,剔除一切无关资料。

（3）篇幅适当。调查报告的价值需要用质量和有效性度量,而非篇幅的长短。因此,在撰写调查报告时,应根据调查目的和调查报告内容的需要确定篇幅的长短。市场调查阶段积累的大量信息资料虽然弥足珍贵,但如果全部纳入调查报告中,那么必然会使调查报告的内容冗长繁杂,令阅读者难以领会重点,进而产生反感。因此,调查报告篇幅的长短,内容的取舍、详略都应该根据需要确定。

（4）解释充分。调查的目的在于利用丰富的信息资料说明市场现象所蕴涵的特征、规律和趋势。信息资料蕴涵的市场特征、规律和趋势并非每个人都能领会,需要调查人员运用专业知识和科学理论进行解释。一份高质量的调查报告应该充分利用统计图表、统计数据等各种形式的表现方法来说明和展示资料,使得阅读者更容易接受和认同。

（5）便于阅读。为了提高调查报告的可阅读性,应做到版面设计合理、语言简洁、字迹清晰、书写工整。同时,任何调查报告的阅读和使用都有其特定的对象,因此要结合不同对象的工作性质、文化程度等因素来安排调查报告的写作风格。

关于复杂图表的数据分析,图3.13所示为消费者平均每次购物消费金额示意图。

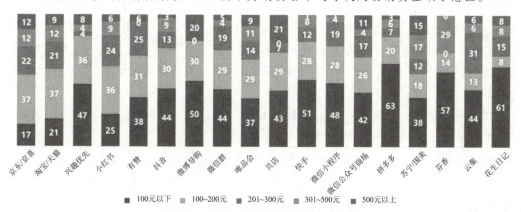

图3.13　消费者平均每次购物消费金额

传统电商和社交电商消费者每次购物消费金额多集中在100元以下、100~200元及200~300元,京东/京喜排名第一。

传统电商客单价略微高于社交电商,主要集中于100~200元及更高的价格范围。而社交电商更各地聚焦在100元以下的购买范围。

在消费者平均消费金额方面,传统电商和社交电商逐步趋同,差异越来越小。

小思考 3.4

在调研报告中图表制作需要注意哪些事项?

答:① 每张图表都要有编码和标题。标题要简明,一般应包含时间、地点、内容,时间也可酌情省略;② 各种数据应注明单位,说明来源;③ 分组要适当,不可过细,也不可过粗,以说明问题为准;④ 层次不宜过多;⑤ 小数点、个位数、十位数等上下对齐,一般应有合计;⑥ 给出必要的说明和标注。

本章小结

- 市场调研在整个市场营销领域中是一个重要环节。网上市场调研是指在互联网上,运用多种网络工具对与营销决策相关的信息或数据进行计划、收集和分析,并把分析结果提供给决策管理者的过程。传统市场调研和网上市场调研的方式极为相似,但仍有区别。相比较而言,网上市场调研具有及时性和共享性、便捷性和经济性、可检验性和可控性以及交互性和充分性的特点。

- 网上市场调研主要可分为网上直接调研和网上间接调研。网上直接调研是利用互联网直接进行问卷调查等方式收集第一手资料,其中最常见的调研方法是问卷调研法,包括E-mail问卷和在线调查两种形式。网上间接调研利用互联网的媒体功能,从互联网收集二手资料。

- 网上市场调研主要涉及市场需求研究、用户及消费者购买行为的研究、营销因素研究、宏观环境研究和竞争对手研究等方面的内容。

- 一个成功的调研问卷应具备两个功能:一是能将所调研的问题明确地传达给访问者;二是设法与对方建立合作,使访问者能给予真实、准确的回复。但在实际的调研中,因为被调研者的情况差异很大,还有调研人员的专业知识和技术水平不同,这些都会影响调研的结果,所以调研问卷的设计和制作必须遵循一定原则。

- 网上市场调研获得的数据结果经过深入分析,可以得出有规律性的结果,产生相关的统计分析图表和初步分析结果,为网上市场调研分析报告的撰写提供基础资料。

- 撰写网上调研报告是网上市场调研工作的最后一个程序,也是非常重要的工作步骤。网上调研报告的结果要能够真实客观地反映市场活动的规律,为决策者提供可靠的决策依据。

关键概念

网上市场调研　网上直接调研　网上间接调研　网上问卷调研　E-mail问卷　在线调查　网上调研报告

基本训练

✎ 知识题

1. 判断题

(1) 网上市场调研需要对整个调研过程进行有效的管理和控制。（　）
(2) 问卷调查的题目容易程度、内容的充分表达程度、回答所需时间比较重要。（　）
(3) 在线调查表应该主题明确、简洁明了,问题便于被调研者正确理解和回答。（　）
(4) 应该将市场调研与营销严格区别开来。（　）
(5) 时间序列分析是根据系统观测时间,建立物理模型的理论和方法。（　）

2. 选择题

(1) 网上市场调研与传统市场调研相比,最大的区别在于(　)的不同。
A. 调研行为　　B. 调研对象　　C. 调研途径　　D. 调研者

(2) 下列(　)方式一定属于网上间接市场调研。
A. 搜索引擎　　B. BBS　　C. 电子邮件　　D. 新闻组

(3) 在线调查表设计中应注意的问题有(　)。
A. 问题设计力求简明扼要
B. 所提问题不应有偏见、误导,不要诱导人们回答
C. 提问的意思和范围必须明确
D. 避免引起人们反感或很偏的问题

(4) 时间序列分析主要应用于(　)。
A. 系统描述　　B. 系统分析　　C. 预测未来　　D. 决策和控制

3. 简答题

(1) 什么是网上市场调研?网上市场调研主要有哪些方式?
(2) 网上在线调查的原则有哪些?
(3) 网上市场调研报告撰写的基本步骤是什么?

✎ 实验题

目前网络中有很多提供免费调查平台的网站,用户只要在该网站注册成功,即可登录设计所需要的网络在线调研问卷,供网民上网浏览答题,并可以收集网络调研数据。这种开放式的免费调研平台,为小型的普通市场调研提供了方便,比如问卷星(https://www.wjx.cn/)就是这种类型的网站。

请登录该网站,了解发布免费调研问卷的流程和注意事项,自行选择合适的调研主题,设计问卷上传至该网站,并接收问卷结果。

✎ 案例题

旺才领带公司的网络市场调研

旺才领带公司是一家专业化设计、生产、销售领带的民营企业,从事领带业已有十年历史。为了配合公司开发的新产品纳米领带的上市,针对纳米领带的夏季促销活动进行市场

调研,分析产品的需求趋势并评价、规划市场促销活动,进行网络市场调研,获得如下信息:

1. 竞争对手

市场竞争状况:由于市场上的领带品牌众多,旺才领带在市场上占有率排名第五(4.8%)。排在前四位的是:金吉利(22.3%)、金利来(10.5%)、绅士(7.3%)、皮尔卡丹(5.4%),其他众多的小品牌总共占49.7%。

主要竞争对手状况:排名前四的领带品牌中,金利来和皮尔卡丹走高价市场路线,在高收入阶层中具有很高的认同度。金吉利和绅士适合于工薪阶层和普通白领,它们的定位与旺才领带的定位相近。从市场定位角度金吉利和绅士应该作为企业的主要竞争对手。

大量不知名的其他品牌领带占据了领带的大部分市场,因此抢夺这部分市场也可作为公司的市场目标。

合作伙伴:本公司的供应商清风布料公司有很好的管理和生产能力,能够保证供应量的不断扩大。公司的代理商、分销商对公司比较信赖。

2. 消费者的需求趋势、流行趋势

纳米技术是近年来发展起来的最新高科技技术,已经在很多行业和产品中得到了应用,受到消费者的普遍欢迎。广大消费者已经对纳米技术有了较多认识。每次有新的纳米技术相关产品进入市场都能引起较大轰动,比如1999年海尔的纳米冰箱。

市场细分:接触网络的年轻人对新技术、新产品的接受能力较强,这一人群应该是本次营销的重点对象。

要求:依据上述资料设计,撰写网络市场调研报告。

参考答案

☞ 知识题

1. 判断题

(1) 对;(2) 对;(3) 对;(4) 对;(5) 错。

2. 选择题

(1) C;(2) A;(3) ABCD;(4) ABCD。

3. 简答题

(1) 网上市场调研是指在互联网上,运用各种网络工具针对特定营销环境进行简单调查设计、收集资料和初步分析的活动,可以为企业的网上营销决策提供数据支持和分析数据。利用互联网进行市场调研也有两种方式,一种是利用互联网直接进行问卷调查等方式收集一手资料的网上直接调研,最常见的做法是E-mail问卷和在线调查;另一种是利用互联网的媒体功能,从互联网收集二手资料,一般称为网上间接调研,调研的媒介包括搜索引擎、BBS、新闻组和E-mail等。

(2) 网上在线调查的原则有:①认真设计在线调查表;②吸引尽可能多的人参与调查;③尽量减少无效问卷;④公布保护个人信息声明;⑤避免滥用市场调查功能;⑥尽量降低样本分布不均衡的影响;⑦奖项设置合理;⑧采用多种网上调研手段相结合。

(3) 撰写网上调研报告的基本步骤:①准备工作;②报告构思;③选取数据资料;④撰

写初稿;⑤定稿。

☞ 实验题

分析提示:调研问卷流程:问卷创作;设立奖品;问卷分析;数据下载;围绕某一主题设计问题。

☞ 案例题

分析提示:步骤1 市场概况(规模);步骤2 主要竞争对手的优劣势;步骤3 最终用户群;步骤4 市场细分及促销活动着眼点;步骤5 产品市场展望及销售前景。

第四章 商务数据采集与分析

 学习目标

- 熟悉商务数据的内涵及类型
- 掌握商务数据采集的方法
- 了解商务数据的主要来源
- 掌握商务数据分析的常用方法
- 能够通过数据分析指导企业精细化运营

引 例

三只松鼠揭秘：大促期间的数据运营

2012年上线的三只松鼠，一直是食品类目的领先者，近几年，其领跑姿态愈发显现。这个成绩，与店铺从原来主打坚果类目发展到后来零食全品类扩充的战略不无关系。

1. 稳打坚果，扩充零食

2015年，三只松鼠发现坚果销量增幅趋于平稳，但数据却显示坚果强关联品类果干/肉脯等正快速崛起。从交易指数上看，2015年5、6月果干类目指数相较于2014年同期上涨25%；果干和坚果类目交易指数相当，市场庞大；在肉脯类商品的数据方面，2015年同期交易指数较2014年上涨14%，同时肉脯交易指数为坚果炒货的84%，在稳定增长的同时有着可观的市场。同时，生意参谋数据分析发现，中产阶级正在崛起，消费升级势头强劲。三只松鼠因此发现休闲零食的巨大空间，并于2015年6月开启品类扩充战略，向着全品类零食品牌进发。

2015年6月，三只松鼠正式推出云果园系列产品，布局果干零食。为什么从果干类目开始呢？2015年6月以来，果干主搜词热度逐步上涨，基本可以判定，随着夏季的到来，消费者对于果干的需求开始迸发，如果选择6月作为上新时间的话，那么需求高速增长的果干类目作为突破品类是有可能出现销售井喷的现象的。同时，行业大盘快速增长，从果干类目2015年6月之前一年的销售数据来看，6月交易指数同比增长17%，搜索人气上涨60%，而进入到2016年后果干二级类目交易指数较去年上涨24%，卖家数连续两年高速增长，这说明了果干类目的可持续增长性。

2. 消费人群画像重叠

通过生意参谋人群画像工具，发现坚果与果干/肉脯等品类受众人群具有惊人的相似之处：主力消费人群都是学生，分别占到了46.83%和47.21%，其次是公司职员、个体经营/服务人员。

2015年"618"，作为果干上线后的第一战，当天销售额高达600万元，良好的市场效果充分印证了上新品类的正确性。2016年"618"，果干销量较去年增幅高达300%。果干销售计划取得优良效果的同时，三只松鼠即刻进行零食全品类扩充。

3. 借力数据，品效合一

通过生意参谋搜索词分析发现，热播电视剧对淘内销售的影响十分明显；且通过分析发现，淘品牌植入电视剧具有天然优势，因为边看边买是未来趋势。

《琅琊榜》2015年9月19开播，淘内搜索量会随着剧集逐渐步入高潮，最终达到搜索峰值，并且在网络点播以及重播的影响之下，后期依然会有可观的搜索流量。考虑品牌广告植入对销售的影响，更能借助电视剧内场景植入，掀起互联网热评，极大增加品牌曝光量。三只松鼠立刻进行布局，通过人群画像分析，成功植入《欢乐颂》《好先生》《小丈夫》等热播剧，最终取得了良好的成绩,品牌词搜索指数上升非常明显,峰值较同期翻了一倍,超过了全零食类目热度最高的零食品牌。

依托于大数据所制订的运营决策使得三只松鼠实现了可持续的发展和可喜增长,只有对行业、类目、人群有深刻认识,再用数据的方法去进行拟合分析,才能得到正确的结论用以指导运营,从而为日后的发展指明方向。

三只松鼠创始人章燎原认为,数据打通了三只松鼠和阿里巴巴,并通过松鼠云质量平台,利用数据连接上游厂商和下游服务者,根据用户评价的数据对品质实施倒逼改善,促进食品行业在食品安全方面的提升,这是赋能商家的阿里平台对这个生态圈和社会所作的贡献。

(资料来源:三只松鼠揭秘:大促期间的数据运营[EB/OL].(2016-08-15).http://www.linkshop.com.cn/(kwthrmauciseeriqsdu1ui55)/web/Article_News.aspx? ArticleId=355675.)

第一节　商务数据采集

数据被誉为"未来的石油",而商务数据则具备更广阔的应用场景。通过对商务数据进行处理,企业不仅可以发现企业内部、客户体验及营销手段等方面存在的问题,还可以了解客户的内在需求。在电子商务行业中,商务数据采集与分析是电子商务从业人员的必备技能。

一、认识商务数据

随着消费者和企业商务行为的产生,各电商平台、第三方服务平台、社交媒体、智能终端和企业内部系统上分布了大量的数据,这些数据就是商务数据。商务数据指用户在电子商务网站购买商品的过程中,网站记录用户行为的大量数据,包括基于电子商务平台的基础数据、基于电子商务专业网站的研究数据、基于电子商务媒体的报道、评论数据等。商务数据主要分为商品数据、客户数据、交易数据、评价数据、基于电子商务专业网站的研究数据及基于电子商务媒体的报道、评论数据等。

(一) 商品数据

在进行电子商务活动之前,各企业、商家将商品的相关数据录入电子商务平台数据库中,使其在网页中呈现出来。一般来说,商品数据在一定时期内是相对稳定的。商品数据主要包括商品分类、商品品牌、商品价格、商品规格、商品展示,主要数据格式有文字描述、具体数值、图片、视频等。采集商品数据的目的主要是获取商品不同类目、颜色、型号等对销售量和销售额的影响,以便企业或商家调整运营策略、实施销售计划。

(二) 客户数据

目前,各大电子商务平台的访问均需客户进行注册,其中不乏用户的隐私信息,如联系电话、电子邮件和通信地址等。同时,通过线上交易、线下物流,电子商务平台可以获取更完整的客户数据,主要包括姓名、性别、年龄等内在属性数据,城市、教育程度、工作单位等外在属性数据,首次注册时间、VIP等级、消费频率、购物金额等业务属性数据。了解客户的过程实际上是为用户打上不同标签并分类的过程,对这些数据的采集有利于商家分析客户的消费行为和消费倾向等特征。

(三) 交易数据

当客户在电子商务平台上产生购买行为之后,其交易数据包括购买时间、购买商品、购买数量、支付金额、支付方式等。采集交易数据主要是为了通过数据分析评估客户价值,将潜在客户变为价值客户。网络营销的主要目的是促进商品销售,因此商家可根据客户对商品的购买情况,对当前与该商品相关的营销策略的实施效果进行评价,以便进行相关的调整。

(四) 评价数据

21世纪经济研究院研究显示,"80后""90后""00后"的消费者更愿意在互联网上分享自己的真实购物体验,且他人的消费评价成为其产生购买行为的重要影响因素。这些评价数据主要以文本的形式体现,包含商品品质、客户服务、物流服务等方面的内容。采集评价数据可以帮助商家更好地与客户进行沟通、了解需求、完善产品、提高服务质量。

(五) 基于电子商务专业网站的研究数据

随着电子商务的发展,国内电子商务专业研究性网站逐渐增多,比较有代表性的网站有中国电子商务研究中心、阿里研究院、艾瑞咨询等。

中国电子商务研究中心以电子商务为研究对象,以推动和扩展电子商务研究为核心宗旨,以开放性和专业性为导向,致力于不断提升电子商务研究的质量与水准。中国电子商务研究中心网站的数据板块主要分为产业数据、企业数据、行业数据、互联网金融数据、地方数据等五个方面,报告板块主要包括电子商务报告、移动电子商务报告、季度报告、年度报告、B2B报告、B2C报告、网络零售报告等多个层面。

阿里研究院依托阿里巴巴集团的海量数据,聚焦电子商务生态、产业升级、宏观经济等研究领域,共同推出阿里巴巴网购核心商品价格指数(aSPI-core)、阿里巴巴全网网购价格指数(aSPI)、阿里巴巴电子商务发展指数(aEDI)、阿里巴巴消费者信心指数(aCCI)、阿里巴巴小企业活跃指数(aBAI)及数据地图等产品。

艾瑞咨询专注于互联网相关领域的数据研究、数据调研、数据分析、数据咨询等研究及报告,电子商务是其研究领域的重要组成部分。艾瑞咨询主要通过形象化的表格、图片,提炼出电子商务的历年发展情况、阶段性发展情况及专项内容发展情况,为电子商务的发展提供了丰富的数据信息。

(六) 基于电子商务媒体的报道、评论数据

电子商务媒体是指对电子商务的动态进行实时报道、评论的介质平台。国内典型的电

子商务媒体主要包括新闻和社交两大类别。新闻网站主要包括腾讯网、新浪网、凤凰网、网易、搜狐网及电子商务专业新闻网站等,社交网站主要包括微博、博客、百度贴吧等。

各大新闻网站对各地区电子商务的发展合作动态有着准确、及时的把握;对国家电商政策、重大电商会议、论坛等宏观信息的还原度高且及时,同时对地方电子商务发展的微小事件也有相关提及,地域相关性较高,事件范围较广。社交网站中的电子商务数据主要包括微博中的电子商务话题及用户评论数据,博客中的电子商务政策解读、技术分析、事件讨论等数据,贴吧中的电子商务问题、话题的讨论等数据,这些数据多以文本形式呈现。

二、商务数据采集

数据采集又称数据获取,主要利用设备或技术手段从现实环境及网络获取数据并将其放入系统内部进行使用,本章主要讲解如何获取网络数据。网络越来越多地融入日常生活中,人们的出行、医疗、饮食、购物、交易等均会产生大量的数据,当前每天产生的网络数据就可以达到 2.5×10^{18} 字节。随着5G时代的到来,数据将会呈现更大程度的井喷式增长,如何采集数据及应用数据是当前所有企业面临的迫切难题。

(一)商务数据采集的基本要求

一个完整的商务数据采集系统包括:先进的检索设备、科学的方法、业务精通的数据采集员。数据是进行网络营销的基础,网络营销对商务数据采集的基本要求是:及时、准确、适度和经济。

(1)及时。所谓及时,就是迅速、灵敏地反映销售市场发展各方面的最新动态。有的数据是有时效性的,其价值与时间成反比。及时性要求数据流与物流尽可能同步。因为数据的识别、记录、传递、反馈都要花费一定的时间,所以数据流与物流之间一般会存在一个时滞。尽可能地减少数据流滞后于物流的时间,提高时效性,是采集商务数据的主要目标之一。

(2)准确。数据应真实地反映客观现实,做到失真度小。在电子商务活动中,因为买卖双方不直接见面,所以获得准确的信息就显得尤为重要。只有获得准确的信息,才可能进行正确的市场决策。信息失真,有可能会失去一次商业机会、失去一位贸易伙伴、造成经济损失、做出错误的决策。因此商务数据应该尽量降低失真度,真实地反映客观现实。

(3)适度。数据要有针对性和目的性,不要无的放矢。在当今信息时代,信息量越来越大,数据涵盖的范围越来越广,不同的管理层次对数据提出不同的要求。数据过多、过滥会使得营销人员无所适从。在这种情况下,商务数据的采集必须目标明确,方法恰当,数据采集的范围和数量都要适度。

(4)经济。所谓经济,即以最低的费用获得必要的数据。追求经济效益是一切经济活动的中心,也是商务数据采集的原则。我们没有力量,也不可能把网上所有的数据全部收集起来,数据的及时性、准确性和适度性都要求建立在经济性的基础上。此外,提高经济性,还要注意使获得的数据发挥其最大的效用。

(二)商务数据采集方法

根据需求的不同,数据采集的方法也多种多样。在电子商务运营领域,数据采集的方法大致可以分为以下几类:

(1)网页数据采集。在采集行业及竞争对手的数据时,对于电商平台上的一些公开数据,如商品属性数据(商品结构和标题、品牌、价格、销量、评价),可以直接进行摘录或使用"火车采集器""八爪鱼采集器"等爬虫采集工具进行采集。

对于淘宝、京东等电子商务平台卖家,平台提供类似生意参谋、京东商智等工具,对店铺及平台的市场数据进行网页呈现,同样可以采用上述方法进行采集。

(2)系统日志数据采集。网站的系统日志记录了访客IP地址、访问时间、访问次数、停留时间、访客来源等数据。通过对这些日志信息进行采集、分析,可以挖掘电子商务企业业务平台日志数据中的潜在价值。

(3)数据库采集。每个电商平台都有自己的数据库,在数据库中记录着访客在平台上的注册时间、用户名、联系方式、地址,以及订单的交易时间、购买数量、交易金额、商品加购等信息。通过数据库采集系统直接与企业业务后台服务器链接,将企业业务后台每时每刻产生的大量业务记录到数据库中,最后由特定的处理系统进行数据分析。

(4)报表采集。一些独立站点可能没有每天咨询客户数、订单数等数据指标统计功能,在进行数据采集时可以通过每日、每周的工作报表进行相应数据的采集。

(5)调查问卷采集。在对用户需求、习惯、喜好、产品使用反馈等数据进行采集时,常常会用到调查问卷,数据采集人员先设计具有针对性的问卷,采用实际走访、电话沟通、网络填表等方式进行信息采集。

(三)商务数据采集的步骤

数据采集是一项烦琐而又有难度的工作,如何快速、准确地进行数据采集是数据从业人员的必备技能。

(1)确定采集范围及人员分工。进行数据采集前,首先需要对数据采集目标进行分析,明确数据采集的指标范围和时间范围。接着明确这些数据需要从哪些途径及部门采集,最后确定参与部门和人员配备。

(2)建立必要的数据指标规范,并完成数据采集。在进行数据采集前,还需要用数据指标对数据进行唯一性标识,并且贯穿在之后的数据查询、分析和应用过程中。建立数据指标规范是为了使后续工作有可以遵循的原则,也为庞杂的数据分析工作确定了可以识别的唯一标识。比如,UV(unique visitor)也被称为独立访客或独立访客数,如果不规范使用,那么后期数据分析时,就可能出现数据不完整或重复计算等问题,从而使结果产生偏差。

(3)数据检查。数据采集后还需要进行数据的检查,以确保数据的完整性、准确性、规范性。

① 完整性检查。完整性即记录数据完整,完成数据采集后,应对数据进行复查或计算合计数据,并将其和历史数据进行比较。同时还要检查字段的完整性,保证核心指标数据

完整。

② 准确性检查。在数据采集录入的过程中,可能会有个别数据出现录入错误的情况,可以通过平均、求和等操作与原始数据进行比对,如发现比对结果不匹配,则需要检查出相应的错误数据。

③ 规范性检查。规范性检查即检查采集的数据中是否存在多个商品标识编码相同或同一数据出现多个数据指标等情况。

在进行数据检查的过程中,数据采集人员需要及时记录并通报出现的问题,避免在后续工作中出现同样的问题,降低工作效率。

三、商务数据来源

商务数据的主要来源包括电子商务平台、社交电商平台、O2O 数据等。下面介绍这三种主要的商务数据来源。

(一) 电子商务平台

电子商务平台是一个为企业或个人提供线上交易洽谈机会的平台。企业可充分利用电子商务平台提供的网络基础设施、支付平台、安全平台、管理平台等共享资源,有效地、低成本地开展自己的商业活动。

企业需要利用电子商务平台数据来提升客户服务水平、帮助定价、改善产品质量及进行竞品分析等;税务机关需要利用电子商务平台数据进行企业报税核准;采购部门或个人需要利用电子商务平台数据了解商品质量与性价比。

目前具有代表性的电子商务平台有阿里巴巴、慧聪网、天猫、京东、淘宝等。

(二) 社交电商平台

社交电商指基于社交关系,利用互联网社交媒介实现电子商务中的流量获取、商品推广和交易等其中一个或多个环节,产生间接或直接交易行为的在线经营活动。社交电商主要分为三个类型,分别为社交内容电商、社交分享电商以及社交零售电商。

(1) 社交内容电商。社交内容电商侧重内容驱动成交,受众通过共同的兴趣爱好聚合在一起而形成社群,通过自己或者他人发表高质量的内容吸引海量用户访问,积累粉丝,然后引导用户进行裂变与成交,解决消费者购物前选择成本高、决策困难等相关问题。

社交内容电商有两点优势:一是社交内容电商面向的用户群体通常都有共同的标签,可以有针对性地进行营销,针对共同的痛点和生活场景输出的内容更容易激发大家的互动传播;二是用户因为共同的兴趣爱好或者需求痛点聚集在一起,所以通常价值观相近,忠诚度往往会更高,转化和复购的能力也较强。

社交内容电商分为平台和个人两类,典型代表有蘑菇街、抖音等。蘑菇街数据的主要采集内容包括博主、内容、粉丝信息、发帖时间、浏览量、评论数、点赞数等。抖音短视频数据的主要采集内容包括发布者、视频介绍、视频回复、视频点赞等,发布者可以据此判断用户的喜好并对其进行分析。

（2）社交分享电商。社交分享电商主要通过用户分享,基于微信等社交媒介进行商品传播,抓住用户的从众、炫耀、兴奋等心理特质,通过激励政策鼓励个人在好友圈进行商品推广,吸引更多的朋友加入进来。

社交分享电商典型的玩法是拼团模式,主要特点是用户拼团砍价,借助社交力量将用户进行下沉,并通过低门槛促销活动来迎合用户的心理,以此达成销售裂变的目标。

社交分享电商的优势是可以低成本地激活三四线城市的增量人群。传统电商对于相对偏远地区用户的覆盖力度有限,这些地区用户对价格敏感,但更易受熟人圈子的影响。

社交分享电商的典型代表为拼多多、淘宝特价版、京东拼购等,其主要分享途径为微信、微博与各类短视频。这里对微信、微博及拼多多进行简单介绍。

① 微信。微信是腾讯公司推出的为智能终端提供即时通信服务的免费应用程序。它提供公众平台、朋友圈、消息推送等功能,用户可以通过"摇一摇""搜索号码""附近的人""扫描二维码"等方式添加好友和关注公众平台,同时将内容分享给好友或分享到微信朋友圈。

微信数据主要为公众号内容数据采集,可应用于舆情分析、新闻监控及趋势分析等,具有较为广泛的应用场景。

② 微博。微博是一种基于用户关系信息分享、传播以及获取的通过关注机制分享简短实时信息的广播式的社交网络平台。

微博具有三个特性:便捷性、传播性、原创性。

微博数据主要包括博主信息、内容、发帖时间、转发数、点赞数、评论数及评价内容等。

③ 拼多多。拼多多成立于2015年9月,是国内主流的手机购物APP。用户通过发起和朋友、家人、邻居等的拼团,可以以更低的价格拼团购买商品。拼多多的模式旨在凝聚更多人的力量,让他们用更低的价格买到更好的商品,体会更多的实惠和乐趣。

拼多多的优势为创新的模式、优质低价的产品和精准的三四线城市用户群定位。

拼多多的数据主要包括商品名称、价格、团购数量、商品图片等,其应用场景与电商平台类似。

小思考 4.1

你有没有把自己的购物经历通过微信/微博/拼多多分享出去?

（3）社交零售电商。社交零售电商可以理解为社交工具及场景赋能零售,是以个体自然人为单位,通过社交工具或场景,利用个人社交圈的人脉进行商品交易及提供服务的新型零售模型。这类模式一般整合供应链多元品类及品牌,开发线上分销商城,招募大量个人店主,实行一件代发。

社交零售电商的典型代表有云集微店、洋葱OMALL等。以云集微店为例,云集微店是一款在手机端开店的APP,为分销商提供美妆、母婴、健康食品等上万种货源,同时提供商品文案、手把手培训、一件代发、专属客服等特色服务,是个人零售服务平台。

(三) O2O 数据

O2O 数据主要由 O2O 电商平台数据和展销平台数据组成。

当下典型的 O2O 平台按领域可分为:生活服务类,如饿了么、大众点评、美团、淘票票、滴滴打车、河狸家等;购物类,如京东到家、唠街;服装类,如衣店通、店家、华洋信通等。O2O 平台数据常用于店铺选址、商品定价、竞品分析等场景。

展销平台的贸易方式为通过展览来推销商品,平台不直接参与销售,仅提供联系方式,有意向者可以自行联系商家。展销平台具有促进消费者对商家的了解、促进产品的销售以及促进信息的交流等作用。展销平台通常为某一品类商品进行集中展示,对某一品类商品有长期需求的消费者会通过展销平台了解各商品信息并进行比较。典型的展销平台包括工控展销网、中国名家艺术品展销网等。

小应用 4.1

利用网络收集新产品开发信息

1. 收集客户新产品构思

新产品构思的来源有很多,最重要的一种是用户的提问。这种方法需要用户提出他们使用某一特定的商品或商品系列时所遇到的问题和要求,企业对这些问题和要求的重要性、影响程度加以评估,据此选定值得开发的产品构思。国内一些大企业在这方面已经走出了第一步,如海尔集团(见图 4.1)。

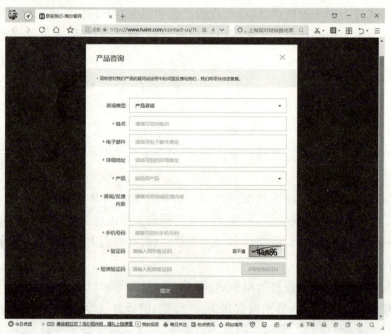

图 4.1 海尔网站上的用户反馈表栏目

2. 新产品专利信息的收集

新产品的开发不可避免地要涉及专利问题。一般查询国内的专利信息,可利用中国专利信息网(www.patent.com.cn,见图4.2)、中国专利信息中心(www.cnpat.com.cn)、中国知识产权网(www.cnipr.com)、万方数据库(www.wanfangdata.com.cn)等网站。

中国专利信息网包含了1985年4月1日中国专利法实施以来至今的172万件专利的题录信息;免费用户可以自由浏览专利说明书全文的首页,普通和高级用户可以查看并打印、下载发明专利和实用新型专利说明书的题录、摘要信息以及说明书的全部内容。

图4.2 中国专利信息网主页

3. 高校和科研院所新产品信息的收集

一般来说,较大的企业都有自己的研发部门,宝洁(P&G)、微软(Microsoft)等企业都在中国设立了自己的研究开发中心或研究所,独立从事新产品的研制与开发。而对中小企业来说,在研究型人才比较集中的高校和科研院所中寻找开发新产品的合作伙伴不失为一条出路。各高校都有自己的研究重点和强项,在互联网上很容易找到全面而详细的信息。

"科转云"(www.kezhuanyun.com/,见图4.3)在中华人民共和国教育部科技司、财务司的指导下,由中国高校创投研究院开发运营,包括Web端("科转云")和手机APP("成果头条"),是全国首个专注于服务中国高校科技成果转化的创新链、产业链、资金链"三链"融合的在线云服务平台。"科转云"是一个专注于我国高校科技成果转化的技术、资本在线云服务平台,致力于为全国高校提供一站式科技成果转化之信息发布、资源强匹配、需求撮合、高校转化、大数据统计等多种服务,为投资机构、产业、企业等技术成果需求方提炼成果金矿,加速价值挖掘与成果转化。

图4.3 "科转云"官网

第二节 商务数据采集工具

商务数据采集工具主要分为编程类以及可视化采集工具两类。编程类工具需要利用各类编程语言对网页内容实现抓取,主流的编程类采集工具主要有Python、Java和PHP等。编程类采集工具具有通用性和可协作性的特点,爬虫语言可以直接作为软件开发代码当中的一部分协作使用。但是编程类采集工具的编码工作比较烦琐,针对不同类型的数据采集工作,需要定制、开发不同的程序代码,适合有较长时间进行系统性学习的用户使用。可视化采集工具有八爪鱼数据采集器、火车采集器等。可视化采集工具具有学习简单、容易上手的特点。这些可视化采集工具已经集成了很多常用的功能,也能支持复杂的网页结构类型,可以满足大部分用户的数据采集需求,且具有可视化的操作界面,是新手入门的较好选择。

目前用得比较多的数据采集方法是用Python编程爬虫,但是对没有代码基础的同学来说,短期上手Python还是很困难的。因此,本节仅介绍八个零代码数据采集的工具,帮助没有爬虫基础的同学们获取数据。

(1) Microsoft Excel。第一个要介绍的工具就是Excel,很多人知道Excel可以用来做数据分析,但很少有人知道它还能用来爬取数据。

具体操作步骤如下:

① 新建Excel,点击"数据"→"自网站",如图4.4所示。

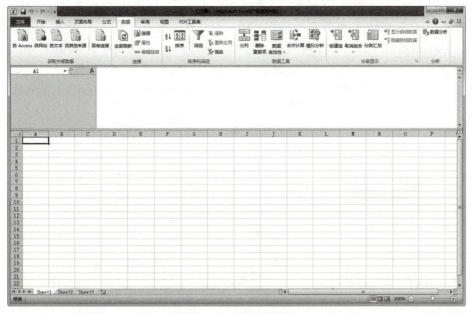

图 4.4　Excel数据采集

② 在弹出的对话框中输入目标网址，这里以全国实时空气质量网（www.pm25.in/rank）为例，点击"转到"，再点击"导入"，如图4.5所示。导入数据后，Excel会自动获取数据。如果要实时更新数据，可以在"数据"→"全部更新"→"连接属性"中进行设置，输入更新频率即可。

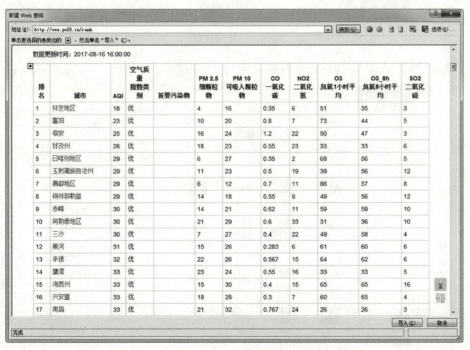

图 4.5　导入数据源

这种方式虽然很简单,但是它会把页面上所有的文字信息都抓取过来,所以可能会抓取一部分我们不需要的数据,处理起来比较麻烦。另外数据采集的速度、效率也会比较低。

(2) 八爪鱼采集器。八爪鱼采集器(www.bazhuayu.com/)是最简单易用的采集器之一,适合新手使用。它的优点是提供了常见抓取网站的模板,如果不会写采集规则,那么就直接用采集模板。它主要基于浏览器内核实现可视化数据抓取,所以会存在卡顿、采集数据慢的现象。

具体操作步骤如下:

① 登录后找到主页面,选择主页左边的"简易采集",如图4.6所示。

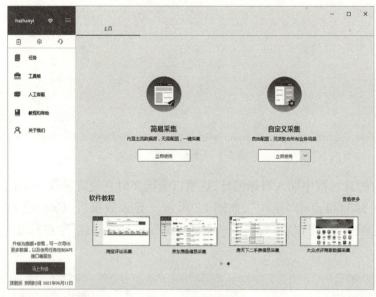

图4.6　简易采集

② 选择"简易采集"中的"淘宝"图标,如图4.7所示。

图4.7　淘宝模板

③ 进入淘宝板块后可以进行具体规则模板的选择,此时选择"淘宝网"→"商品列表页采集",如图4.8所示。

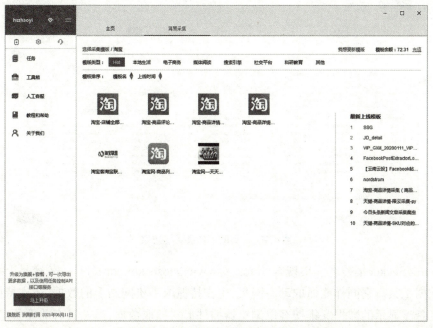

图4.8 "商品列表页采集"页面

④ 进入信息设置页面,根据个人需要设置相关关键词。例如,此处输入的商品名称为"手提包",如图4.9所示。

图4.9 设置模板信息

⑤ 点击"保存并启动"后就可以进行数据采集,以下是本地采集效果示例,如图4.10

所示。

图4.10 八爪鱼数据采集结果

（3）GooSeeker集搜客。集搜客(https://www.gooseeker.com/)是一款容易上手的可视化采集数据工具。它同样能抓取动态网页，也支持抓取手机网站上的数据，还支持抓取在指数图表上悬浮显示的数据。集搜客以浏览器插件形式抓取数据，虽然具有前面所述的优点，但缺点也同时存在，无法多线程采集数据，浏览器卡顿的情况也在所难免。

这个操作原理和八爪鱼差不多，详细的步骤可以参考官方的教程。图4.11所示为集搜客官网。

图4.11 集搜客官网的主界面

（4）火车采集器。火车采集器(http://www.locoy.com/)是一款专业的互联网数据抓取、处理、分析、挖掘工具，可以灵活、迅速地抓取网页上散乱分布的数据信息，并通过一系列的分析处理，准确挖掘出所需数据。火车采集器历经12年的升级和发展，积累了大量用户和良好口碑，是目前最受欢迎的网页数据采集软件。它的优势是采集范围不限网页、不限内容，同时还是分布式采集，效率较高。不过其规则和操作设置有些死板，对新手用户来说上手也有点困难，需要用户具备一定的网页知识基础。

火车采集器的操作原理和八爪鱼也差不多，详细步骤可以参考官方的教程。图4.12为火车采集器的主界面。

图4.12 火车采集器的主界面

（5）生意参谋。生意参谋（www.sycm.taobao.com/）是淘宝网官方提供的综合性网店数据分析平台，为淘宝/天猫卖家提供流量、商品、交易等网店经营全链条的数据展示、分析、解读、预测等功能，它不仅是店铺和市场数据的重要来源渠道，而且是淘宝/天猫平台卖家的重要数据采集工具，如图4.13所示。利用生意参谋，数据采集人员不仅可以采集自己店铺的各项运营数据（如流量、交易、服务、产品等），还可以通过市场行情板块获取淘宝/天猫平台的行业销售经营数据。

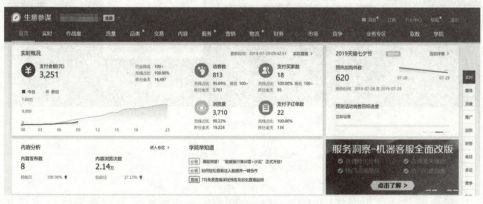

图4.13 生意参谋的主界面

（6）店侦探。店侦探（www.dianzhentan.com/）是一款专门为淘宝及天猫卖家提供数据采集、数据分析服务的数据工具，如图4.14所示。通过对各个店铺、商品运营数据的采集分析,可以快速掌握竞争对手店铺的销售数据、引流途径、广告投放、活动推广、买家购买行为等数据信息。

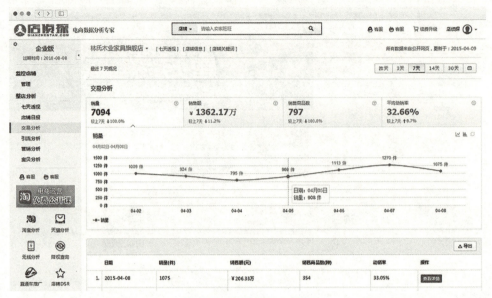

图4.14　店侦探的主界面

(7)淘数据。淘数据(www.taosj.com/)是一款针对国内和跨境电子商务提供数据采集和分析的工具,可以为卖家提供行业和店铺的各项数据,如图4.15所示。

图4.15　淘数据的主界面

(8)京东商智。京东商智(https://sz.jd.com/)是京东向第三方商家提供数据服务的产品。它从PC、APP、微信、手机QQ、移动网页端五大渠道,提供店铺与行业的流量、销量、客户、商品等数据,如图4.16所示。

图4.16 京东商智的主界面

小应用 4.2

八爪鱼采集器应用案例：分页列表详细信息采集

很多网站会采用分页列表详细信息采集这种模式,其中有多个列表页面,点击列表中的一行链接会打开一个详细信息页面,本案例给大家演示如何采集分页列表详情页面里的信息,目的是让大家了解如何创建循环翻页并能正常采集网页详情的数据信息。

本案例的网站地址为：http://www.skieer.com/guide/demo/moviespage1.html。

步骤1：登录八爪鱼采集器,点击"新建任务"→"自定义采集",进入任务配置页面,然后选择"输入网址"→"保存网址",系统会进入流程设计页面并自动打开前面输入的网址,如图4.17所示。

我们需要循环点击浏览器中的电影名称,再提取子页面中的数据信息,所以我们需要先做一个翻页循环,再做一个循环点击电影名称提取数据的列表。

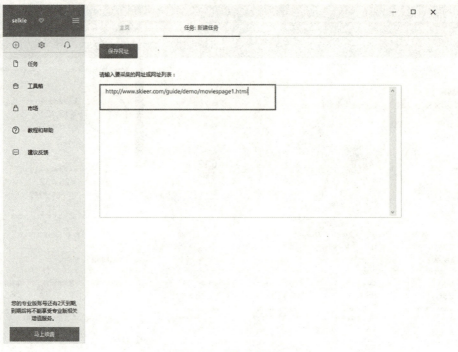

图4.17　输入网址

步骤2：点击图4.18所示的浏览器页面上的"下一页"按钮，在弹出的对话框中选择"循环点击下一页"。

图4.18　创建循环点击列表

步骤3：点击图4.19所示的第一个电影名称"教父：第二部"，在弹出的操作提示中选择

"选中全部"选项,然后选择"循环点击每个链接"选项,如图4.20所示。

图4.19　选择电影名称及操作选项

图4.20　循环点击每个链接

步骤4:点击要提取的标题,在弹出的提示框中选择"采集该元素的文本",然后用同样的方式选择点击浏览器中的其他字段,再选择"采集该元素的文本",如图4.21所示。

图 4.21　采集该元素的文本

步骤 5：提取完毕之后，我们可以点击流程按钮，然后修改字段名称。在界面中修改字段名称，修改完成之后，点击"确定"保存，如图 4.22 所示。

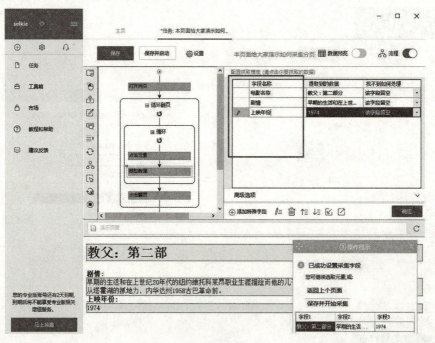

图 4.22　修改字段

步骤 6：点击"保存并启动"，再在弹出的对话框中选择"启动本地采集"。系统会在本地开启一个采集任务并采集数据，接下来选择导出数据，这里以选择导出 Excel 2007 为例，然后点击"确定"。之后选择文件存放路径，再点击"保存"即可，如图 4.23 所示。

图4.23 启动本地采集

图4.24是采集结果数据示例。

图4.24 采集结果数据

第三节 商务数据分析

随着计算机技术的发展和普及,各个行业都开始采用计算机及相应的信息技术进行数据管理,企业生成、收集、存储及处理数据的能力大大提高,数据量与日俱增。在商业、电信、互联网、科学研究等方面,大量丰富的数据使得采用传统的数据分析手段很难从中得到知识,因而陷入了"数据丰富,知识缺乏"的困境,在这种情况下,商务数据分析系统应运而生。

数据分析是指对大量数据进行整理后,利用适当的统计分析方法,把隐藏在数据背后的信息提炼出来,并加以概括总结的过程。数据分析包括三个方面的内容:一是现状分析——分析已经发生了什么;二是原因分析——分析为什么发生某一现状;三是预测分析——分析将来可能发生什么。

一、商务数据分析的过程

完整的数据分析主要包括六大步骤,它们依次为分析设计、数据收集、数据处理、数据分析、数据展现和报告撰写,所以也叫数据分析六部曲。

(1) 分析设计。首先要明确数据分析的目的,只有明确目的,数据分析才不会偏离方向,否则得出的数据分析结果不仅没有指导意义,还有可能将决策者引入歧途,产生严重的后果。当明确分析目的后,我们要对思路进行梳理分析,并搭建分析框架,需要把分析目的分解成若干个不同的分析要点,例如:要达到这个目的该如何具体开展数据分析?需要从哪几个角度进行分析?采用哪些分析指标?采用哪些逻辑思维?运用哪些理论依据?明确数据分析目的以及确定分析思路是确保数据分析过程有效进行的先决条件,它可以为数据收集、处理以及分析提供清晰的指引方向。

(2) 数据收集。数据收集是按照确定的数据分析框架收集相关数据的过程,它为数据分析提供了素材和依据。这里的数据包括一手数据与二手数据,一手数据主要是指可直接获取的数据,如公司内部的数据库、市场调查取得的数据等;二手数据主要是指经过加工整理后得到的数据,如统计局在互联网上发布的数据、公开出版物中的数据等。

(3) 数据处理。数据处理是指对采集到的数据进行加工整理,形成适合数据分析的样式,保证数据的一致性和有效性。它是数据分析前必不可少的阶段。

数据处理的基本目的是从大量的、可能杂乱无章、难以理解的数据中抽取并推导出对解决问题有价值、有意义的数据。如果数据本身存在错误,那么即使采用最先进的数据分析方法,得到的结果也是错误的,不具备任何参考价值,甚至还会误导决策。

数据处理的方法主要包括数据清洗、数据转化、数据抽取、数据合并、数据计算等。一般的数据都需要进行一定的处理才能用于后续的数据分析工作,无论多么"干净"的原始数据,都需要先进行一定的处理,然后才能使用。

(4) 数据分析。数据分析是指用适当的分析方法及工具对收集来的数据进行分析,提取有价值的信息,形成有效结论的过程。

在确定数据分析思路阶段,数据分析师就应当为需要分析的内容确定适合的数据分析方法。到了数据分析阶段,就能够驾驭数据,从容地进行分析和研究了。

一般的数据分析可以通过Excel完成,而高级的数据分析就要采用专业的分析软件进行,如数据分析工具SPSS、SAS、Python、R语言等。

(5) 数据展现。通过数据分析,隐藏在数据内部的关系和规律就会逐渐浮现出来,那么通过什么方式展现出这些关系和规律,才能让别人一目了然呢?一般情况下,数据是通过图形和表格的方式来呈现的,即用图表说话。

常用的数据图表包括饼图、柱形图、条形图、折线图、散点图、雷达图等,当然可以对这些图表进一步整理加工,使之成为我们所需要的图形,如金字塔图、矩阵图、瀑布图、漏斗图、帕雷托图等。

多数情况下,人们更愿意接受图形这种数据展现方式,因为它能更加有效、直观地传递出分析师所要表达的观点。一般情况下,能用图形说明问题的,就不用表格,能用表格说明问题的,就不用文字。

(6) 报告撰写。数据分析报告其实是对整个数据分析过程的总结与呈现。通过报告,能够把数据分析的起因、过程、结果及建议完整地呈现出来,以供决策者参考。数据分析报告通过对数据进行全方位的科学分析,评估企业运营质量,为决策者提供科学、严谨的决策依据,以降低企业运营风险,提高企业核心竞争力。

一份好的分析报告,首先需要有一个好的分析框架,并且层次清晰、图文并茂,能够让读者一目了然。结构清晰、主次分明可以使阅读对象正确理解报告内容;图文并茂可以令数据更加生动活泼,提高视觉冲击力,有助于读者更形象、直观地看清楚问题和结论,从而引发思考。

其次需要有明确的结论,没有明确结论的分析称不上分析,同时也失去了报告的意义。因为数据分析最初就是为寻找或者求证一个结论才进行的,所以千万不要舍本求末。

最后一定要有建议或解决方案,作为决策者,需要的不仅仅是找出问题,更重要的是建议或解决方案,以便他们在决策时参考。所以数据分析师不光需要掌握数据分析方法,而且还要了解和熟悉业务,这样才能根据发现的业务问题,提出具有可行性的建议或解决方案。

二、商务数据分析工具

做数据分析必须运用工具,没有工具的支撑,数据分析工作几乎无从开展。古语云:"工欲善其事,必先利其器",只有借助工具,才能实现高效、精准的数据分析。

数据分析的相关工具可以分成以下三种:

(1) 存放数据的工具。在数据量大的情况下,需要动用专门的数据库软件。数据量在100万条以内的,可以用Excel作为数据库。

(2) 分析数据的工具。统计分析的软件有很多,如SPSS、SAS等,但这些软件价格昂贵,普及率很低,一般情况下,个人或中小企业都不会购买、安装。对于高职院校的学生来说,最适合的分析软件莫过于Excel,它虽不如SPSS、SAS功能强大,但它是一款通用软件,在每台计算机几乎都有安装。Excel所提供的函数功能、图表绘制、数据分析功能及电子表格技术,足以满足非统计专业的教学和工作需要。

(3) 做分析报告的工具。我们使用Word、PowerPoint就可以达到报告分析数据的目的。

小思考 4.2

目前常见的数据存储介质有哪些?

答:① 硬盘。硬盘又叫固定盘,由涂上磁性物质的金属盘片与盘片读写装置(驱动器)组成,这些盘片与读写装置是密封在一起的。硬盘是一种最为常见的外存储器,就好比是数据的外部仓库。② 光盘。光盘存储器具有记录密度高、存储容量大、信息可长期保存等优点,因此它在计算机外存储器中占有重要位置,是多媒体计算机不可缺少的部件之一。光盘有只读光盘和可读光盘之分,使用最多的为只读光盘存储器,即 CD-ROM,储存量可达600MB。③ 闪存。闪存又称 U 盘或优盘,目前流行的迷你移动存储产品几乎都以闪存作为存储介质。闪存作为一种非挥发性(简单说就是在不通电的情况下数据也不会丢失,区别于目前常用的计算机内存)的半导体存储芯片,具有体积小、功耗低、不易受物理破坏等优点。④ 云盘。云盘是互联网存储工具,是互联网云技术的产物。它通过互联网为企业和个人提供信息的储存、读取、下载等服务,具有安全稳定、海量存储等特点。目前比较知名而且好用的云盘服务商有百度网盘、微云、360云盘等。

三、商务数据分析的方法

(一)商务数据分析的阶段

从商务数据分析的内容来看,可将其分为四个阶段。

(1)第一阶段:观察数据当前发生了什么。基本的数据展示可以告诉我们发生了什么。例如,公司上周投放了新的搜索引擎 A 的广告,想要比对一周内新渠道 A 与现有渠道 B 情况如何,A、B 各自带来了多少流量,转化效果如何;又如,新上线的产品有多少用户喜欢,新注册流中注册的人数有多少。这些结果都需要通过数据来展示,都是基于数据本身提供的"发生了什么"的信息。

(2)第二阶段:理解为什么发生。如果看到了渠道 A 比渠道 B 带来更多的流量,那么这时候我们就要结合商业来进一步分析产生这种现象的原因。可以进一步通过数据信息进行深度拆分,也许是某个关键字带来的流量,也许是该渠道获取了更多移动端的用户。这种对于数据的深度分析判断,成为了数据分析的第二个阶段,也同时能够提供更多商业价值。

(3)第三阶段:预测未来会发生什么。当我们了解渠道 A、B 带来的流量后,就可以根据以往的知识预测未来会发生什么。在投放渠道 C、D 的时候,可以预测渠道 C 比渠道 D 好,当上线新的注册流、新的优化时,可以知道哪一个节点比较容易出问题;我们也可以通过数据挖掘的手段,自动预测、判断渠道 C、D 之间的差异。这就是数据分析的第三个阶段,它能预测未来会发生的结果。

(4)第四阶段:商业决策。所有工作中最有意义的还是商业决策,通过数据企业可以判断应该做什么。而商业数据分析的目的,就是商业结果。当数据分析的产出可以直接转化为决策,或企业能直接利用数据作出决策,就能直接体现出数据分析的价值。例如,交通规划分析考量了每条路线的距离、每条线路的行驶速度以及目前的交通管制等多个方面的因素,来帮助用户选择当前最合适的回家路线。

(二) 商务数据分析的方法

常用的商务数据分析方法有聚类分析、因子分析、相关分析、对应分析、回归分析、方差分析、描述统计、时间序列分析。

(1) 聚类分析(Cluster Analysis)。聚类分析是指将物理或抽象对象的集合分组成为由类似的对象组成的多个类的分析过程。聚类是将数据分类到不同的类或者簇的一个过程,所以同一个簇中的对象有很大的相似性,而不同簇间的对象有很大的相异性。聚类分析是一种探索性的分析,在分类的过程中,人们不必事先给出一个分类的标准,聚类分析能够从样本数据出发,自动进行分类。聚类分析中使用不同的方法,常常会得到不同的结论。不同研究者对于同一组数据进行聚类分析,所得到的聚类数据也未必一致。

(2) 因子分析(Factor Analysis)。因子分析是指研究从变量群中提取共性因子的统计技术。因子分析就是从大量的数据中寻找内在的联系,减少决策的困难。因子分析的方法约有十多种,如重心法、影像分析法、最大似然解、最小平方法、阿尔发抽因法、拉奥典型抽因法等。这些方法本质上大都属近似方法,都是以相关系数矩阵为基础的,所不同的是相关系数矩阵对角线上的值采用不同的共同性估值。在社会学研究中,因子分析常采用以主成分分析为基础的反覆法。

(3) 相关分析(Correlation Analysis)。相关分析主要研究现象之间是否存在某种依存关系,并对具体有依存关系的现象探讨其相关方向以及相关程度。相关关系是一种非确定性的关系。例如,以 X 和 Y 分别记一个人的身高和体重,或分别记每公顷的施肥量与每公顷的小麦产量,则 X 与 Y 显然有关系,而又没有确切到可由其中的一个量去精确地决定另一个量的程度,这就是相关关系。

(4) 对应分析(Correspondence Analysis)。对应分析也称关联分析、R-Q 型因子分析,通过分析由定性变量构成的交互汇总表来揭示变量间的联系,可以揭示同一变量的各个类别之间的差异以及不同变量各个类别之间的对应关系。对应分析的基本思想是将一个联列表的行和列中各元素的比例结构以点的形式在较低维的空间中表示出来。

(5) 回归分析(Regression Analysis)。回归分析是研究一个随机变量(Y)对另一个(X)或一组($X_1, X_2, \cdots, X_k$)变量的相依关系的统计分析方法,可以确定两种或两种以上变数间相互依赖的定量关系。回归分析运用十分广泛,按照涉及的自变量的多少,可分为一元回归分析和多元回归分析;按照自变量和因变量之间的关系类型,可分为线性回归分析和非线性回归分析。

(6) 方差分析(ANOVA/Analysis of Variance)。方差分析又称"变异数分析"或"F 检验",用于两个及两个以上样本均数差别的显著性检验。由于各种因素的影响,研究所得的数据呈现波动状。造成波动的原因可分成两类,一是不可控的随机因素,二是研究中施加的对结果造成影响的可控因素。方差分析从观测变量的方差入手,研究诸多控制变量中哪些变量是对观测变量有显著影响的变量。

(7) 描述统计。描述统计是通过图表或数学方法，对数据资料进行整理、分析，并对数据的分布状态、数字特征和随机变量之间关系进行估计和描述的方法。描述统计分为集中趋势分析、离中趋势分析和相关分析三大部分。

(8) 时间序列分析。时间序列分析是一种动态数据处理的统计方法，研究随机数据序列遵从的统计规律，以解决实际问题；时间序列通常由四种要素组成，包括趋势、季节变动、循环波动和不规则波动，主要方法有移动平均滤波与指数平滑法、ARIMA 模型、量 ARIMA 模型、ARIMAX 模型、向呈自回归模型、ARCH 族模型。

四、商务数据分析的作用

相对于传统零售业，电子商务行业最大的特点就是一切交易行为都可以通过商务数据来监控和改进。商家通过数据可以看到用户从哪里来，思考如何组织产品可以实现很好的转化率，评估投放广告的效率如何等。

商务数据具有多种应用场景，包括商品精准营销、跨境电商仓储物流选择、电商选品、商品调研报告、产品定价、品牌建设、产品优化、流行趋势预测、库存管理和计划生产、商品原材料价格监控等。

与其他类型数据相比，商务数据信息的记录更加全面，可以反映出当前用户的行为以及在某一时间段内用户和商家行为的变化情况，商务数据分析可以帮助企业和个人商家监测行业竞争，提升客户关系，指导精细化运营。

(1) 监测行业竞争。当前企业和个人身处变化迅速的社会中，及时了解行业情况显得尤为重要。企业和个人可以通过商务数据分析行业信息，掌握行业现状、行业发展趋势、竞争情况，全面客观地剖析当前行业发展的总体市场容量、市场规模、竞争格局、进出口情况和市场需求特征，以及开展行业重点企业的产销运营分析，并根据各行业的发展轨迹及实践经验，对各产业未来的发展趋势做出准确分析与预测，把握市场机会，作出正确投资决策和明确企业发展方向。

商务数据还可以监控竞争对手的动态，如新品发布、舆论舆情、促销活动等。通过分析监控结果，企业能判断行业现状和竞争格局。

(2) 提升客户关系。客户关系是指企业为达到其经营目标，主动与客户建立的某种联系。这种联系可能是单纯的交易关系，可能是通信联系，也可能是为客户提供一种特殊的接触机会，还可能是为双方利益而形成的某种买卖合同或联盟关系。

商务数据可以帮助企业和个人共享客户信息、提高客户的忠诚度和促进企业组织变革。

企业通过建立商务数据库，让销售环节中的每一位员工都能得到自己需要的客户信息，让员工和客户的沟通效率更高，提高成单率；企业通过分析商务数据中的评论、用户意见、评测等内容，了解客户的真实反馈，建立客户体验管理系统，解决客户的问题，提高客户满意度和客户忠诚度；企业还可以通过商务数据分析建立用户画像，快速分配各类用户到指定对接部门，量化绩效考核，促进组织变革。

(3) 指导精细化运营。商务数据可以帮助企业和个人获得每一位用户的具体属性和用户行为画像。根据数据分析得到的用户画像，企业可以细分目标用户群，对每类细分用户开展有针对性的运营活动。商务数据可以帮助企业对用户生命周期进行管理和挖掘,并针对不同生命周期的用户实施标签化管理,从而有效、及时地向用户推送有针对性的信息。同时,企业可以通过商务数据进行企业部门经营情况的评估、内部员工的管理、生产流程的监管、产品结构优化与新产品的开发、财务成本的优化、市场结构的分析和客户关系的管理。

本章小结

- 商务数据指用户在电子商务网站购买商品的过程中,网站记录用户行为的大量数据,包括基于电子商务平台的基础数据,基于电子商务专业网站的研究数据,基于电子商务媒体的报道、评论数据等。
- 商务数据主要分为商品数据、客户数据、交易数据、评价数据、基于电子商务专业网站的研究数据及基于电子商务媒体的报道、评论数据等。
- 商务数据采集方法有两大类:一类是传统采集方法,包括调查问卷、访谈、电子邮件等;另一类是借助搜索引擎的网络爬虫方法。
- 商务数据的主要来源包括电子商务平台、社交电商平台、O2O数据等。采集工具主要有搜索引擎、电子邮件、网络爬虫等。
- 完整的数据分析主要包括了六大步骤:分析设计、数据收集、数据处理、数据分析、数据展现、报告撰写。
- 常用的商务数据分析方法包括:聚类分析、因子分析、相关分析、对应分析、回归分析、方差分析、描述统计、时间序列分析。
- 商务数据分析可以帮助企业和个人商家监测行业竞争,提升客户关系,指导精细化运营。

关键概念

商务数据　网络爬虫　数据采集器

基本训练

☞ 知识题

1. 判断题

(1) 目前常用的数据采集工具主要包括八爪鱼采集器、生意参谋、淘数据等形式。

(　　)

(2) 采集数据时,采集的数据越多越好。(　　)

2. 选择题

(1) 商务数据的采集,绝大部分是通过(　　)找到信息发布源获得的。它减少了信息传递的中间环节,有效地保证了信息的准确性。

A. 搜索引擎　　　　B. 网络营销　　　　C. 网络广告　　　　D. 电子邮件
(2) 不属于商务数据分析的作用是(　　)。
A. 提供客户关系　B. 热销商品　　　C. 监测行业竞争　D. 精细化运营
(3) (　　)等能够被人或计算机察知的符号系统,属于商务数据的范畴。
A. 文字　　　　　B. 数据　　　　　C. 表格　　　　　D. 图形
3. 简答题
(1) 商务数据分析的基本步骤是什么?
(2) 常用的商务数据采集方法有哪些?

☞ 技能题

你认为在收集信息时,使用哪一种方法最好?

☞ 实验题

数据采集工具的使用。选择任一数据采集工具,采集淘宝网"手机"关键词下销量前三页的商品销售价格及商品标题。

参考答案

☞ 知识题

1. 判断题
(1) 对;(2) 错。
2. 选择题
(1) A;(2) B;(3) D。
3. 简答题
(1) 分析设计、数据收集、数据处理、数据分析、数据展现、报告撰写等。
(2) 八爪鱼采集器、生意参谋、淘数据。

☞ 技能题

网页采集器。

☞ 实验题

分析提示:参考数据采集工具应用案例。

第五章 电子支付与网上银行

 学习目标

- 了解常见的电子支付工具及电子支付系统
- 了解网上银行与传统银行的区别及优势
- 能够运用常见的第三方支付工具进行支付

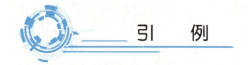

引 例

第一笔电子合同签订

2003年12月24日上午9时,由邯邢冶金矿山管理局发出供应信息,经买卖双方(邢台钢铁股份有限公司和邯邢冶金矿山管理局)在网上洽谈室协商,最后由邢台钢铁股份有限公司向邯邢冶金矿山管理局发出签订购买20万吨铁精粉的电子合同,邯邢冶金矿山管理局在确认合同准确无误的情况下点击了"确定"按钮,然后双方进行电子签名(CA认证)。由此世纪金山网的第一笔网上电子合同正式生效,这标志着河北省铁矿产品批发市场服务中心电子商务业务的开始。

随着电子商务活动的日益普遍,传统的支付形式已经越来越难以满足个人和企业的实际需求,电子支付的出现很好地解决了这一问题。电子商务较传统商务的优越性,成为吸引越来越多的商家、个人上网购物和消费的原动力。然而,如何安全地完成整个电子交易过程,又是人们在进行网上交易时必须面对的,而且是首先要考虑的问题。

第一节 电子支付

在整个电子商务交易过程中,网上金融服务是其中很重要的一环,并且随着电子商务的普及和发展,网上金融服务的内容也在发生着很大的变化。网上金融服务包括网上购买、网络银行、家庭银行、企业银行、个人理财、网上股票交易、网上保险、网络交税等,所有的网络金融服务内容都是通过网络支付或电子支付手段来实现的。所以从广义上说,电子支付就是资金或与资金有关的信息通过网络进行交换的行为。在普通的电子商务中,电子支付表现为消费者、商家、企业、中间机构和银行等通过互联网进行的资金流转,主要通过信用卡、电子支票、数字现金等方式来实现。但因为电子支付是通过开放的互联网来实现的,支付信息很容易受到黑客的攻击和破坏,这些信息的泄露和受损直接威胁到企业和用户的切身利益,所以安全性一直是实现电子支付所要考虑的最重要的问题之一。

一、电子支付的概念

所谓电子支付,是指从事电子商务交易的当事人(包括消费者、商家和金融机构)以商用电子化设备和各类交易卡为媒介,通过信息网络,使用安全的信息传输手段,采用数字化方式进行的货币支付或资金流转。

我国电子支付市场的发展情况

随着我国当前网络技术和信息技术的不断发展,电子商务成为一个新兴的产业,并渗透到社会发展的各行各业中,2020年我国电子商务交易总额达37.2万亿元,较2019年增加了2.4万亿元,同比增长6.87%。

电子商务与网上银行的发展是互动互利、相互影响的,电子商务也给网上银行带来了巨大的业务发展空间,因此随着电子商务的发展,网上银行的发展也是必然趋势。2019年我国网上银行交易量达1637.84亿笔,较2018年增加了113.13亿笔,同比增长7.42%。随着我国互联网金融、电子商务及网络经济实力的增强,电子支付发展十分迅速。短短20年间,我国电子支付业务已经实现了质的飞跃。目前,几乎所有的商业银行均已开展网上银行业务,用户数和交易量保持快速增长态势,业务种类日趋丰富,各商业银行的网上银行品牌已经初步建立。

(资料来源:智研咨询)

二、电子支付的工具

目前,比较典型的电子支付工具主要有以下几种:

(1) 银行卡在线转账支付。银行卡在线转账支付是目前我国应用非常普遍的电子支付模式。付款人可以使用申请了在线转账功能的银行卡(包括借记卡和信用卡)转移小额资金到收款人的银行账户中,从而完成支付。

(2) 电子现金。电子现金是一种以数据形式存在的现金货币。它将现金数值转化为一系列加密的序列数,通过这些序列数来表示现实中各种金额的币值。用户在开展电子现金业务的银行开设账户,并在账户内存钱后,就可以在接受电子现金的商店购物。电子现金不同于银行卡,它具有手持现金的基本特点。目前,我国在电子现金方面的开发和应用与国外相比还有很大差距,实际网络交易中使用电子现金的交易也不多。

(3) 电子支票。电子支票是一种作为纸制支票的电子替代品而存在的支付工具,用来吸引不想使用现金而宁可使用信用方式的个人和公司。它的运用使银行介入到网络交易中,用银行信用弥补了商业信用的不足。在国内,普通消费者大多对票据的使用不甚了解,再加上我国网上支付的相关法规不健全及金融电子化的发展程度和市场需求仍然存在问题,因此在网上交易中电子支票的应用尚是空白。

(4) 第三方支付平台结算支付。第三方支付平台结算支付指平台提供商通过采用规范的连接器,在网上商家与商业银行之间建立结算连接关系,实现从消费者到金融机构、商家之间的在线货币支付、现金流转、资金清算、查询统计等业务流程。

(5) 移动支付。移动支付是一种允许移动用户使用其移动终端(通常是手机)对所消费的商品或服务进行账务支付的支付方式,也称为手机支付。手机支付只适用于小金额商品的买卖,并不适用于大宗交易,同时受到手机话费的制约。可以说,移动支付是迄今为止速度最快的一种支付方式,付款人可以利用手机随时随地完成支付活动。而且其具有与银行卡同样的便捷性,同时又避免了在交易过程中使用多种银行卡以及不清楚商家是否支持这些银行卡结算的麻烦。

小应用 5.2

我国第三方支付市场的发展情况

第三方支付凭借其便捷、高效、安全的支付体验和优势获得迅速发展。2020年,我国第三方支付的总规模达到387万亿元,同比增长28.59%,使得我国的支付市场成为国际领先的支付市场之一。2020年,第一梯队的支付宝、财付通以较大领先优势占据市场头部地位,第二梯队的支付企业在各自的细分领域发力。

第三方移动支付伴随着规模的快速增长,渗透率逐步提升,行业规模增速趋于稳定。即便是在特殊的2020年,仅前两个季度线下二维码支付受到一定冲击,行业整体仍旧保持稳定的增长态势。艾瑞分析认为,从更广阔的角度来看,目前移动支付业务主要服务于C端用户及与C端消费场景直接关联的近C端行业内企业,仍有大量的远C端企业需要通过创新的支付体验以及完整的行业解决方案来提升自身的效率。所以,对于众多的支付机构而言,另一个角度下的第三方支付竞争刚刚开始。

(资料来源:艾瑞咨询)

三、电子支付系统

电子支付系统由参与者及其相互之间的交互协议组成,其目的是在参与者之间进行有效的金融交易。

(一)电子支付系统的一般模型

电子支付系统的一般模型如图5.1所示。该模型中所包含的参与者及其各自的操作如下:

(1)发行银行:该机构为客户提供有效的电子支付手段,如电子现金、电子支票、信用卡等。

(2)客户:即与某商家具有交易关系的一方。客户一般用自己的电子支付手段来发起支付,是支付系统运作的原因和起点。

(3)商家:即商品交易的另一方,其可以接收客户的电子支付手段并为客户提供商品或服务。

(4)接收银行:该机构接收商家从客户方收到的电子支付手段,并验证其有效性。然后提交给清算中心,将资金从发行银行转给商家账户。

(5)认证中心:负责为交易过程中的各方发放数字证书,以确认各方身份,保证电子支付的安全性。

（6）支付网关：即公用网和金融专用网之间的接口，支付信息必须通过支付网关才能进入银行支付系统，进而完成支付的授权。

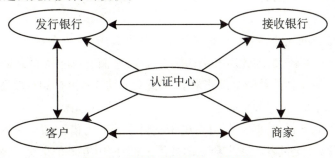

图5.1　电子支付系统的一般模型

（二）电子支付系统的支付模式

目前，我国主要存在四种支付模式：支付网关型模式、自建支付平台模式、第三方垫付模式和多种支付手段结合模式。

1. 支付网关型模式

支付网关型模式是指一些具有较强银行接口技术的第三方支付公司以中介的形式分别连接商家和银行，从而完成电子支付的模式。这样的第三方支付公司并不是真正的支付平台，只是从商家到银行的通道，如网银在线、环迅支付、首信易支付等。这种支付模式有一个明显的弊端，第三方支付公司的收入主要是与银行的二次结算获得的分成，一旦商家和银行直接相连，第三方支付公司就很容易因费用问题而被抛弃。

2. 自建支付平台模式

自建支付平台模式是指由拥有庞大用户群体的大型电子商务公司自主创建支付平台的模式。这种模式的实质是以所创建的支付平台作为信用中介，在买家确认收到商品前，代替买卖双方暂时保管货款。这种支付模式主要解决了交易过程中货款的安全问题，降低了交易风险，保证了消费者的忠诚度。采用自建支付平台模式的企业有淘宝网、eBay、慧聪网、PayPal等。

3. 第三方垫付模式

第三方垫付模式是指由第三方支付公司为买家垫付资金或设立虚拟账户的模式。买卖双方在交易平台内部开立账户，第三方支付公司以虚拟资金为介质完成网上交易款项的支付。采用第三方垫付模式的公司有快钱、易宝支付等。

4. 多种支付手段结合模式

多种支付手段结合模式是指第三方支付公司利用电话支付、移动支付和网上支付等多种方式提供支付平台的模式。在这种模式中，客户可以通过拨打电话、手机短信或者银行卡等多种形式进行电子支付。

(三) 电子支付系统的分类

电子支付系统根据不同的标准可以分为不同的类别。

1. 根据交易额的大小分类

根据每次交易额的大小,可将电子支付系统分为大额支付、小额支付和微支付。其中,大额支付涉及的交易额较大,因此对安全性要求很高;小额支付涉及的金额较小,要求每笔交易的相对费用较小;微支付涉及的金额非常小,因此对交易成本的控制有较高的要求。

2. 根据交易费用的支付时间分类

根据交易费用的支付时间不同,可将电子支付系统分为借记和信用两种方式。借记方式是指当交易处理后,支付者的账户会立即被借记;而信用方式是指交易消费先计入支付者的账户中,由支付者后期补交交易的费用,信用卡采用的就是"先消费后还款"的模式。

3. 根据交易过程中是否有第三方参与分类

根据交易过程中是否有第三方参与,可将电子支付系统分为在线系统和离线系统。

目前大多数支付系统都是在线的,每次交易过程都有第三方(如银行)参与,用于验证交易双方提供的信息,因此在线系统的安全性较高,适用于大额交易。但是由于第三方的参与,增加了在线系统的处理时间,对其性能有一定的影响。

离线系统无需第三方参与即可完成交易过程,处理速度较快,系统开销也比较小。但是其安全性比在线系统低,一般适用于小额交易。

四、常见的电子支付系统

(一) ATM系统

自动柜员机(Automatic Teller Machine,ATM)是指银行在不同地点设置的一种小型自助机器,因主要用于取款,又称自动取款机。ATM系统是允许客户利用银行发行的银行卡,通过机器执行存款、取款和转账等功能的一种自助银行系统。

1. ATM系统的主要功能

ATM系统通过ATM可提供如下功能:
(1) 取现功能:客户可以从支票账户、存款账户或信用卡账户中提取现金。
(2) 存款功能:客户可以存款到支票账户或存款账户。
(3) 转账功能:客户可以在支票账户、存款账户和信用卡账户之间相互转账。
(4) 支付功能:客户可以从支票账户、存款账户或信用卡账户中扣款以及进行行内支付等。
(5) 账户余额查询功能:系统可根据客户的要求检索该特定账户的余额。
(6) 非现金交易功能:包括修改密码、支票确认、支票保证、电子邮递、验证现钞、缴付电话费及各种公共事业账单等。
(7) 管理功能:除了交易和非现金交易功能外,ATM还提供各种管理功能。例如,查询终端机现金额度、支票确认结果汇总、终端机子项统计、安全保护功能等。

2. ATM的操作流程

一次典型的ATM交易中,持卡人在ATM上的操作流程如图5.2所示。

第一步,持卡人将银行卡按照正确的指示方向插入ATM中。

第二步,客户根据ATM提示在数字键盘上输入密码。规定输入时间不得超过30秒,且最多尝试输入3次。若客户连续3次输入错误的密码,则该ATM会将银行卡扣留,并给客户打印吞卡单据,合法的持卡人可凭此单据到相应的银行领回银行卡;若客户未在规定时间内完成输入操作,则该ATM会拒绝受理当前交易并退卡。

第三步,客户输入正确的密码后,ATM会提示客户在功能按键上选择所需的交易类型,并进一步提示客户输入交易额。这一操作也需在30秒内完成。客户按照提示选择交易类型并输入交易额后,按"Enter"键,ATM就会检验持卡人的身份和权限,检验通过则进行交易,否则将退出当前交易。

第四步,交易完成后,客户可在ATM上选择打印交易凭条并退出银行卡。

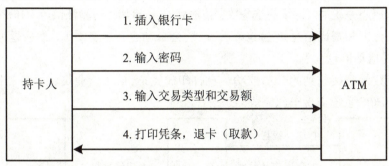

图5.2 持卡人在ATM上的操作流程

3. ATM系统的优势

ATM服务给持卡人带来了很多好处,主要包括以下几个方面:

(1) 快捷:ATM所用的软件是编程实现的,完成一笔交易的总时间不会超过2.5分钟。据统计,一笔典型的交易所用的时间大概为30~60秒。

(2) 方便:ATM可安装在银行内外、商场、火车站、医院、学校等公共场合,持卡人可在任一ATM上进行取现、存款、转账、支付等操作。

(3) 安全:与携带大量现金相比,携带银行卡要安全得多。如果银行卡丢失,那么及时挂失即可避免财产损失。

(4) 24小时服务:ATM可以提供全天候24小时服务,不受节假日和工作时间的限制。

(二) POS系统

POS系统即销售时点信息(point of sales)系统,是指通过自动读取设备(如收银机)在销售商品时直接读取商品销售信息(如商品名、单价、销售数量、销售时间、销售店铺、购买顾客等),并通过通信网络和计算机系统将信息传送至有关部门进行分析加工以提高经营效率的系统。

1. POS系统的主要功能

目前,广泛采用的共享POS系统可以提供下列服务:

（1）自动转账支付：自动完成客户的转账结算，即依据交易信息将客户开立的银行卡账户资金自动划转到商家在银行开立的账户上。具体而言，POS系统能完成消费付款、退货收款、账户间转账、修改交易、查询交易、查询余额、核查密码处理并打印输出账单等。

（2）自动授权：POS系统具有信用卡的自动授权功能。例如，自动查询信用卡、止付黑名单，自动检测信用卡是否为无效卡、过期卡，自动检查信息卡余额、透支额度等，使商家在安全可靠的前提下迅速为客户办理信用卡交易。

（3）信息管理：在POS系统上完成一笔交易后，POS系统还能自动更新客户和商家在银行的档案，以便今后查询；同时，也可更新商家的存货资料及相关数据库文件，以提供进一步的库存、进货信息，帮助决策管理。

2. POS系统的交易处理流程

POS系统的交易处理流程如图5.3所示。

客户递交银行卡后，由营业员刷卡获取银行卡信息并输入交易数据，然后由客户确认交易信息并输入密码，POS系统通过网络将这些数据传输到银行，申请银行验证银行卡和密码信息。

银行对银行卡和密码信息进行验证后，系统会自动进行账务处理，然后返回POS系统终端、提示交易成功信息。

POS系统终端将接收到的交易成功信息打印成凭条，最后营业员将凭条和银行卡返回给客户。整个POS系统交易至此完成。

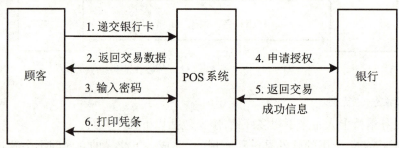

图5.3 POS系统的交易处理流程

3. POS系统的优势

POS系统给银行、商家和客户三方都带来了极大的方便和较大的经济效益，主要表现在减少现金流通、加速资金周转、确保资金安全和提供相关有用信息四个方面。

（三）电子汇兑系统

电子汇兑系统泛指行际间各种资金调拨作业系统，它是银行之间的资金转账系统，它的转账资金额度很大，是电子银行系统中最重要的系统。

1. 电子汇兑系统的主要功能

电子汇兑系统包括一般的资金调拨业务系统和清算作业系统。一般的资金调拨业务系统用于行际间的资金调拨，清算作业系统用于行际间的资金清算。

通常，一笔电子汇兑交易由汇出行发出，至汇入行收到为止。根据汇出行与汇入行间的不同关系，可把汇兑作业分成两类：联行往来汇兑业务和通汇业务。

联行往来汇兑业务是指汇出行和汇入行隶属于同一个银行的汇兑业务。这类业务属于银行内部账务调拨,必须遵守联行往来约定,办理各项汇入和汇出事宜。

通汇业务是一种行际间的资金调拨业务,需要经过同业多重转手(即多个银行参与)处理才能顺利完成。通汇业务又分为本国通汇和国际通汇。

2. 电子汇兑系统的运作模式

虽然电子汇兑系统的种类很多,但是其中的汇出行和解汇行的基本作业流程和账务处理逻辑却基本类似。电子汇兑系统的运作模式如图5.4所示。

首先,客户甲通过电子支票或电子资金转账(EFT)等形式向汇出行发出汇兑申请。

接着,汇出行验证客户信息及汇出信息后,将相关信息通过通信系统传送给解汇行。

最后,解汇行收到汇出行发出的汇兑信息,对其进行验证。验证无误后进行账务处理并通过电子支票或EFT等形式通知客户乙。

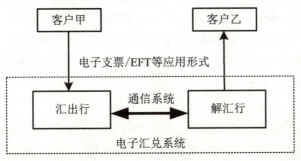

图5.4 电子汇兑系统的运作模式

3. 电子汇兑系统的特点

电子汇兑系统的交易额大,因此风险性高,对系统安全性的要求高于时效性的要求。另外,电子汇兑系统中跨行和跨国交易所占的比例较大。

第二节 网 上 银 行

一、网上银行的概念与特点

(一)网上银行的概念

网上银行又称网络银行、在线银行,是指银行利用互联网通信技术或其他电子通信网络手段,以互联网作为基础的交易平台和服务渠道,向客户提供开户、查询、对账、转账、信贷、网上证券、投资理财等服务项目,使客户足不出户就能安全、便捷地管理存款、支票、信用卡及个人投资等。可以说,网上银行是银行在互联网上设置的虚拟银行柜台。

网上银行包含两个层次的含义,一是机构概念,指通过信息网络开办业务的银行;二是业务概念,指银行通过信息网络提供的金融服务,包括传统银行业务和因信息技术应用带来的新兴业务。在日常生活和工作中,我们提及的网上银行更多是第二层次的概念,即网上银行服务的概念。网上银行业务不仅仅是传统银行产品从网上简单地转移,其服务方式和内涵也发生了一定的变化,而且由于信息技术的应用,又产生了全新的业务品种。

(二) 网上银行的特点

1. 全面实现无纸化交易

以前使用的票据和单据大部分被电子支票、电子汇票和电子收据代替;原有的纸币被电子货币,即电子现金、电子钱包、电子信用代替;原有纸质文件的邮寄变为通过数据通信网络进行信息传送。

2. 服务方便、快捷、高效、可靠

通过网络银行,用户可以享受到方便、快捷、高效和可靠的全方位服务。任何需要的时候就可以使用网络银行服务,不受时间、地域、方式的限制,即实现3A(Anytime、Anywhere、Anyhow)服务。网上银行随时随地提供金融服务的特点,能够提高用户进行账户管理、支付结算的效率和便利性,尤其是在用户对网银服务需求日益强烈的情况下,银行提供网上银行服务,有助于吸引更多的用户。

3. 经营成本低廉

由于采用了虚拟现实信息处理技术,网络银行可以在保证原有的业务量不降低的前提下,减少营业点的数量。同时,将网点流量引至互联网后,可使相关工作人员将工作重心从业务操作向销售、咨询转变。

4. 简单易用

E-mail等网上通信方式非常灵活方便,便于客户与银行之间以及银行内部的沟通。

二、网上银行的产生与发展

(一) 网上银行的产生

1. 现代信息技术、网络技术的产生与发展是网上银行产生的重要基础

网上银行是现代信息技术和银行业相结合的产物。20世纪末,信息时代的到来极大地改变了传统的生产方式和产业结构,给人们的生活方式和经济生活带来了新的生机和活力,计算机得到迅速普及,通信手段日益先进,最重要的是互联网得以迅猛发展。银行业敏锐地察觉到,迅速发展的互联网用户群意味着潜在的巨大商机,所以银行积极拓展网上业务,充分利用科技的成果,最大限度地满足客户的需要,为客户提供方便、快捷、安全的金融服务并占领市场。1995年10月,全球第一家网上银行——安全第一网络银行(Security First Network Bank,SFNB)在美国诞生。

2. 网上银行是电子商务发展的需要

随着以互联网为核心的现代计算机网络技术在银行业的应用与推广,银行的服务效率大幅提高,功能大大扩展,金融全球化和综合化的发展趋势也进一步增强。从此,银行业开始进入了一个新的历史发展阶段——网上银行发展阶段。电子商务是随着互联网发展而出现的全新交易模式,是当代信息技术和网络技术在商务领域的体现。电子商务的发展要求

商家和消费者的开户银行提供资金支付支持,有效实现支付手段的电子化和网络化。同时,电子商务的发展也给银行带来了机遇,在突破银行传统业务模式的基础上,拓展新方向、发展新空间。为适应银行经营方式的网络化、科技化发展,网上银行和电子商务应互相结合、相互促进、共同发展,形成网上购物、网上支付流水式服务模式。

(二)网上银行的发展

1. 计算机辅助银行管理阶段

这个阶段存在于20世纪50年代至80年代中后期。20世纪50年代末,计算机逐渐在美国和日本等发达国家的银行业务中得到应用。早期的金融电子化基本技术是简单的计算机银行数据处理和事务处理,主要用于分支机构及各营业网点的记账和计算,解决手工记账速度慢、财务处理能力差和人力负担重等问题。当时商业银行的主要电子化设备包括:用于管理存款、计算本息的一般计算机,用于财务统计和财务运算的卡片式编目分类打孔机,由计算机控制的货币包装、清点机,鉴别假钞、劣钞的鉴别机,以及电脑打印机等。另外,银行也逐渐开始利用计算机来分析金融市场的变化趋势,以供决策使用。

2. 银行电子化或金融信息化阶段

这个阶段存在于20世纪80年代中后期至90年代中后期。随着计算机普及程度的提高,商业银行逐渐将发展的重点从电话银行调整为PC银行,即以个人计算机为基础的电子银行业务。20世纪80年代中后期,在世界各国的国内不同银行之间的网络化金融服务系统基础上,逐渐形成了不同国家、不同银行之间的电子信息网,构成了全球金融通信网。自此之后,出现了各种新型的电子网络服务,如在线银行服务(PC银行)、销售终端系统(POS)、自动柜员机系统(ATM)、家庭银行系统(HB)和公司银行系统(FB)等。银行电子化使传统银行提供的金融服务变成了全天候、全方位和开放性的金融服务,电子货币也成了电子化银行所依赖的货币形式。

3. 网上银行阶段

这个阶段开始于20世纪90年代中期。这一时期,互联网和其他数据网呈爆炸性发展,互联网技术显示出了巨大的发展潜力,引发了一场全球性的商务革命和经营革命。电子商务在这一时期得到迅猛发展,涉及面非常广泛,涵盖企业、商户、金融、政府有关部门和网络服务商等,因为电子交易必须要经过资金的支付与结算才能完成,所以银行作为资金流负载者必须参与其中。网上银行摆脱了传统银行业务模式的束缚,建立了新型的金融服务体系,并借助互联网的力量,同现有的计算机与通信技术、信息技术结合起来,使银行能将互联网、核心业务(支付服务和信息服务)处理和客户信息数据库连接在一起,从而形成一种崭新的业务模式。

三、网上银行与传统银行的比较

(一)网上银行与传统银行的区别

1. 在场所方面

传统银行需建立或租赁办公场所,配备齐全的设备及营业柜台。而网上银行只需设计精美的用户界面,利用客户的个人电脑就可以为客户提供金融服务。

2. 在货币方面

网上银行在货币的使用形式上发生了本质的变化。传统的货币形式以现金和支票为主,而网上银行的流通货币以电子货币为主。电子货币作为一种虚拟化货币,不仅能够令商业银行节约使用现金的业务成本,还可以减少资金的滞留和沉淀,加速社会资金的周转,提高资本运营的效益。

3. 在销售渠道方面

网上银行是计算机网络化的金融服务机构。在连接互联网的前提下,银行客户可在有计算机的任何环境下进行业务办理,如汇款、转账、付款、贷款、清算、外汇、证券买卖、购买保险等。与传统银行相比,这种销售渠道最大的好处是客户接受金融服务时不会受到太多时间和地域的制约。

4. 在业务范围方面

银行客户主要需要办理五类金融服务产品,包括交易、信贷、投资、保险和财务计划。传统银行通常只能同时满足其中的1~2项服务,而网上银行则可以同时提供这五类服务。此外,网上银行还提供了一些全新的业务,如公共信息服务(包括利率、汇率信息,经济、金融新闻等)、理财服务和综合经营服务等。所以网上银行并不是单纯的传统银行业务网络化,而是传统银行业务在网络上的延伸和发展。

5. 在服务方式方面

传统银行的服务方式需要客户到营业场所,通过面对面的人工服务获得所需的银行服务,这种服务的优点是银行容易了解客户的综合情况,在现金的收取与支付方面不需要花费额外的精力。网上银行主要采用数字化、开放的服务方式,客户只需通过网络,利用计算机即可享受银行服务。这种服务方式在财务查询、转账、代理、数据分析等方面具有传统银行无法超越的优势,但同时也有弊端,如在现金收付方面,可能还需传统金融机构的协助才能完成。

6. 在运行模式方面

传统银行的运行模式是具有物理实体性的柜台交易模式,而网上银行则从物理网络转向虚拟数字网络,在联网的前提下,客户通过登录网上银行网站来获得金融服务。因为网上银行提供虚拟化的金融服务,银行和客户需进行相互的身份确认,不像传统银行柜台操作那样通过客户签字来完成,所以这就要求网上银行的金融交易一定要提供技术手段(如加密、认证、数字签名等),并确保交易信息具有机密性和完整性。

7. 在银行收益方面

网上银行使商业银行获得经济效益的方式发生了根本性的改变。传统银行通过广泛投入、设置营业网点追求规模经济效益,而网上银行主要通过对技术的重复使用或对技术的不断创新带来高效益。另外,网上银行降低了银行的经营和管理成本。

(二)网上银行相比于传统银行的优势

1. 成本更低

相对于传统银行,首先网上银行的创建费用较低,无须铺设具体的营业网点,也不需要豪华的装修;其次网上银行管理运行成本低,可以节省场地租金、室内装修、照明以及水电费用,办公用品、设备维修及维护费用,以及业务人员工资支出费用;再次网上银行的业务实行实时自动化处理,大大降低了单笔业务营运费用。

2. 无时空限制

网上银行大大突破了传统银行的地域和时间限制,只要网络能够到达的地方,就可以成为网上银行的市场范围。它能在任何时间、任何地方、以任何方式提供账务管理、查询转账、网上支付、缴交各类费用等综合服务。

3. 产品个性化、多样化

利用网上银行,客户除了可以办理银行业务外,还可以办理个性化的金融产品与服务,如买卖股票债券等,在一定程度上提高了服务的效率。

网上银行还能够融合银行、证券、保险等分业经营的金融市场,拓宽商业银行的业务创新空间,使银行向全功能方向发展,在网上银行完成诸如存贷款、支付结算、证券买卖、贸易融资、房屋按揭、信托保险、个人理财、基金买卖等金融业务,真正地向客户提供更多量体裁衣式的金融服务。

4. 服务更规范、更标准

网上银行提供了各项网上银行业务处理服务,不会因人而异,比营业网点的服务更标准、更规范,避免了因工作人员的业务素质高低及情绪好坏而带来的服务满意度的差异。客户可以根据自身的金融需求,自行从网上银行提供的多种金融产品中进行挑选和组合,同时,也可以从网上银行提供的众多产品组合方案中进行选择,从而形成对客户的差异性服务,提高客户使用网上银行的频率和综合贡献度。

5. 私密性更强

网上银行通过私码与公码两套加密系统对客户进行隐私保护,具有很强的私密性。客户足不出户就可办理除现金业务以外的绝大部分银行业务,避免了到传统银行柜面办理业务时存在的与柜员交流、密码输入、排队等候等环节中个人隐私被泄露的可能性。同时,各家银行对网上银行的安全性非常重视,自觉加强网络自身安全,采用信息加密传输,构建安全防火墙等技术手段,保护客户个人的隐私。

四、网上银行的风险与监管

(一)网上银行面临的主要风险

1. 法律风险

网上银行的法律风险是指由于银行的经营方式违反、不遵从法律或法规而造成的与期望的法律目标相违背所导致的不良后果。法律风险使网上银行面临罚款、赔偿、合同失效等风险。目前,网上银行正处于起步阶段,相关的法律、法规及配套体系尚未完善,这容易使得网上银行与客户之间陷入法律纠纷中。因此,客户在网上银行办理金融业务时,容易面临较大的法律风险。

2. 技术风险

网上银行是在网络信息技术的基础上运行的银行服务形态,开展网上银行金融业务必须选择一种成熟的技术,不完善技术的运用将对原有银行的网络安全造成极大威胁。磁盘破坏、病毒传染、黑客入侵等都将扰乱或中断网上银行正常健康的服务,给银行带来经济损失,影响客户对银行的信任程度。

3. 业务风险

业务风险主要是指系统可靠性与完成性的缺点、客户的错误使用、业务人员的操作不当、银行业务系统设计或维护不当等问题而导致的风险。

(二)网上银行的监管

网上银行的监管指的是通过法律、管理条例和先进的技术手段对网上银行的风险实施限制和控制的行为。随着互联网的发展,银行业务经营所涉及的地域限制和行业限制被进一步打破,网上银行作为一种全新模式的商务活动,其运作机制无疑会对现行监管制度造成冲击。所以,对网上银行的监管就成了较为重要的课题。

1. 网上银行监管的目的

第一,维护网上银行和网络金融体系的安全。

第二,使客户了解网络金融系统及与网络金融产品相关的风险,保持其对网络金融市场的信心,保护其自身利益。

第三,维护并促进银行业公平、有效的竞争。

第四,防止金融犯罪,并保证中央银行货币政策的顺利实施。

小思考 5.1

网络金融风险有哪些?

答:网络金融除了具有传统金融业经营过程中存在的流动性风险、市场风险和利率风险等风险之外,还有基于虚拟金融服务形成的业务风险和基于信息技术的技术风险。前者包括法律风险、实用性风险、信誉风险、注意力分散风险和链接服务风险等;后者包括技术选择风险、系统安全风险、网上黑客攻击风险、计算机病毒破坏风险和技术操作风险等。

2. 我国网上银行监管的措施

(1) 建立强制信息披露制度。目前,网络信息技术的发展速度非常迅猛,而以互联网技术为基础的网上银行也显示出诸多新型特性,这些特性加大了监管当局对银行审查的难度,导致客户难以全面、真实地了解网上银行的经营情况。为了保护客户的自身利益,约束和规范网上银行的行为,营造公平的竞争环境,建立强制性信息披露制度就显得尤为重要。制度要遵循"公开、公平、公正"的原则,定期在网站上向社会发布经注册会计师审计过的经营活动和财务状况信息,不断提高信息披露的质量。

(2) 加强网上银行风险法律监管的国际合作。网络的全球化导致了以网络为基础的网上银行金融业务以及相关法律问题的国际化。在网络时代,对跨境金融服务的网上银行进行监管,需要各个国家加强金融交流与合作,建立专门机构了解各国相关法律,吸取国际上法律监管的最新成果。对于可能出现的国际司法管辖权冲突,需要求金融监管部门积极同国际组织(如巴塞尔银行监管委员会)或有关国家的金融监管当局及时进行交流。应维护国际间网上银行业务的平稳发展,最终建立一个灵活的国际网上银行监管法律体系。

小应用 5.3

网上银行的申请主要有两种方式:① 自助注册。用户可以在网上直接填写个人相关信息、进行自助注册。自助注册后用户的网上银行服务即时开通。但是对外转账和其他特殊服务需要用户在银行柜面进行申请。② 普通柜面开户。用户可到银行任意网点柜面申请注册,提交申请表后的第二天就可以享受网上银行服务。

第三节　第三方支付

一、第三方支付的概念

根据2010年央行颁布的《非金融机构支付服务管理办法》,第三方支付是指非金融机构作为商户与消费者的支付中介,通过网联对接而促成交易双方进行交易的网络支付模式。随着网联的接入,第三方支付行业已形成由央行监管,连接用户、第三方支付平台、银行间系统、商户的服务闭环。

从概念中我们可以看出,之所以称"第三方",是因为这些平台并不涉及资金的所有权,而只是起到中转作用。第三方支付出现的最初目的是解决在电子商务小额支付情形下交易双方因银行卡不一致而造成的款项转账不便的问题,通过提供线上和线下支付渠道,完成从消费者到商户以及金融机构间的货币支付、资金清算、查询统计等系列过程。

第三方支付是电子支付产业链中的重要纽带,它既要连接银行,处理资金结算、客户服务、差错处理等工作,还要服务群体庞大的商户和消费者,使客户的支付交易能顺利接入。由于拥有款项收付的便利性、功能的可扩展性、信用中介的信誉保证等优势,第三方支付较好地解决了长期困扰电子商务的诚信、物流、现金流问题,在电子商务中发挥着重要的作用。

二、第三方支付的类型

目前,无论是学术界、产业界还是监管部门,对第三方支付的分类都不尽相同,单以网络支付服务具体业务流程来说,第三方支付就可分为网关支付模式和虚拟账户支付模式两种类型,其中虚拟账户支付模式又可分为担保型账户支付模式和非担保型账户支付模式。此外,需要说明的是银联电子支付是一类特殊的第三方支付。

(1) 网关支付模式。网关支付模式是一种比较成熟的电子支付模式。在该模式中,网上商家和银行网关之间有一个第三方支付网关,第三方支付网关负责集成不同银行的网银接口,为网上商家提供统一的支付接口和结算对账等业务服务。

(2) 虚拟账户支付模式。这里的虚拟账户是指交易双方在第三方支付中介平台中所设立的账号,这种账号与传统的银行账户具有类似的功能,可以在两个虚拟账户之间转账,也可以在虚拟账户与实际银行账户之间转账。虚拟账户支付模式又可以细分为两种:非担保型(直付模式)和担保型(间付模式)。

(3) 银联电子支付。银联电子支付(ChinaPay)是中国银联旗下的第三方支付公司。它作为非银行金融机构提供的支付平台,依托于中国银联,是在人民银行及中国银联的业务指导和政策支持下发展起来的。

三、第三方支付的交易流程

除了网上银行、电子信用卡等手段之外,还有一种方式也可以相对降低电子支付的风险,那就是正在迅猛发展的利用第三方机构的支付模式及其支付流程。

在实际的操作过程中,这个第三方机构可以是发行信用卡的银行本身。在进行网络支付时,信用卡号以及密码的披露只在持卡人和银行之间转移,降低了应通过商家转移而导致的风险。

同样,当第三方是除了银行以外的具有良好信誉和技术支持能力的某个机构时,持卡人首先和第三方以替代银行账号的某种电子数据的形式(如邮件)传递账户信息,避免了持卡人将银行信息直接透露给商家,另外也可以不必登录不同的网上银行界面,取而代之的是每次登录时,都能看到相对熟悉和简单的第三方机构的界面。

第三方机构与各个主要银行之间签订相关协议,使得第三方机构与银行可以进行某种形式的数据交换和相关信息确认。这样第三方机构就能实现在持卡人或消费者与各个银行,以及最终的收款人或商家之间建立一个支付的流程。

四、第三方支付的现状

第三方支付最早源于美国的独立销售组织制度(Independent Sales Organization,ISO),指收单机构和交易处理商委托ISO进行中小商户的发展、服务和管理工作的一种机制。20世纪80年代,美国的银行卡收单机构和交易处理商就开始委托ISO从事中小商户的扩展工作,ISO的存在推动了美国商户收单业务的发展,促进了美国银行卡产业的繁荣。VISA、MasterCard等国际组织的收单机构与各种类型的ISO合作,委托其进行中小商户的拓展工作、商户服务、交易处理、风险管理及客户服务。

20世纪90年代末,随着计算机网络技术、电子商务等行业的快速发展,完善的信用卡保障机制、金融支付系统、发达的物流体系极大地促进了B2B、B2C、C2C等网上交易模式的发展,交易通过中间商账户处理,产生了收费较低的新型支付方式——第三方支付系统,以PayPal最为突出。21世纪以来,美国电子商务的蓬勃发展进一步推动了第三方支付的兴起,比如知名的eBay、Amazon、Google等电子商务交易商,相应地也促进了PayPal、Amazon Payments、GoogleCheckout等第三方支付机构的繁荣发展。

我国第一家第三方支付诞生于1999年,随后到2004年阿里巴巴支付宝的推出,第三方支付的交易规模实现了突飞猛进的发展。后续安付通、买卖通、微信支付等产品的推出,进一步推动了我国第三方支付的交易规模。从具体数据来看,2013年,我国第三方支付交易规模为16.9万亿元,到2018年已经高达230.4万亿元,连续5年增速超过150%,呈现爆发式增长趋势。我国第三方支付交易整体市场规模呈现不断高速增长趋势,虽然近几年的增速逐步减缓,但是增速仍在20%以上。2020年我国第三方支付的交易规模达到388.6万亿元,同比增长28.59%(见图5.5)。

图5.5 我国第三方支付的交易规模和增长率

(数据来源:中国产业信息)

我国移动支付行业的格局基本没有变化。除支付宝和腾讯金融(财付通)外,其他第三方支付企业还有壹钱包、京东支付、联动优势、易宝支付、快钱等,这些机构构成行业第二梯队。2019年艾瑞咨询、安信证券研究中心数据显示,支付宝的市场份额最大,为54.4%,财付通排第二,为39.4%,二者合计占我国移动支付市场93%以上的市场份额。随后是壹钱包和京东支付,市场份额分别为1.5%和0.8%(见图5.6)。

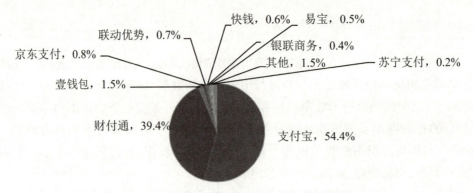

图5.6　2019年我国第三方移动支付的市场份额

（资料来源：艾瑞咨询、安信证券研究中心）

五、常见的第三方支付工具

随着网络信息、通信技术的快速发展和支付服务的不断分工细化，越来越多的非金融机构借助互联网、手机等信息技术广泛参与支付业务。目前B2C的网上交易中多数以第三方支付为主要支付手段。

（一）支付宝

支付宝（中国）网络技术有限公司是国内领先的独立第三方支付平台，不仅从产品上确保用户在线支付的安全，同时让用户通过支付宝在网络间建立起相互的信任，为建立纯净的互联网环境迈出了非常有意义的一步。

支付宝提出的建立信任、化繁为简，以技术的创新带动信用体系完善的理念深得人心。短短几年时间，用户覆盖了整个C2C、B2C以及B2B领域。截至2020年6月30日，支付宝已成为全球最大的商业APP，支付宝连接了超过8000万的商家和超过2000个金融机构合作伙伴、超过10亿的中国用户。支付宝的月活跃用户从2017年12月的4.99亿增加到2020年6月的7.11亿。消费者将支付宝视为一站式服务平台，可以使用数字支付和数字金融服务，还可以通过支付宝APP享受许多其他日常生活服务。支付宝APP涵盖1000多种日常生活服务和200多万个小项目，包括旅游、当地生活服务和便利服务。

支付宝的付款方式有两种，即网上银行在线付款和支付宝余额付款，两种方式都需要先开通网上银行支付业务。买家需要注册一个支付宝账户，利用开通的网上银行给支付宝账户充值，然后用支付宝账户在网站上购物并使用网上支付，货款会先付款给支付宝，支付宝公司在收到支付的信息后给买家发货，买家收到商品后用支付宝确认，支付宝公司收到买家确认收货并满意的信息后，最终给卖家付款。

支付宝交易是互联网发展过程中的一个创举，也是电子商务发展的一个里程碑。支付宝品牌以安全、诚信赢得了用户和业界的一致好评，已成为目前网购最常用的支付方式。

(二)财付通

财付通是由中国最早、最大的互联网即时通信软件开发商腾讯公司创办的,为QQ用户群提供安全、便捷、简单的在线支付服务,是腾讯公司为适应电子商务业务的发展需要,满足互联网用户价值需求,针对网上交易安全而推出的一系列服务。财付通构建全新的综合支付平台,业务覆盖B2B、B2C和C2C各领域,提供卓越的网上支付及清算服务。针对个人用户,财付通提供了包括在线充值、提现、支付、交易管理等丰富的功能;针对企业用户,财付通提供了安全可靠的支付清算服务和极富特色的QQ营销资源支持。

财付通作为在线支付工具,起到了信用中介的作用;同时提供了在线支付的统一计费平台,解除了个人用户和广大商家的安全顾虑,保证了在线交易的资金和商品安全。此外,财付通极大地推动了中国电子商务的发展,并且为用户在线消费创造了更大的价值。

财付通的使用方法与支付宝类似。财付通账户的开通非常简单,用户只需要用QQ号登录到财付通网站,按照网页提示一步步填写资料,之后便可成功申请账户。同时,对于银行卡信息,用户可以在申请开通此账户后,登录到"财付通—账户管理—提现银行设置"进行操作即可。另外使用财付通不收取任何费用,也不会有其他中间费用产生。

(三)快钱

快钱是以提供网上交易的收付费平台的互联网服务企业,是国内第一家提供基于E-mail和手机号码的网上收付费平台。其推出的支付产品包括但不限于人民币支付、外卡支付、神州行卡支付、联通充值卡支付、VPOS支付等众多支付产品,支持互联网、手机、电话和POS等多种终端,满足各类企业和个人的不同支付需求。快钱以提供在线收付费服务为核心内容,同时不断更新及拓展服务领域,本着安全、便捷的宗旨,为用户提供更良好的服务。

(四)易宝支付

易宝支付也是国内领先的独立第三方支付公司,一直致力于提供"安全、简单、快乐"的专业电子支付解决方案和服务。易宝支付一成立就推出了绿色支付理念,包含了安全、诚信、便捷,同时又以低成本、高效率,把支付和行业的利益结合起来,为商家节省成本,带来更多的收益。易宝支付首家推出电话支付,将互联网、手机、固定电话整合在一个平台上,使电子支付实现了"网上线下"全覆盖。

目前,易宝支付的支付工具有:在线支付产品,消费者使用银行卡在网上直接付款;电话支付产品,即银行提供基于电话银行语音系统的即时支付服务,从根本上摆脱了令人防不胜防的木马病毒困扰,解除了支付后泄露银行卡信息的担忧;神州行支付产品,即用户使用神州行充值卡作为介质,进行网上支付,购买所需商品;非银行卡支付产品,即基于厂商发行的各类储值卡的支付方式;会员支付产品,即通过会员账户进行网上购物和网上支付的功能,通过会员账户用户可以在网上享受更多的优惠和折扣;委托结算产品,这是易宝支付为解决商家对下级代理、客户等的结算问题而推出的一种增值服务,可实现商家为下级代理和用户资金结算的批量处理。

　　发展创新经济离不开电子支付的发展,而电子支付发展离不开消费者的参与。易宝支付构建安全的支付体系,大大提高了大众的电子支付参与度。目前,易宝支付的各种支付模式已广泛应用于电子客票、网游、电信充值、远程教育等领域。

本章小结

　　·电子支付是指从事电子商务交易的当事人以商用电子化设备和各类交易卡为媒介,通过信息网络,使用安全的信息传输手段,采用数字化方式进行的货币支付或资金流转。目前,我国主要存在四种电子支付模式:网关支付模式、自建支付平台模式、第三方垫付模式和多种支付手段结合模式。

　　·网上银行是指银行利用互联网通信技术或其他电子通信网络手段,以互联网作为基础的交易平台和服务渠道,是银行在互联网上设置的虚拟银行柜台。网上银行的特点有:全面实现无纸化交易,服务方便、快捷、高效、可靠,经营成本低廉,简单易用等。

　　·第三方支付是指非金融机构作为商户与消费者的支付中介,通过网联对接促成交易双方进行交易的网络支付模式。常见的第三方支付工具有支付宝、财付通、快钱、易宝支付等。

关键概念

电子支付　　网上银行　　第三方支付

基本训练

☞ 知识题

1. 判断题

(1)快钱是以提供网上交易的收付费平台的互联网服务企业。　　　　　　(　　)

(2)电子货币是一种虚拟化的货币。　　　　　　　　　　　　　　　　　(　　)

(3)第三方支付指金融机构作为商户与消费者的支付中介,通过网联对接促成交易双方进行交易的网络支付模式。　　　　　　　　　　　　　　　　　　　　　(　　)

2. 选择题

(1) 比较典型的电子支付工具主要有(　　)。

A.电子现金　　　　B.电子支票　　　　C.移动支付　　　　D.第三方支付平台结算支付

E.银行卡在线转账支付

(2) 网上银行的3A特点是指(　　)。

A. Anytime   B. Anywhere   C. Anyhow   D. Anyplace

(3) 第三方支付的类型主要有(　　)。
A. 网关支付模式   B. 虚拟账户支付模式
C. 银联电子支付   D. 网络支付模式

☞ **技能题**

1. 登录中国工商银行网站，了解该商业银行提供哪些网上银行业务服务。
2. 登录淘宝网，注册成为会员，体验购物过程，注意其"支付宝"的使用和特点。

☞ **案例题**

2009年初，上海交通卡股份有限公司与中国联通公司上海公司以及复旦微电子股份有限公司共同商议移动手机支付在交通卡应用的相关事宜，包括采用的技术、COS的研发、手机卡的发行及管理等。2009年4月起，启动移动手机在上海市公共交通领域的支付应用的项目研发。自2009年9月联通手机卡在上海正式发卡应用以来，据不完全统计，目前手机卡的业务日交易量在225笔，日成交金额在660元。和整个上海公共交通卡应用的日成交笔数和金额相比，手机支付卡占了约0.002%。

2009年下半年，作为上海世博会主赞助商的中国移动公司上海公司也开始了手机支付的应用。首先其在上海地铁应用中实现了系统嵌入，在上海地铁站的部分闸机上实现了手机支付功能。随后，随着上海世博专线公交车的推出，2010年初，在世博专线的500多辆公交车上实现移动收费应用。截至目前，据不完全统计，手机支付在地铁应用日交易笔数为4000笔，日交易金额在15000元左右。

问题：结合以上案例，通过查找资料，了解手机卡支付采用了哪些技术？目前在手机卡支付中还存在哪些问题？

参考答案

☞ **知识题**

1. 判断题
(1) 对；(2) 对；(3) 错。

2. 选择题
(1) ABCDE；(2) ABD；(3) ABC。

☞ **技能题**

略。

☞ **案例题**

主要采用的技术有NFe技术和2.4G技术。主要存在的问题有：标准问题、支付卡的发行管理问题、结算问题、系统平台问题等。

第六章 网上贸易安全

 学习目标

- 了解网络安全的要求、内容及重要性
- 掌握常见的网络安全技术
- 能够进行网上贸易的交易安全管理

拼多多系统漏洞被"薅羊毛"损失千万

2019年1月20日凌晨,拼多多被传出现重大系统漏洞——用户可领取100元无门槛券。因此开始出现大批用户借此"薅羊毛",利用无门槛券下单虚拟商品,如充话费或Q币等,并一度有消息传出,拼多多将因此损失200亿元。巨大的"惊喜"引发大批用户开启"薅羊毛"的节奏,有的人用0.4元就充值了100元话费,疯狂者"一夜未眠",利用这一系统漏洞给自己储备好了够用十几年的话费,还有的人充值了Q币,并且晒出自己账户内超过50万的Q币余额。

针对此事,拼多多先后发布了两则官方声明。拼多多方面回应,1月20日凌晨,有"黑灰产"团伙通过一个过期的优惠券漏洞盗取数千万元平台优惠券,进行不正当牟利。针对此行为,拼多多已第一时间修复漏洞,并对涉事订单进行溯源追踪。同时拼多多已向公安机关报案,并将积极配合相关部门对涉事"黑灰产"团伙予以打击。

随后,拼多多又针对资损200亿元一事发表声明,称实际最终资损或低于千万元人民币,没想到在系统没有任何数据安全漏洞的情况下,"灰黑产"团伙还能利用规则漏洞薅走总价值数千万的无门槛券。"羊毛党"刚散,亡羊补牢中,拼多多已向警方报案,实际资损低于千万元。

(资料来源:搜狐网.拼多多被"黑灰产"团伙"薅羊毛"200亿[EB/OL].(2019-01-21).https://www.sohu.com/a/290396072_331495.)

在互联网有力地推动社会发展的同时,企业也面临着越来越严重的威胁和攻击。网络安全问题越来越受到重视。为了保证网上贸易的正常运作,必须高度重视安全问题。网络交易安全涉及社会的方方面面,这不仅仅是一堵防火墙或一个电子签名就能简单解决的问题。安全问题是网络成功交易的关键所在,它不仅关系到个人的资金安全、商家的货物安全,还关系到国家的经济安全、国家经济秩序的稳定。

第一节 网络贸易安全概述

一、网上贸易安全的重要性

网上贸易系统是一个活动在互联网平台上的涉及信息、资金和物资交易的综合交易系统,其安全对象不是一般的系统,而是一个开放的、人在其中频繁活动的、与社会系统紧密耦合的复杂系统。它是由商业组织本身(包括营销系统、支付系统、配送系统等)与信息技术系统复合构成的。而系统的安全目标与安全策略,是由组织的性质与需求决定的。因此必须先分析系统的安全风险,进而制订相应的安全保护措施。

(一) 在线交易主体的市场准入问题

在现行法律体制下,任何长期固定从事营利性事业的主体都必须进行工商登记。在网上贸易环境下,任何人不经登记就可以借助计算机网络发出或接收网络信息,并通过一定程序与其他人达成交易。虚拟主体的存在使网上贸易交易安全受到严重威胁。网上贸易交易安全首先要解决的问题就是确保网上交易主体的真实存在,其次要确定哪些主体可以进入虚拟市场从事在线业务。这两方面的问题需要依赖工商管理部门的网上商事主体公示制度和认证中心的认证制度加以解决。

(二) 信息风险

从买卖双方自身的角度观察,网络交易中的信息风险来源于用户以合法身份进入系统后,买卖双方都可能在网络上发布虚假的供求信息,或以过期的信息冒充现在的信息,以骗取对方的钱款或货物。虚假信息包括与事实不符和夸大事实两个方面,虚假事实可能是所宣传的商品或服务本身的性能、质量、技术标准等,也可能是政府批文、权威机构的检验证明、荣誉证书、统计资料等,还可能是不能兑现的允诺。例如,有些网络公司急于扩大自身影响、引起公众注意,在网络广告使用"中国第一""全国访问率最高""固定用户数量最多"等词语;有的甚至在网络广告发布过程中,违反有关法律和规章制度中的强制性规定,将含有淫秽、迷信、恐怖、暴力等不健康的内容直接在网上发布。从技术上看,网络交易的信息风险主要来自冒名偷窃、篡改数据、信息丢失等方面。

(三) 信用风险

信用风险主要来自三个方面:

(1) 来自买方的信用风险。对于个人消费者来说,可能存在在网络上使用信用卡进行支付时恶意透支,或使用伪造的信用卡骗取卖方货物的行为;对于集团购买者来说,存在拖延货款的可能,卖方需要为此承担风险。

(2) 来自卖方的信用风险。卖方不能按质、按量、按时寄送消费者购买的货物,或者不能完全履行与集团购买者签订的合同,造成买方的风险。

(3) 买卖双方都存在抵赖的情况。传统交易时,交易双方可以直接面对面地进行交易,信用风险比较容易控制。网上交易时,物流与资金流在空间上和时间上是分离的,因此如果没有信用保证,网上交易是很难进行的。加上网上交易一般是跨越时空的,交易双方很难面对面地交流,信用的风险就很难控制。这就要求网上交易双方必须有良好的信用,而且有一套有效的信用机制降低信用风险。

小应用 6.1

网上贸易信用风险是指由于网络交易的虚拟化和特殊性,其主体的信用信息不能为对方了解所引发的信用风险。从本质上讲,网络提供的是一个交易平台,双方不需要见面,网上贸易信用本质就是社会信用。因为涉及多个交易主体,网上贸易信用也可以转化为参与各方的信用,如果交易前能确定交易者的信用,那么风险自然也就降低了。

(四) 网上欺诈犯罪

骗子们利用人们的善良天性,在电子交易活动中频繁欺诈用户,利用网上贸易进行欺诈已经成为一种新型的犯罪活动。打击互联网欺诈行为对保证网上贸易正常发展具有重要的意义。不严厉打击这类犯罪活动,网上贸易就不可能顺利发展。

(五) 电子合同问题

在传统商业模式下,除即时结清或数额小的交易不需要记录外,一般都要签订书面合同,以在对方失信不履约时作为证据,追究对方的责任。而在在线交易情形下,所有当事人的意思表示均以电子化的形式存储于计算机硬盘或其他电子介质中。这些记录方式不仅容易被涂擦、删改、复制、遗失,而且不能脱离其记录工具(计算机)而作为证据独立存在。网上贸易法需要解决因电子合同与传统合同的差别而引起的诸多问题,突出表现在签名有效性、合同收讫、合同成立地点、合同证据等方面。

(六) 电子支付问题

在网上贸易简易形式下,支付往往采用汇款或交货付款方式,而典型的网上贸易则是在网上完成支付的。网上支付通过信用卡支付和虚拟银行的电子资金划拨来完成。而实现这一过程涉及网络银行与网络交易客户之间的协议、网络银行与网站之间的合作协议以及安全保障问题。因此,需要出台相应的法律,明确电子支付的当事人(包括付款人、收款人和银行)之间的法律关系,制定相关的电子支付制度,认可电子签名的合法性。同时,还应出台针对电子支付数据的伪造、变造、更改、涂消问题的处理办法。

(七) 在线消费者保护问题

在线市场的虚拟性和开放性、网上购物的便捷性使消费者保护成为突出的问题。在商业信用不高的状况下,网上出售的商品可能良莠不齐,质量难以让消费者信赖,而一旦出现质量问题,退赔、修理或其他方式的补救又很困难,方便的网络购物很可能变得不方便甚至使人敬而远之。法律需要寻求在网上贸易环境下执行《消费者权益保护法》的方法和途径,出台保护网络消费者的特殊法律,保障网上商品的质量,保证网上广告信息的真实性和有效性,解决由于交易双方信息不实或无效信息而发生的交易纠纷,切实维护消费者权益。

计算机和网络技术为人们获取、传递、复制信息提供了方便,但网络的开放性和互动性又给个人隐私保护带来麻烦。在线消费(购物或接受信息服务)均需要将个人资料传送给银行和商家,而对这些信息的再利用成为网络时代的"普遍现象"。如何规范银行和商家的利用行为、保护消费者的隐私权,成为一个新的棘手问题,这一问题的实质是消费者权益的深层次保护。

(八) 网上贸易中产品交付问题

在线交易的标的分为两种:一种是有形货物,另一种是无形的信息产品。应当说,有形货物的交付仍然可以沿用传统合同法的基本原则,当然,对于物流配送中引起的一些特殊问题,也要进行一些探讨。而信息产品的交付则具有不同于有形货物交付的特征,对于其权利的移转、退货、交付的完成等,需要有相应的安全保障措施。

鉴于上述对网上贸易安全风险来源的分析,我们必须对这些风险源引起的安全问题加以足够的重视,从而保证网上贸易交易的正常运转。

二、网上贸易安全的内容

(一) 网上贸易安全的要求

网上贸易发展的核心和关键问题是交易的安全性。互联网本身的开放性,使网上交易面临着种种危险,也由此产生了相应的安全控制要求。

1. 有效性

网上贸易的记录形式以电子形式取代了纸张,因此要对网络故障、操作错误、应用程序错误、硬件故障、系统软件错误及计算机病毒所产生的潜在威胁加以控制和预防,以保证贸易数据在确定的时间、确定的地点是有效的。

2. 机密性

作为贸易的一种手段,网上贸易的信息直接代表着个人、企业或国家的商业机密。网上贸易是建立在一个较为开放的网络环境上的(尤其是互联网),维护商业机密是网上贸易全面推广应用的重要保障。因此,要预防非法的信息存取以及避免信息在传输过程中被非法窃取。

3. 完整性

网上贸易简化了贸易的过程,减少了人为的干预,同时也带来维护贸易各方商业信息完整、统一的问题。贸易各方信息的完整性将影响到贸易各方的交易和经营策略,保持贸易各方信息的完整性是网上贸易应用的基础。因此,要预防对信息的随意生成、修改和删除,同时要防止数据传送过程中信息的丢失和重复。

4. 真实性和不可抵赖性的鉴别

网上贸易可能直接关系贸易双方的商业交易,如何确定要进行交易的贸易方正是进行交易所期望的贸易方,这一问题是保证网上贸易顺利进行的关键。在无纸化的网上贸易方式下,通过手写签名和印章进行贸易方的鉴别已是不可能的了。因此,要在交易信息的传输过程中为参与交易的个人、企业或国家提供可靠的标志。

小思考 6.1

网上贸易中的安全要求包括哪些方面?

答:网上贸易发展的核心和关键问题是交易的安全性。保证网上贸易中安全的要求包括:有效性、机密性、完整性、真实性和不可抵赖性的鉴别。

(二)网上贸易安全的内容

网上贸易系统是一个计算机系统,其安全性是一个系统的概念,不仅与计算机系统结构有关,还与网上贸易应用的环境、人员素质和社会因素有关。它包括网上贸易系统硬件安全、软件安全、运行安全、网上贸易安全立法。

(1)网上贸易系统硬件安全。硬件安全是指保护计算机系统硬件(包括外部设备)的安全,保证其自身的可靠性和为系统提供基本安全机制。

(2)网上贸易系统软件安全。软件安全是指保护软件和数据不被篡改、破坏和非法复制。系统软件安全的目标是使计算机系统逻辑上安全,主要是使系统中信息的存取、处理和传输满足系统安全策略的要求。

(3)网上贸易系统运行安全。运行安全是指保护系统能连续和正常地运行。

(4)网上贸易安全立法。网上贸易安全立法是对网上贸易犯罪的约束,它是利用国家机器,通过安全立法,体现与犯罪行为斗争的国家意志。

综上所述,网上贸易安全是一个复杂的系统问题。网上贸易安全立法与网上贸易应用的环境、人员素质、社会有关,基本上不属于技术上的系统设计问题,而硬件安全是目前硬件技术水平能够解决的问题。鉴于现代计算机系统软件的庞大性和复杂性,软件安全成为网上贸易系统安全的关键问题。

第二节　网上贸易安全技术与协议

一、防火墙技术

防火墙是目前用于保证网络安全的必备的安全软件,它通过对访问者进行过滤,可以使系统限定访客在一定的条件下可以进入自己的网络系统。当非法入侵者入侵时,就必须采用 IP 地址欺骗技术才能进入系统,增加了入侵的难度。

（一）防火墙的基本结构

1. 屏蔽路由器

屏蔽路由器是防火墙最基本的构件。它可以由厂家专门生产的路由器实现，也可以用主机来实现。屏蔽路由器作为内外连接的唯一通道，要求所有的报文都必须在此通过检查。路由器上可以安装基于IP层的报文过滤软件，实现报文过滤功能，如图6.1所示。单纯由屏蔽路由器构成的防火墙的危险区域包括路由器本身及路由器允许访问的主机。它的缺点是路由器一旦被控制后很难被发现，而且不能识别不同的用户。

2. 双宿主机防火墙

双宿主机防火墙是指用一台装有两张网卡的堡垒主机作为防火墙。两张网卡分别与受保护网和外部网相连。堡垒主机上运行着防火墙软件，可以转发应用程序、提供服务等，如图6.2所示。

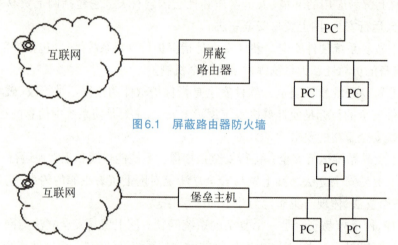

图6.1 屏蔽路由器防火墙

图6.2 双宿主机防火墙

堡垒主机的系统软件可用于维护系统日志、硬件复制日志或远程日志。这对日后检查很有用，但不能帮助网络管理者确认网中哪些主机可能被黑客入侵。其致命弱点是一旦入侵者侵入主机并使其只具有路由功能，则网上任何用户均可自由访问内网。

3. 屏蔽主机防火墙

一个分组过滤路由器连接外部网络，同时一个堡垒主机安装在内部网络上，通常在路由器上设立过滤原则，并使用这个堡垒主机成为外部网络唯一可直接到达的主机，确保了内部网络不受未被授权的外部用户的攻击，如图6.3所示。这种方法易于实现，也很安全，因此应用广泛。

4. 屏蔽子网防火墙

在内部网络和外部网络之间建立一个被隔离的子网，如图6.4所示，用两台分组过滤路由器将这个子网分别与内部网络和外部网络分开。在很多现实案例中，两个分组过滤路由器放在子网的两端，在子网内构成一个"非军事区"。有的屏蔽子网还设有一个堡垒主机作为唯一可访问点，支持终端交互或作为应用网关代理。这种配置的危险区域仅包括堡垒主机、子网主机及所有连接内网、外网和屏蔽子网的路由器。

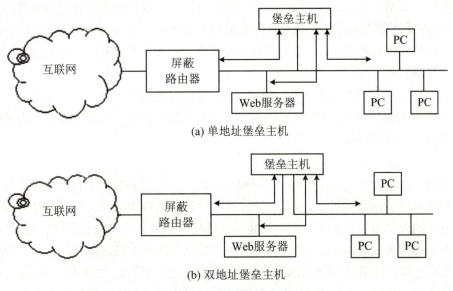

图6.3 屏蔽主机防火墙

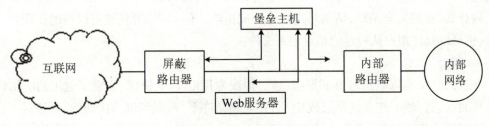

图6.4 屏蔽子网防火墙

(二) 防火墙技术

1. 数据包过滤技术

数据包过滤是在网络中适当的位置,依据系统内设置的过滤规则对数据包实施有选择性的通过。过滤规则通常称为访问控制表,只有满足过滤规则的数据包才被转发到相应的目的地,其余的数据包则从数据流中被删除。目前大多数的网络路由器设备都具备一定的数据包过滤能力,因而使路由器设备在完成路由选择和转发功能之外同时进行数据包过滤。

数据包过滤的依据有:IP源地址、IP目的地址、协议(表明数据包是TCP、UDP或ICMP包)、TCP或UDP源端口、TCP或UDP目的端口、ICMP消息类型等。

此外,路由器还知道某些没有反映在数据包报头中的关于数据包的信息,比如数据包到达的端口、数据包出去的端口等。

2. 数据包过滤原则

数据包过滤通过检查数据流中的每个数据包,根据数据包的源地址、目的地址和如上所述的多种信息或它们的组合来确定是否允许数据包通过。数据包过滤器在本地端接收数据包时,一般不保留上下文,只根据目前数据包的内容做决定。检查地址和端口VI号分别是网络层和传输层的功能。

屏蔽路由器对数据包的检测非常仔细,除了决定该数据包能否被它路由到目的地址之外,屏蔽路由器还要决定是否应该对这个数据包进行路由。是否对这个数据包进行路由是依据防火墙的安全规则而定的。管理员可以根据自己的安全规则来配置路由器。

3. 代理服务

代理服务是运行在防火墙主机上专门的应用程序或服务器程序,这些程序根据安全策略接收用户对网络服务的请求,并将它们转发到实际的服务。代理服务位于内部网络用户和外部服务之间,处理内部网络用户和外部服务之间的通信,以阻隔它们之间相互直接的通信。

代理服务要求有两个部件:一个是代理服务器,一个是代理客户。代理服务器是一个运行代理服务程序的网络主机;代理客户是普通客户程序的特别版本,它和代理服务器交互,而不与真正的外部服务器相连。所有跨越防火墙的网络通信链路分为两段:一是外部主机和代理服务器主机之间的连接,二是代理服务器主机与内部主机之间的连接。代理服务器检查来自代理客户的请求,并根据安全策略认可或否认这些请求。如果请求被认可,则代理服务器代表客户连接真正的服务器,并且转发代理客户到真正服务器的请求和真正服务器到代理客户的响应。代理服务器不仅能够转送用户的请求到真正的网络主机,还能够控制用户做什么,根据安全策略,请求可以被允许或拒绝。例如,FTP代理可以拒绝让用户输出文件,也可以允许用户从一定的站点输入文件。

4. 流过滤技术

"流过滤"结构以状态包过滤形态,通过内嵌专用的TCP协议,实现了通用的应用信息过滤机制。它仍然工作在链路层或IP层,在规则允许下,两端可以直接访问,但是对于任何一个被规则允许的访问,在防火墙内部都存在两个完全独立的TCP会话,数据以"流"的方式从一个会话流向另一个会话,因为防火墙的应用层策略位于流的中间,所以可以在任何时候代替服务器或客户端参与应用层的会话,从而起到与应用代理防火墙相同的对应用层的控制能力。采用流过滤机制,可以进行应用级插件的开发和升级,及时响应各种新的攻击方式,动态保护网络安全。

5. 智能防火墙技术

智能防火墙技术利用统计、记忆、概率和决策的智能方法对数据进行识别,以达到访问控制的目的。新的数学方法消除了匹配检查所需要的海量计算,高效发现网络行为的特征值,直接进行访问控制。智能防火墙的关键技术包括防攻击技术、防扫描技术、防欺骗技术、入侵防御技术、包擦洗和协议正常化技术及AAA技术等。

小应用 6.2

目前,市场上可选用的防火墙种类很多,仅NetScreen公司的防火墙产品就有十余种。国内获得公安部许可证的防火墙产品已有几十种,如网络卫士、蓝盾、神州数码等。这些新型防火墙具有简单易用的Web界面,没有用户限制,支持多用户身份认证,检测黑客攻击手段有几十种,可以有效地防止黑客攻击。

二、加密技术

(一) 加密的概念

数据加密的基本过程就是对原来为明文的文件或数据按某种算法进行处理,使其成为不可读的代码,通常称为"密文",而且要做到只能在输入相应的密钥之后才能显示出本来内容,通过这样的途径来达到保护数据不被非法窃取、阅读的目的。

一个加密系统数学符号描述如下:

$$S=\{P,C,K,E,D\}$$

其中:P——明文,也就是原文,是需要加密的信息;C——密文,是P经过加密后产生的信息;K——密钥,是密码算法中的一个参数;E——加密算法;D——解密算法。

对每个密钥K,都有对应的Ek和Dk,并且满足$C=E_k(P)$和$P=D_k(C)$。现代密码学的一个基本原则是一切秘密应寓于密钥之中,即在设计加密系统时,总是假定密码算法是公开的,真正需要保密的是密钥。

(二) 现代密码体制

1. 对称密码体制和非对称密码体制

根据密码算法使用的加密密钥和解密密钥是否相同,将密码体制分为对称和非对称两种。对称密码体制又称为秘密密码体制,加密密钥和解密密钥相同或者一个可由另一个导出(见图6.5)。这种体制需要有可靠的密钥传递渠道,常用的算法有DES、IDEA、AES等。

DES算法属于分组加密算法,在20世纪70年代中期由美国IBM公司的一个密码算法发展而来。在这个加密系统中,每次加密或者解密的分组大小是64位,所以DES没有密文扩充问题。

图6.5 对称加密技术的工作原理

非对称密码体制称为公开密码体制,即加密密钥公开,解密密钥不公开。非对称密码体制适用于开放的使用环境,密钥管理相对简单,但工作效率低于对称密码体制(见图6.6)。常用的算法有RSA、LUC、椭圆曲线等。

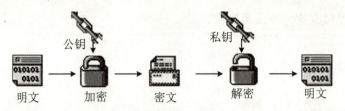

图6.6 非对称加密技术的工作原理

小思考6.2

对称密钥和非对称密钥的典型算法是什么?

答:对称密钥的典型算法是DES,对N个用户来说,需要$N(N-1)/2$对密钥;非对称密钥的典型算法是RSA,对N个用户来说,需要N对密钥。

2. 分组密码体制和序列密码体制

按照根据密码算法对明文信息的加密方式进行分类的方法,如果密文仅与给定的密码算法和密钥有关,与被处理的明文数据段在整个明文或者密文中所处位置无关,则称为分组密码体制。分组密码体制是将明文分为固定长度的组,如64位一组,用同一密钥和算法对每一组加密,输出同为固定长度的密文。

如果密文不仅与给定的密码算法和密钥有关,同时也是被处理的明文数据段在整个明文或者密文中所处位置的函数,则称为序列密码体制。序列密码的关键技术是伪随机序列产生器的设计。

3. 加密技术中的摘要函数

摘要是一种防止改动的方法,其中用到的函数叫作摘要函数。这些函数的输入可以是任意大小的消息,而输出是一个固定长度的摘要。摘要有这样一个性质,如果改变了输入消息中的任何东西,甚至只有一位,那么输出的摘要将会发生不可预测的改变,也就是说输入消息的每一位对输出摘要都有影响。总之,摘要算法从给定的文本块中产生一个数字签名(Fingerprint或Message Digest),数字签名可以用于防止有人从一个签名上获取文本信息或改变文本信息内容和进行身份认证。摘要算法的数字签名原理在很多加密算法中都被使用,如SO/KEY和PGP(Pretty Good Privacy)。

三、数字签名

(一)数字签名的含义

对文件进行加密只解决了传送信息的保密问题,而防止他人对传输文件进行破坏以及如何确定发信者的身份还需要采取其他的手段,这种手段就是数字签名。

在网上贸易安全保密系统中,数字签名技术有着特别重要的地位,在网上贸易安全服务中的源鉴别、完整性服务、不可否认服务中,都要用到数字签名技术。

在日常的社会生活和经济往来中,签名盖章和签名识别是一个非常重要的环节。数字签名和书面签名有相同之处,采用数字签名,能确认以下两点:一是信息是由签名者发送的,二是信息从签发到收到为止未曾做过任何修改。因此,数字签名可用来防止电子信息因易被修改而有人作伪,或冒用别人名义发送信息,或发出(收到)信件后又加以否认等情况发生。

联合国国际贸易法委员会《网上贸易示范法》第7条的规定给了数字签名一个非形式化的定义:数字签名系指在数据电文中,以电子形式所含、所附或在逻辑上与数据电文有联系的数据,和与数据电文有关的任何方法,它可用于数据电文有关的签名持有人和表明此人认可数据电文所含信息。

一个签名方案由签署算法与验证算法两部分构成,可用五元关系组(P、A、K、S、V)表示,其中P是由一切可能消息构成的有限集合;A是一切可能签名的有限集合;K是有限密钥空间及一些可能密钥的有限集合;S是签署算法集合;V是验证算法集合。

(二) 数字签名的使用原理

安全的数字签名使接收方可以确认文件确实来自声称的发送方。鉴于签名私钥只有发送方自己保存,他人无法做一样的数字签名,因此不能否认他参与了交易。

数字签名使用的是发送方的密钥对,发送方用自己的私有密钥进行加密,接受方用发送方的公开密钥进行解密。这是一对多的关系,任何拥有发送方公开密钥的人都可以验证数字签名的正确性。

在实际应用过程中,通常一个用户拥有两个密钥对,一个密钥对用来对数字签名进行加密解密,另一个密钥对用来对私有密钥进行加密解密,如图6.7所示。

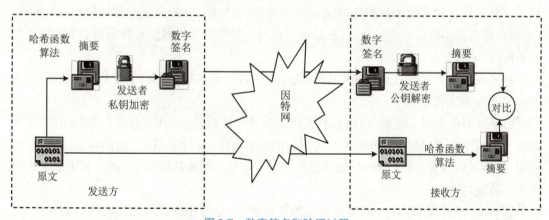

图6.7 数字签名和验证过程

利用哈希函数进行数字签名和验证的文件传输过程如下:
(1) 发送方首先用哈希函数将需要传送的消息转换成报文摘要。
(2) 发送方采用自己的私有密钥对报文摘要进行加密,形成数字签名。
(3) 发送方把加密后的数字签名附加在要发送的报文后面,传递给接收方。

(4) 接收方使用发送方的公有密钥对数字签名进行解密,得到发送方形成的报文摘要。

(5) 接收方用哈希函数将接收到的报文转换成报文摘要,与发送方形成的报文摘要相比较,若相同,说明文件在传输过程中没有被破坏。

四、认证技术

网上交易的买卖双方在进行每一笔交易时,都要鉴别对方是否是可信的。例如,甲方收到了带有乙方数字签名的一封信,用属于乙方的公钥解密,甲方要确定公钥属于乙方,而不是在网上冒充乙方的其他人。一种确定公钥属于乙方的办法就是通过秘密途径接收由乙方亲自送来的公钥,这种办法在实际的交易中显然是不现实的。如果交易的甲乙双方通过互联网获取各自的公共密钥(这种办法是可行的),则他们需要对这些密钥进行验证。甲方不能简单地向乙方询问其公共密钥,因为在网络上可能存在第三者截获甲方的请求,并发送它自己的公共密钥,借以阅读甲方传送给乙方的所有消息。因此,需要一个第三方来验证公钥确实是属于乙方的,这样的第三方被称为"认证机构"(Certificate Authority,CA)。通过认证机构来认证买卖双方的身份,是保证网络交易安全的重要措施。

(一)数字证书

根据联合国《电子签名示范法》第1条,证书是指可证实签名人与签名生成数据有联系的某一数据电文或其他记录。

最常用的CA证书是数字证书。数字证书作为网上交易双方真实身份证明的依据,是一个经证书授权中心(CA)数字签名的、包含证书申请者(公开密钥拥有者)个人信息及其公开密钥的文件。基于公开密钥体制(PKI)的数字证书是网上贸易安全体系的核心,用途是利用公共密钥加密系统来保护与验证公众的密钥,由可信任的、公正的权威机构CA颁发。CA对申请者提供的信息进行验证,然后通过向网上贸易各参与方签发数字证书来确认各方的身份,保证网上支付的安全性。

数字证书按照不同的分类有多种形式,如个人数字证书和单位数字证书、SSL数字证书和SET数字证书等。

数字证书由两部分组成:申请证书主体的信息和发行证书的CA签名(见图6.8)。证书数据包含版本信息、证书序列号、CA所使用的签名算法、发行证书CA的名称、证书的有效期限、证书主体名称、被证明的公钥信息。发行证书的CA签名包括CA签名和用来生成数字签名的签名算法。

客户向CA申请证书时,可提交自己的驾驶执照、身份证或护照,经验证后,颁发证书,以此作为网上证明自己身份的依据。

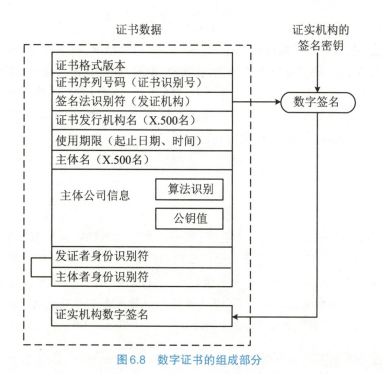

图6.8 数字证书的组成部分

小思考6.3

数字证书一般包括哪些内容?

答:版本信息、证书序列号、CA所使用的签名算法、发行证书CA的名称、证书的有效期限、证书主体名称、被证明的公钥信息。发行证书的CA签名包括CA签名和用来生成数字签名的签名算法。

(二)认证机构

认证机构在网上贸易中具有特殊的地位。它是为了从根本上保障网上贸易交易活动顺利进行而设立的,主要用于解决网上贸易活动中交易参与各方身份、资信的认定,维护交易活动的安全。CA是提供身份验证的第三方机构,由一个或多个用户信任的组织实体构成。例如,持卡人要与商家通信,持卡人从公开媒体上获得了商家的公开密钥,但持卡人无法确定商家是否为冒充的(或是否是有信誉的),于是持卡人请求CA对商家认证,CA对商家进行调查、验证和鉴别后,将包含商家公钥的证书传给持卡人。同样,商家也

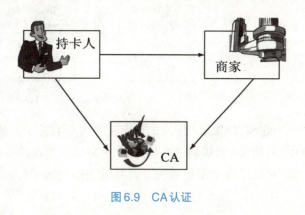

图6.9 CA认证

可对持卡人进行验证,如图6.9所示。

CA的功能主要包括:接收注册请求,处理、批准/拒绝请求,颁发证书。在实际运作中,CA也可由大家都信任的一方担当。例如,在客户、商家、银行三角关系中,客户使用的是某个银行发的卡,而商家又与此银行有业务关系(有账号)。在此情况下,客户和商家都信任该银行,可由该银行担当CA角色,接收、处理他的卡客户证书和商家证书的验证请求。又例如,商家自己发行的购物卡,则可由商家自己担当CA角色。

小应用 6.3

目前,国内的CA中心一般有3种类型:第一类是行业型CA,如国家金融中心、中国电信、中国邮政、中国海关等;第二类是区域型CA,如广东电子商务认证中心的"网证通"认证体系(广东CA)和SHECA的UCA协卡认证体系(上海CA);第三类是商业型CA,如天威诚信,以可信第三方的身份提供商业化PKI/CA服务。一般,CA中心所提供的安全认证产品和服务主要有:个人证书、服务器证书、企业PKI解决方案(安证通)等。

(三) 网上贸易的CA认证体系

网上贸易CA认证体系包括两大部分,即符合SET标准的SET CA认证体系(又叫"金融CA"体系)和基于X.509的PKI CA体系(又叫"非金融CA"体系)。

(1) SET CA认证体系。1997年2月19日,由MasterCard和Visa发起成立Setco公司,被授权作为SET根认证中心(Root CA)。从SET协议中可以看出,由于采用公开密钥加密算法,CA就成为整个系统的安全核心。SET中CA的层次结构如图6.10所示。

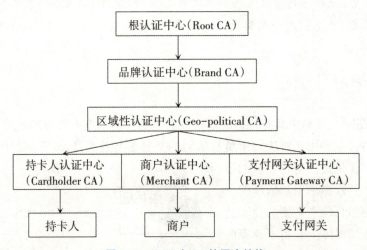

图6.10 SET中CA的层次结构

在SET中,CA颁发的数字证书主要有持卡人证书、商户证书和支付网关证书。在证书中,利用X.500识别名来确定SET交易中涉及的各参与方。SET CA是一套严密的认证体系,可保证B2C类型的网上贸易安全顺利地进行。但SET认证结构适应于卡基支付,对其他支付方式是有所限制的。

（2）PKI CA体系。PKI（Public Key Infrastructure）是提供公钥加密和数字签名服务的安全基础平台，目的是管理密钥和证书。PKI是创建、颁发、管理、撤销公钥证书所涉及的所有软件、硬件的集合体，它将公开密钥技术、数字证书、证书发放机构和安全策略等安全措施整合起来，成为目前公认的在大型开放网络环境下解决信息安全问题最可行、最有效的方法。

PKI是网上贸易安全保障的重要基础设施之一。它具有多种功能，能够提供全方位的网上贸易安全服务，图6.11所示为PKI的主要功能和服务的汇总。

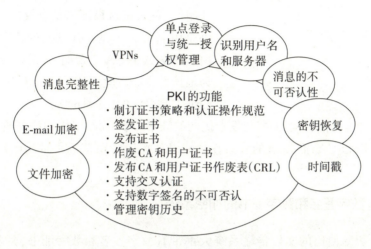

图6.11　PKI的主要功能和服务

一个典型的PKI应用系统包括五个部分：密钥管理子系统（密钥管理中心）、证书受理子系统（注册系统）、证书签发子系统（签发系统）、证书发布子系统（证书发布系统）、目录服务子系统（证书查询验证系统）。图6.12所示为PKI体系的构成。

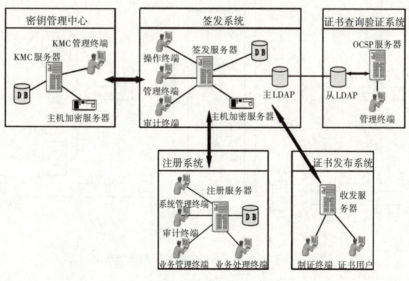

图6.12　PKI体系的构成

(四)证书的树形验证结构

在双方通信时,可以通过出示由某个CA签发的证书来证明自己的身份,如果对签发证书的CA本身不信任,则可验证CA的身份。以此类推,一直到公认的权威CA处,就可确信证书的有效性。SET证书正是通过信任层次来逐级验证的。每一个证书与数字化签发证书的实体签名证书关联。沿着信任树一直到一个公认的信任组织,就可确认该证书是有效的。例如,C的证书是由名称为B的CA签发的,而B的证书又是由名称为A的CA签发的,A是权威机构,通常称为根认证中心。验证到了Root CA处,就可确信C的证书是合法的(见图6.13)。

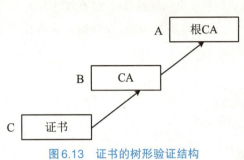

图6.13 证书的树形验证结构

在网上购物中,持卡人的证书与发卡机构的证书关联,而发卡机构证书通过不同品牌卡的证书连接到Root CA,而Root的公共签名密钥对所有的SET软件都是已知的,可以校验每一个证书。

(五)带有数字签名和数字证书的加密系统

安全网上贸易使用的文件传输系统大都带有数字签名和数字证书,其基本流程如图6.14所示。

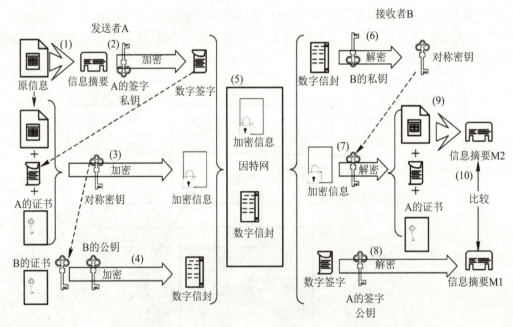

图6.14 带有数字签名和数字证书的加密系统

由图6.14可知,整个文件加密传输分为十个步骤:

(1)在发送方的网站上,将要传送的信息通过哈希函数变换为预先设定长度的报文摘要。

(2) 利用发送方的私钥给报文摘要加密,结果是数字签名。

(3) 将数字签名和发送方的认证证书附在原始信息上打包,使用DES算法生成的对称密钥在发送方的计算机上为信息包加密,得到加密信息包。

(4) 用预先收到的接收方的公钥为对称密钥加密,得到数字信封。

(5) 加密信息和数字信封合成一个新的信息包,通过互联网将加密信息和数字信封传到接收方的计算机上。

(6) 用接收方的私钥解密数字信封,得到对称密钥。

(7) 用还原的对称密钥解密加密信息,得到原始信息、数字签名和发送方的认证证书。

(8) 用发送方公钥(置于发送方的认证证书中)解密数字签名,得到报文摘要。

(9) 将收到的原始信息通过哈希函数变换为报文摘要。

(10) 将第8步和第9步得到的信息摘要加以比较,以确认信息的完整性。

五、网上贸易安全协议

网上贸易的安全机制在逐渐走向成熟,为了保证电子交易安全进行,国际上逐渐形成了交易规范和标准。其中,安全套接层(Secure Sockets Layer,SSL)协议和安全电子交易(Secure Electronic Transaction,SET)协议是安全交易体系中具有代表性的两种交易规范。

(一) SET安全协议

SET安全协议是由MasterCard和Visa两个国际信用卡组织与技术合作伙伴Microsoft、VeriSign、GTE、IBM、Terisa System、Netscape、SAIC等一批跨国公司共同开发的。它是一种应用于互联网并以信用卡为基础的电子交付系统协议,采用公共密钥体制(PKI)和 X.509数字证书标准。它主要应用于B2C的网上贸易模式中,目的是解决用户、商家和银行之间通过信用卡进行支付的交易问题,由VISA和MasterCard两大信用卡公司于1997年合作订立。SET协议是目前公认的用借记卡/信用卡进行网上交易的国际安全交易标准。

(1) SET协议的工作目标。可以保证交易信息在传输过程中具有保密性和完整性,在接收到信息后,可以验证信息的真实性和不可否认性。

(2) SET协议的优缺点。优点:SET协议为用户提供了更好的安全保护,SET协议为商家提供了保护自己的手段。缺点:必须安装软件、发放证书,因而比SSL昂贵得多。

(二) SSL安全协议

SSL安全协议是由Netscape于1994年底首先推出的,它的主要目的是解决互联网上信息传输的安全性问题。它可以使客户机/服务器应用之间的通信不被窃听,并始终对服务器进行认证,同时还可以选择对客户进行认证。SSL协议处于TCP/IP协议与各种应用层协议之间,它属于传输层的安全机制,能够对TCP/IP以上的网络应用协议传输起到保护作用。安全套接层协议SSL被广泛应用于网上贸易的网上购物中。

(1) SSL协议的工作原理。当用户使用浏览器浏览网页时,浏览器可以利用HTTP协议与Web服务器进行会话。也就是说,SSL是采用TCP作为传输协议来为信息的传输和接收提供可靠性的。

(2) SSL协议的优缺点。优点:支持多种加密算法,实现过程简单、方便。缺点:只能建立两点之间的安全连线。

第三节　网上贸易的交易安全管理

一、网络交易系统的安全管理制度

网络交易系统安全管理制度是用文字形式对各项安全要求所做的规定,它是保证企业网络营销取得成功的重要基础工作,是企业网络营销人员安全工作的规范和准则。企业在参与网络营销伊始,就应当形成一套完整的、适应于网络环境的安全管理制度。这些制度应当包括人员管理制度、保密制度、跟踪审计制度、系统维护制度、数据备份制度、病毒定期清理制度等。

(一) 人员管理制度

参与网上交易的经营管理人员在很大程度上支配着企业的命运,他们面临着防范严重的网络犯罪的任务。而计算机网络犯罪同一般犯罪不同的是,其具有智能性、隐蔽性、连续性、高效性的特点。因此,加强对有关人员的管理变得十分重要。首先,要对有关人员进行上岗培训。其次,落实工作责任制,对违反网上交易安全规定的行为应坚决进行打击,对有关人员要进行及时的处理。最后,要贯彻网上交易安全运作的基本原则:① 双人负责原则。重要业务不要安排一个人单独管理,实行两人或多人相互制约的机制。② 任期有限原则。任何人不得长期担任与交易安全有关的职务。③ 最小权限原则。明确规定只有网络管理人员才可进行物理访问,只有网络管理人员才可进行软件安装工作。

(二) 保密制度

网上交易时涉及企业的市场、生产、财务、供应等多方面的机密,必须实行严格的保密制度。保密制度需要很好地划分信息的安全级别,确定安全防范重点,并提出相应的保密措施。信息的安全级别一般可分为三级:① 绝密级,如公司战略计划、公司内部财务报表等。这一部分网址、密码不在互联网上公开,只限于公司高层人员掌握。② 机密级,如公司的日常管理情况、会议通知等。这一部分网址、密码不在互联网上公开,只限于公司中层及以上人员使用。③ 秘密级,如公司简介、新产品介绍及订货方式等。这一部分网址、密码在互联网上公开,供消费者浏览,但必须有保护程序,防止"黑客"入侵。

保密工作的另一个重要问题是对密钥的管理。大量的交易必然使用大量的密钥,密钥管理贯穿于密钥产生、传递和销毁的全过程。密钥需要定期更换,否则可能使"黑客"通过积累密文增加破译机会。

(三) 跟踪、审计、稽核制度

跟踪制度是要求企业建立网络交易系统日志机制,用来记录系统运行的全过程。系统日志文件是自动生成的,其内容包括操作日期、操作方式、登录次数、运行时间、交易内容等。它对系统的运行进行监督、维护分析、故障恢复,这对于防止案件的发生或在案件发生后,为侦破工作提供监督数据,起着非常重要的作用。

审计制度包括经常对系统日志的检查、审核,及时发现对系统故意入侵行为的记录和对系统安全功能违反的记录,监控和捕捉各种安全事件,保存、维护和管理系统日志。

稽核制度是指工商管理、银行、税务人员利用计算机及网络系统,借助于稽核业务应用软件调阅、查询、审核、判断辖区内各网上贸易参与单位业务经营活动的合理性、安全性,堵塞漏洞,保证网上交易安全,发出相应的警示或做出处理处罚有关决定的一系列步骤及措施。

(四) 网络系统的日常维护制度

对于企业的网上贸易系统来说,企业网络系统的日常维护就是针对内部内联网(Intranet)的日常管理和维护,它是一项非常繁重的工作,因为计算机主机机型和其他网络设备多。网络系统的日常维护可以从以下几个方面进行。

1. 硬件的日常管理和维护制度

用户通过自己的互联网参与网上贸易,其日常管理和维护非常重要,特别是对那些运行关键任务的企业内部网,如银行、税务等。

网管人员必须建立系统档案,其内容应包括设备型号、生产厂家、配置参数、安装时间、安装地点、IP地址、上网目录和内容等。对于服务器和客户机还应记录内存、硬盘容量和型号、终端型号及数量、多用户卡型号、操作系统名、数据库名等。这些内容可存于小型数据库中,以方便查询和管理。

对于网络设备,一般都有相应的网管软件,可以做到对网络拓扑结构的自动识别、显示和管理,网络系统结点配置与管理系统故障诊断等,还可以进行网络系统调优、负载平衡等。对于不可管设备,应通过手工操作来检查状态,做到定期检查和随机抽查相结合,以便及时准确地掌握网络的运行状况,一旦有故障发生能及时处理。

对于内部线路,应尽可能采用结构化布线。虽然采用布线系统在初期会增加投资,但可大大降低网络故障率,有故障时也易排除。

2. 软件的日常维护和管理制度

(1) 支撑软件的管理和维护。支撑软件包括操作系统、数据库和开发工具等,一般需进行以下维护工作:① 定期清理日志文件、临时文件;② 定期执行整理文件系统;③ 检测服务器上的活动状态和用户注册数;④ 处理运行中的死机情况。

(2) 应用软件的管理和维护。应用软件的管理和维护主要是版本控制。设置一台安装服务器,当远程客户机软件需要更新时,可从网络上远程安装。注意选择在网络负载较低时进行,以免影响网络的正常运行。

3. 数据备份制度

每个系统都设置了若干角色,用户管理等任务就是添加或者删除用户和用户组号。如果添加一个用户,那么需先在客户机上添加用户并分配组号,然后在服务器数据库上添加用户并分配组号,最后分配该用户的访问权限。

(五)病毒防范制度

病毒防范是保证网上交易很重要的一个方面。如果网上信息及交易活动遭到病毒袭击,那么将阻碍和破坏网上交易的顺利开展,因此必须建立病毒防范措施,做到如下几点,使计算机始终处于良好的工作状态,从而保证网上交易的正常进行。

1. 给电脑安装防病毒软件

防病毒软件有两种:一种是单机版防病毒软件,另一种是联机版防病毒软件。前者是以事后消毒为原理的,当系统被病毒感染之后才能发挥这种软件的作用,适合于个人用户。后者属于事前的防范,其原理是在网络端口设置一个病毒过滤器,即事前在系统上安装一个防病毒的网络软件,它能够在病毒入侵系统之前,将其挡在系统外边。

2. 不打开陌生电子邮件

电子邮件传播病毒的关键是附件,最好不要在进行网络交易时打开陌生电子邮件。

3. 认真执行病毒定期清理制度

许多病毒都有一个潜伏期,因此有必要实行病毒定期清理制度清除处于潜伏期的病毒,防止病毒的突然暴发。

4. 控制权限

将网络系统中易感染病毒的文件属性、权限加以限制,对各终端用户允许只读权限,断绝病毒入侵的渠道。

5. 高度警惕网络陷阱

对非常诱人的广告和免费使用的承诺应保持高度警惕。

小思考 6.4

企业在防范安全风险的时候,应建立怎样的病毒防范措施?

答:病毒防范措施包括:给电脑安装防病毒软件;不打开陌生电子邮件;认真执行病毒定期清理制度;控制权限;高度警惕网络陷阱。

(六)应急措施

在计算机灾难事件发生时,利用应急计划辅助软件和应急设施排除灾难和故障,保障计算机继续运行。灾难事件包括:自然灾害直接导致的系统不能运行;发电厂事故、信息服务商的问题导致的系统非正常运行;计算机本身发生的数据丢失等,其恢复工作包括硬件恢复和数据恢复。一般来讲,数据的恢复更为重要,目前运用的数据恢复技术主要是瞬时复制技术、远程磁盘镜像技术和数据库恢复技术。

1. 瞬时复制技术

瞬时复制技术就是使计算机在某一灾难时刻自动复制数据的技术。现有的一种瞬时复制技术是通过使用磁盘镜像技术来复制数据,它利用空白磁盘和每一个数据磁盘相连,将数据拷贝到空白磁盘。在拷贝过程中,为保证数据的一致性,使用数据的应用程序被暂时挂起。当复制完成时,瞬时复制磁盘与数据磁盘脱离连接,应用程序继续运行。瞬时复制的备份数据可以用来产生磁带备份或用作远程恢复结点的基本数据。目前,大部分的系统厂商、存储设备供应商和软件开发商已利用这一技术开发了多种瞬时复制产品。

2. 远程磁盘镜像技术

远程磁盘镜像技术是在远程备份中心提供主数据中心的磁盘镜像。这种技术最主要的优点是可以把数据中心磁盘中的数据复制到远程备份中心,而不需要考虑数据在磁盘上是如何组织的。系统管理员仅需要确定哪些磁盘需要备份到远程备份中心,存储在这些磁盘上的数据会被自动地备份到远程备份中心,这对应用系统的安全非常有利。

3. 数据库恢复技术

数据库恢复技术是产生和维护一份或多份数据库数据的复制。这种技术为用户提供了更大的灵活性。数据库管理员可以准确地选择哪些数据可以被复制到哪些地方。对于那些在日常应用中经常使用大量联机数据的用户,可以选择少量最为关键的进行复制,它比磁盘镜像更加灵活,支持对数据的多个复制,同时可以选择哪些数据可以被复制到哪些地方。

数据库复制技术为用户提供了非常灵活的手段,可在灾难发生后恢复应用数据,但它还不是完整的解决方案,必须用其他方法作为补充,因为数据库复制技术不能复制非数据库格式的数据。一些应用系统的主要数据存储于数据库,但通常也使用大量的常规文件。对于一些非常重要的数据或从数据库生成的数据,通常存放在文件中,有些应用系统的数据不能转换成数据库数据,配置文件、批量控制文件、应用程序的镜像和其他管理文件通常也不以数据库格式存储。所以,将数据库复制技术与远程磁盘镜像技术配合使用,常常可以获得更好的效果。

二、计算机系统的安全设置

(一) 系统的安全隐患

系统的安全隐患主要体现在以下几个方面。

1. 互联网的安全问题

互联网的最大特点就是具有开放性和进行资源共享。当某位用户不采取任何安全措施时,其他用户就可以非常方便地访问他的计算机。

2. 操作系统的安全问题

操作系统是开展网上贸易非常重要的软件支持平台,它的安全功能不全或设计存在漏洞,会给网上贸易的开展造成很大的不安全性,如 Windows 系统经常需要打补丁程序。另外,操作系统的许多缺省值已经被网络入侵者盯上,作为侵入网络的突破口。

3. 应用软件的安全问题

网上贸易中的许多数据库供用户、合作伙伴以及交易方共享,其中存在着大量的重要信息资源。各个用户在共享这些资源时,可能会出现越权访问,对数据库进行更改和破坏。

(1) Cookie程序。这种小程序可以提供方便高效的服务,但有些商家、ISP和网络入侵者利用该程序获取用户个人信息。

(2) Java应用程序。Java技术存在漏洞,入侵者可以利用这些漏洞进入提供网络服务的服务器,监听其他用户、获取用户电子邮件地址等。

(3) IE浏览器。IE浏览器存在安全漏洞,网管可以通过它进入用户的计算机,并访问计算机中的文件。

4. 通信传输协议的安全问题

互联网上使用的传输协议或多或少存在漏洞,从而给网上贸易的正常交易造成了一定的不安全因素。以TCP/IP协议为例,该协议在传输过程中,本身的信息没有经过任何加密措施,这样,网络入侵者就能轻易地读取其中的内容,获取用户计算机和服务器的信息。

5. 网络安全管理问题

网络安全管理的问题主要体现在许多信息系统缺少安全管理员、缺少信息系统安全管理的技术规范、缺少定期的安全测试和检查、缺少安全审计等。

(二) 系统的安全设置

Internet Explorer(IE)是使用最广泛的浏览器,它使用方便、功能强大,但由于它支持JavaScript脚本和Active X控件等元素,使得在利用它浏览网页时留下了很多安全隐患。在这里简单介绍IE的安全配置手段,但注意利用网页进行攻击是很难防范的,没有特别有效的方法,而且安全的配置都是以失去很多功能为代价的。

1. 管理Cookie的技巧

在IE中,"工具"菜单的"Internet属性"中的"隐私"标签专门用来管理Cookie,可以发现Cookie有六个安全级别:"阻止所有Cookie""高""中高""中""低""接受所有Cookie"(默认级别为"中"),分别对应从严到松的Cookie策略,我们可以根据需要方便地进行设定。对于一些特定的网站,单击"编辑",还可以将其设定为"一直允许或拒绝使用Cookie"。

通过IE的Cookie策略,就能个性化地设定浏览网页时的Cookie规则,更好地保护自己的信息,增加使用IE的安全性。例如,在默认级别"中"时,IE允许网站将Cookie放入自己的电脑,但拒绝第三方的操作。

2. 禁用或限制使用Java、Java小程序脚本、Active X控件和插件

互联网上经常使用Java、Java小程序脚本、Active X编写脚本,它们可能会获取用户的用户标志、IP地址和口令等信息,影响系统的安全。因此,应对Java、Java小程序脚本、Active X控件和插件的使用进行限制。选中IE"工具"菜单的"Internet属性"中的"安全"标签,在这里,IE将互联网划分为四个区域:"Internet""本地Intranet""受信任的站点"和"受限制的站点",如图6.15所示。用户可以将网站分配到具有适当安全级的区域。通过图6.15所

示的"自定义级别",对不同的区域设置不同的安全级别。

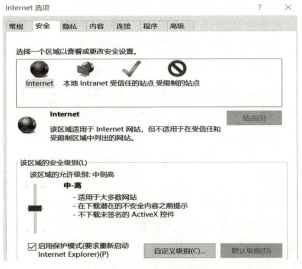

图6.15 安全级别

打开"自定义级别"进行设置,如图6.16所示。安全级别包括"Active X控件和插件""脚本""下载""用户验证""其他"等五项,每一项均可展开进行详细配置,对于一些不安全或不太安全的控件或插件以及下载操作,应该予以禁止、限制或至少要进行提示。例如,在设置"Script Active X controls marked safe for scripting"(对标记为可安全执行Active X控件执行脚本)项的时候,可根据信任级别来选择允许、禁止或提示,默认情况为允许。

图6.16 禁用或限制使用Java、Java小程序脚本

三、调整自动完成功能的设置

缺省条件下,用户在第一次使用Web地址、表单、表单的用户名和密码后(如果同意保存密码),在下一次进入同样的Web页面及输入密码时,只需输入开头部分,后面部分就会自动完成,给用户带来了便利,但同时也带来了安全问题。

可以通过调整"自动完成"功能的设置来解决该问题。可以做到只选择针对Web地址、表单和密码使用"自动完成"功能,也可以只在某些地方使用此功能,还可以清除任何项目的历史记录。具体设置方法如下:

(1) 在Internet Explorer的"工具"菜单上单击"Internet选项"。
(2) 单击"内容"标签。
(3) 在"个人信息"区域单击"自动完成"。
(4) 选中要使用的"自动完成"选项的复选框。

为了安全起见,防止泄露自己的一些信息,应该定期清除历史记录,这时只需在第四步点击"清除表单"和"清除密码"按钮即可。

第四节 安全工具的应用

一、防病毒软件的安装与更新

360杀毒是360安全中心出品的一款免费的云安全杀毒软件。360杀毒具有以下优点:查杀率高、资源占用少、升级迅速等。同时,360杀毒可以与其他杀毒软件共存,是一个理想的杀毒备选方案。360杀毒是一款一次性通过VB100认证的国产杀毒软件。

(一) 软件安装

要安装360杀毒,首先通过多特软件站或360杀毒官方网站(sd.360.cn)下载最新版本的360杀毒安装程序。

下载完成后,运行安装程序,点击"下一步"。阅读许可协议,并点击"我接受",然后单击"下一步",如果不同意许可协议,则可点击"取消"退出安装,如图6.17所示。

可以选择将360杀毒安装到具体的目录下,建议按照默认设置即可;也可以点击"浏览"按钮选择安装目录。然后,点击"下一步",会出现一个窗口,输入想在开始菜单显示的程序组名称,然后点击"安装",安装程序会开始复制文件。

文件复制完成后,会显示安装完成窗口,点击"完成",360杀毒就成功地安装到计算机上了。

图6.17　360杀毒安装界面

（二）软件卸载

在Windows的开始菜单中，点击"开始"→"程序"→"360杀毒"→"卸载360杀毒"菜单项，如图6.18所示。

图6.18　卸载360杀毒软件

360杀毒会询问是否要卸载程序，点击"是"开始进行卸载，卸载程序会开始删除程序文件。

在卸载过程中，卸载程序会询问是否删除文件恢复区中的文件。如果准备重装360杀毒，那么建议选择"否"以保留文件恢复区中的文件；否则，请选择"是"，删除文件。

卸载完成后，会提示重启系统。可根据自己的情况选择是否立即重启。如果准备立即重启，那么请关闭其他程序，保存正在编辑的文档、游戏的进度等，点击"完成"按钮以重启系统。重启之后，360杀毒卸载完成。

（三）病毒查杀

360杀毒具有实时病毒防护和手动扫描功能，为系统提供全面的安全防护。

实时防护功能在文件被访问时对文件进行扫描，及时拦截活动的病毒。在发现病毒时，软件会通过提示窗口警告。

360杀毒提供了四种手动病毒扫描方式:快速扫描、全盘扫描、指定位置扫描、右键扫描,如图6.19所示。

图6.19　360杀毒的扫描方式

(1)快速扫描。快速扫描主要是扫描Windows系统目录及Program Files目录。

(2)全盘扫描。全盘扫描对所有磁盘进行扫描。

(3)指定位置扫描。指定位置扫描对指定的目录进行扫描。

(4)右键扫描。当在文件或文件夹上点击鼠标右键时,可以选择"使用360杀毒扫描"对选中文件或文件夹进行扫描,如图6.20所示。

图6.20　右键扫描

其中,前三种扫描都已经在360杀毒主界面中作为快捷任务列出,只需点击相关任务就可以开始扫描。启动扫描之后,会显示扫描进度窗口,在这个窗口中可看到正在扫描的文件、总体进度以及发现问题的文件,如图6.21所示。

图6.21 360杀毒扫描进度的窗口

如果希望360杀毒在扫描完电脑后自动关闭计算机,那么可选中"扫描完成后关闭计算机"选项。请注意,只有在将发现病毒的处理方式设置为"自动清除"时,此选项才有效。如果选择了其他病毒处理方式,那么扫描完成后不会自动关闭计算机。

(四)软件升级

360杀毒具有自动升级功能,如果开启了自动升级功能,那么360杀毒会在有可用升级可用时自动下载并安装升级文件。自动升级完成后会通过气泡窗口进行提示,如图6.22所示。

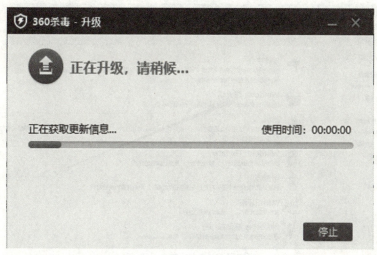

图6.22 360杀毒升级

如果想手动进行升级,那么可在360杀毒主界面点击"升级"标签,进入升级界面,并点击"检查更新"按钮。

升级程序会连接服务器检查是否有可用更新,如果有的话则会下载并安装升级文件。

升级完成后会提示："恭喜您！现在，360杀毒已经可以查杀最新病毒啦。"

二、防火墙的更新和设置

防火墙可以将计算机和外部的网络隔离起来，以防止网络入侵者的攻击。随着网络入侵者技术的提高，防火墙的软件也需要及时更新升级。下面介绍Window自带的防火墙更新，操作步骤如下。

首先，找到电脑的"开始"菜单栏，打开"控制面板"功能按钮。

其次，点击打开电脑的"控制面板"功能按钮，然后进入到电脑的"控制面板"的设置页面中，点击"系统和安全"按钮（见图6.23）。

图6.23　控制面板页面

再次，在"系统和安全"找到"Windows 防火墙"，在电脑的防火墙页面中，点击"自定义设置"设置按钮（见图6.24）。

图6.24　系统和安全页面

最后，按照"控制面板"→"系统和安全"→"Windows 防火墙"→"自定义设置"的顺序依次点开页面后，在图6.25所示的页面中点击"使用推荐设置"即可自动更新。

图 6.25　Window 防火墙页面

三、网上贸易环境中文件和电子邮件的安全加密

(一) 文件的安全加密

很多时候,用户和别人共用一台电脑,为了保护自己的隐私或机密文件,需要对文件加密来达到保护的目的,现在很多软件都内置了文件加密功能。

(二) 压缩软件加密

1. Winzip 加密

Winzip 是时下最流行的压缩和解压缩软件,它提供了非常简单的加密功能。其操作步骤如下:

(1) 新建一个空白的压缩文件,在压缩文件里添加需压缩的文件。

(2) 点击"操作"菜单中的"加密"命令,弹出密码设置窗口。

(3) 在文本框中输入设置的密码。当输入密码时,如果希望文本框的密码不可见,那么请选择"掩码密码"复选框。

2. Winrar 加密

用 Winrar 加密可在图形界面和命令行方式下进行。

(1) 在图形界面下,按下"Ctrl+P"或者在文件菜单选择"密码"命令,弹出"输入默认密码"对话框,输入密码即可。

需注意:① 如果"显示密码"选项被禁用,则会被要求输入两次密码来确保正确性。② 如果设置了"加密文件名选项",那么 Winrar 不只加密数据,而且加密对象文件名、大小、属性、注释和其他数据块等所有的压缩包敏感区域,这样它就提供了更高的安全等级。在使用这个命令加密的压缩包中,没有密码甚至连文件列表都不能查看。这个选项只有在把数据压缩成 RAR 压缩包时才有意义,在使用默认密码解压缩数据或压缩成 ZIP 格式时,它将被忽略。

(2) 在命令行方式下,可按以下格式操作:Winrar＜命令＞＜参数1＞＜参数N＞＜压缩包＞＜文件…＞＜@列表文件…＞＜解压缩路径 \ ＞。

具体内容可参考程序帮助文件。

（三）Windows 的安全加密

Windows 提供了对文件夹加密的功能，可以用它来保护文件。在使用系统提供的加密功能前，要确认要加密的文件夹所在的分区格式为 NTFS，因为只有在 NTFS 下才能使用这个功能。

1. 加密文件与文件夹

操作步骤如下：

（1）在资源管理器中，选中待设置加密属性的文件或文件夹。

（2）单击鼠标右键，选择"属性"，启动文件或文件夹的"属性"对话框窗口。

（3）单击"常规"选项卡中的"高级"按钮，启动"高级属性"对话框。

（4）选择"压缩或加密属性"框中的"加密内容以便保护数据"复选框，单击"确定"按钮，即可完成文件或文件夹的加密。

（5）如果加密的是文件夹，那么系统将进一步弹出"确认属性更改"对话框。要求确认是加密选中的文件夹，还是加密选中的文件夹的子文件夹以及其中的文件。

加密后，用户可以像使用普通文件一样直接打开和编辑，或者执行复制、粘贴等操作，而且用户在加密文件夹内创建的新文件或从其他文件夹拷贝过来的文件都将自动被加密。

2. 赋予或撤销其他用户的权限

如果需要，那么可赋予其他用户对加密文件的完全访问权限，但要明白，Windows 采用的是基于密钥的加密方案，并且是在用户第一次使用该功能时才为用户创建用于加密的密钥，因此准备赋予权限的用户也必须曾经使用过系统的加密功能，否则将无法成功赋予对方权限。Windows 内建立的文件加密功能只允许赋予其他用户访问加密文件的完全权限，而不允许将加密文件夹的权限赋予其他用户。

用鼠标右键单击已加密的文件，选择"属性"，单击"属性"对话框的"安全"选项卡，即可通过"添加"和"删除"按钮添加或删除其他可以访问该文件的用户。

3. 禁止加密功能

在多用户共用电脑的环境下，往往通过将其他用户指定为普通用户权限来限制他们使用某些功能，但普通用户账户默认允许使用加密功能。如果担心电脑上其他用户乱加密磁盘上的文件，那么可以设置特定的文件夹禁止被加密，也可以完全禁止文件加密功能。

（四）电子邮件的安全加密

目前电子邮件已经成为网络中最重要的通信方式，但是电子邮件从发送到传送到目的地，要经过很多地方。如果电子邮件被人偷取了，那么将带来难以估量的后果，这就如同我们的银行卡密码被窃一样。因此，给电子邮件加密成为我们最为关心的问题。

现在电子邮件已经成为人们联系沟通的重要手段，而电子邮件的安全问题也越来越得到使用者的重视。目前，安全电子邮件技术有如下几种。

1. 端到端的安全电子邮件技术

端到端的安全电子邮件技术也称点对点的安全电子邮件技术,用来确保邮件从发送端到接收端的整个过程中没有被修改、没有被窃取偷看,并且不可否认,即网上贸易中的完整性、保密性和不可否认性。目前比较成型的端到端安全邮件的标准有PGP和S/MIME。

PGP是Pretty Good Privacy的简称,是一种长期在学术界和技术界得到广泛使用的安全邮件标准。其特点是通过单向散列算法对邮件内容进行签名,以保证信件内容无法修改,使用公钥和私钥技术保证邮件内容保密且不可否认。发信人与收信人的公钥都分布在公开的地方,如FTP站点,而公钥本身的权威性(这把公钥是否代表发信人)则可以由第三方,特别是收信人所熟悉或信任的第三方进行签名认证,没有统一的集中的机构进行公钥/私钥的签发。在PGP系统中,信任是双方之间的直接关系,或是通过第三者、第四者的间接关系,但任意两方之间都是对等的,整个信任关系构成网状结构,这就是所谓的Web of Trust。

PGP是一个基于RSA和IDEA的邮件加密软件,可以用它对邮件加密以防止被非授权者阅读,它还能对邮件加上数字签名,从而使收信人可以确信邮件是从真正的发信人那里发送出来的。它采用了审慎的密钥管理技术,即一种RSA和传统加密相结合的杂合算法,用于数字签名的邮件文摘算法和加密前压缩等。它功能强大,速度快,而且源代码是免费的,具体功能如下:

(1)身份验证。PGP的身份验证是通过单向散列函数提供数字签名实现的。首先通过发送单向散列函数对要发送的消息进行取值,用发送方的私钥对该函数值进行加密,然后发送;接收方收到消息之后用发送方的公钥解密,得到函数值,并用相同的单向散列函数对消息重新取值,然后将两个值比较,如果相符,则消息真实。

(2)保密性。PGP提供的另外一种服务是保密性,可以将传送的消息加密或在本地硬盘上存储成文件,这两种情况下都可以使用对称密钥或公开密钥的加密方法。PGP保密性的特点在于它不需要专用的秘密通道进行会话期密钥的传递。

(3)压缩。默认情况下,PGP在应用数字签名后,在数据加密前会对传递的数据块进行压缩,以减少电子邮件在传送和存储时的磁盘空间。

(4)电子邮件兼容性。在使用PGP时,往往会要求对要传递的数据进行加密处理,部分或所有结果会变成随机的8位组,这和通常使用的ASCII文本不同,PGP可以在这两种格式间转换。

(5)分段和重组。电子邮件最大的可以被允许传递的数据块的长度是50000个字节,任何大于这个长度的数据在传递前都会被PGP自动进行分段。会话期密钥组件和签名组件只在第一个数据段中出现。接收方接到所有分组后,要重组才能形成完整的消息。

S/MIME是Secure Multi Part Intermail Mail Extension的简称,它是从PEM(Privacy Enhanced Mail)和互联网邮件的附件标准(MIME)发展而来的。同PGP一样,S/MIME也利用单向散列算法和公钥与私钥的加密体系。与PGP不同的主要有两点:一是,它的认证机制依赖于层次结构的证书认证机构,所有下一级的组织和个人的证书由上一级的组织负责认证,而最上一级的组织(根证书)之间相互认证,整个信任关系基本是树状的,这就是所谓的Tree of Trust;二是,S/MIME是将信件内容加密签名后作为特殊附件传送的。S/MIME的证书格式也采用X.509,但与一般浏览器网上购物使用的SSL证书有一定差异,支持的厂商相对少一些。在国外,Verisign 免费向个人提供 S/MIME 电子邮件证书,在国内也有公司提供支持该标准的产品。而在客户端,Netscape Messenger 和 Microsoft Outlook 都支持 S/MIME。

2. 传输层的安全电子邮件技术

传统的邮件包括信封和信本身,电子邮件则包括信头和信体。现存的端到端安全电子邮件技术一般只对信体进行加密和签名,而信头则由于邮件传输中寻址和路由的需要,必须保证原封不动。然而,在一些应用环境下,可能会要求信头在传输过程中也能保密,这就需要以传输层的技术作为后盾。目前,主要有两种方式实现电子邮件在传输过程中的安全:一种方式是利用 SSL SMTP 和 SSL POP;另一种方式是利用 VPN 或者其他的 IP 通道技术,将所有的 TCP/IP 传输封装起来,当然也就包括了电子邮件。

SMTP,即 Simple Mail Transfer Protocol,简单邮件传输协议,是发信的协议标准;POP,即 Post Office Protocol,邮箱协议,是收信的协议。SSL SMTP 和 SSL POP 即在 SSL 建立的安全传输通道上运行 SMTP 和 POP 协议,同时又对这两种协议做了一定的扩展,以更好地支持加密的认证和传输。这种模式要求客户端的 E-mail 软件和服务器端的 E-mail 服务器都支持,而且都必须安装 SSL 证书。

基于 VPN 和其他 IP 通道技术,封装所有的 TCP/IP 服务,也是实现安全电子邮件传输的一种方法。这种模式往往是整体网络安全机制的一部分。

3. 邮件服务器的安全与可靠性

建立一个安全的电子邮件系统,采用合适的安全标准非常重要。但仅仅依赖安全标准是不够的,邮件服务器本身必须是安全、可靠、久经实战考验的。

对邮件服务器本身的攻击由来已久。第一个通过互联网传播的病毒 Worm,就利用了电子邮件服务器 Sendmail 早期版本上的一个安全漏洞。目前,对邮件服务器的攻击主要分为网络入侵(Network Intrusion)和服务破坏(Denial of Service)两种。

对于网络入侵的防范,主要依赖于软件编程时的严谨程度,一般选型时很难从外部衡量。不过,服务器软件是否经受过实战的考验,在历史上是否有良好的安全记录,在一定程度上还是有据可查的。

对于服务器破坏的防范,则可以分为以下四个方面。

(1) 防止来自外部网络的攻击,包括拒绝来自指定地址和域名的邮件服务连接请求,拒绝收信人数量大于预定上限的邮件,限制单个 IP 地址的连接数量,暂时搁置可疑的信件等。

(2) 防止来自内部网络的攻击,包括拒绝来自指定用户、端口地址和域名的邮件服务请求,强制实施 SMTP 认证,实现 SSL POP 和 SSL SMTP 以确认用户身份等。

(3) 防止中继攻击,包括完全关闭中继功能,按照发信和收信的端口地址和域名灵活地限制中继,按照收信人数限制中继等。

(4) 为了灵活地制订规则以实现上述的防范措施,邮件服务器应有专门的编程接口。

4. 电子邮件加密须注意的事项

如何在那些不支持 PGP 插件的邮件客户端(如 Foxmail)中使用 PGP 加密方式? PGP 提供了一种折中的办法:点击系统托盘区中的"PGP"锁形图标,选择"the Current Window"→

"Encrypt",然后再选择对方的公钥即可(注意:是对方的公钥,而不是自己的公钥)。接下来,按照正常情况发送邮件即可。

对电子邮件加密的另一种主要方法是通过数字证书进行加密。利用数字证书给电子邮件加密。操作步骤如下:

(1)设定邮件账户。打开"Outlook Express",选择"工具"中的"账户"。

(2)在"Internet账户"对话框中,点击"添加"按钮,并选择"邮件"选项,进入"Internet连接向导"对话框。按照系统提示输入相关信息,完成账号设置。

(3)开始设置邮箱与数字证书绑定。选择"工具"中"账户",选中"邮件"选项卡中用于发送安全电子邮件的邮件账户,然后单击"属性"按钮,进入"属性"对话框。

(4)选择"属性"对话框的"安全"选项卡,可以看到"签署证书"项目。通过相关设置,可以进行邮件的签署。

(5)点击"签署证书"项目后的"选择"按钮,就可以看到在http://testca.netca.net站点上申请的数字证书了。选择自己的数字证书,点击"确定"按钮,即完成了邮箱与证书的绑定,也可以点击"查看证书"按钮,了解自己的数字证书的详细信息,最后点击"确定"按钮即可。如果点击"选择"按钮后没有相关的数字证书弹出,那么请确认证书已经正确安装且没有过期,而且在Outlook Express中所设置的邮箱必须和申请数字证书时提供的邮箱一致。

(6)发送签名邮件。启动"Outlook Express 6.0",点击"创建邮件"按钮,进入"新邮件"窗口,开始撰写邮件。同时,选中工具栏中的"签名"按钮。

(7)点击"发送"按钮,签名邮件的发送即告成功。当收件人收到并打开有数字签名的邮件时,对方将看到"数字签名邮件"的提示信息。

在收到具有数字签名的邮件后,可以看到,在邮件窗口的右边中间有一个"数字签名"图标,点击它后可以看到相关的数字证书信息。

本章小结

· 网上贸易发展的核心和关键问题是交易的安全性。网上贸易安全要求包括:有效性、机密性、完整性、真实性和不可抵赖性的鉴别。网上贸易安全的内容包括:网上贸易系统的硬件安全、软件安全、运行安全、网上贸易安全立法。

· 防火墙是目前保证网络安全的必备的安全软件,它通过对访问者进行过滤,可以使系统限定什么人在什么条件下可以进入自己的网络系统。防火墙技术包括:数据包过滤技术、数据包过滤原则、代理服务、流过滤技术及智能防火墙技术。

· 数据加密的基本过程就是对原来为明文的文件或数据按某种算法进行处理,使其成为不可读的代码,通常称为"密文"。摘要是一种防止改动的方法,其中用到的函数叫摘要函数。

· 对文件进行加密只解决了传送信息的保密问题,而防止他人对传输文件进行破坏以及如何确定发信的身份还需要采取其他的手段,这种手段就是数字签名。数字签名使用的是发送方的密钥对,发送方用自己的私有密钥进行加密,接受方用发送方的公开密钥进行解密。

·认证机构(Certificate Authority,CA)在网上贸易中具有特殊的地位。它是为了从根本上保障网上贸易交易活动顺利进行而设立的,主要是解决网上贸易活动中交易参与各方身份、资信的认定,维护交易活动的安全。

·网上贸易的安全机制在逐渐走向成熟,为了保证电子交易安全进行,国际上逐渐形成了交易规范和标准。其中,安全套接层(Secure Sockets Layer,SSL)协议和安全电子交易(Secure Electronic Transaction,SET)协议是安全交易体系中具有代表性的两种交易规范。

·网络交易系统安全管理制度是用文字形式对各项安全要求所做的规定,这些制度应当包括人员管理制度、保密制度、跟踪审计制度、系统维护制度、数据备份制度、病毒定期清理制度等。

·查杀病毒软件的安装、升级及文件与邮件的加密也是网上贸易安全的重要内容之一。

关键概念

网上贸易安全　防火墙技术　数字签名认证技术　网上贸易安全协议

基本训练

☞ 知识题

1. 判断题

(1) 网络交易的信息风险主要来自冒名偷窃、篡改数据、信息丢失等方面。　　(　)
(2) 网上贸易交易安全过程是一般的工程化过程。　　(　)
(3) 基于公开密钥体制(PKI)的数字证书是网上贸易安全体系的核心。　　(　)
(4) SET是提供公钥加密和数字签名服务的平台。　　(　)
(5) "特洛伊木马"(Trojan Horse)程序是黑客进行IP欺骗的病毒程序。　　(　)

2. 选择题

(1) 基于私有密钥体制的信息认证方法采用的算法是(　　)。

A. 素数检测　　B. 非对称算法　　C. RSA算法　　D. 对称加密算法

(2) RSA算法建立的理论基础是(　　)。

A. DES　　　　　　　　　　　B. 替代相组合
C. 大数分解和素数检测　　　　D. 哈希函数

(3) 防止他人对传输的文件进行破坏需要(　　)。

A. 数字签名及验证　　　　　　B. 对文件进行加密
C. 身份认证　　　　　　　　　D. 时间戳

(4) 属于黑客入侵的常用手段是(　　)。

A. 口令设置　　B. 邮件群发　　C. 窃取情报　　D. IP欺骗

3. 图解题

图6.26显示了数字签名和验证的传输过程,试给予简述。

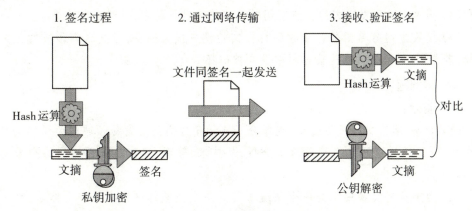

图6.26 数字签名和验证的传输过程

☞ 案例题

抖音千万级账号遭撞库攻击,牟利百万黑客被捕

2019年2月,北京字节跳动公司向海淀警方报案,其公司旗下抖音APP,遭人用千万级外部账号密码恶意撞库攻击,其中上百万账号密码与外部已泄露密码吻合。

系统实时监测到攻击后,为防止黑客利用撞出账户实施不法行为,字节跳动公司通过安全系统,实时对所有疑似被盗账号设置了短信二次登录验证。

经警方侦查,发现湖北籍男子汪某有重大作案嫌疑。5月底,海淀警方将汪某抓获。据了解,汪某毕业后一直无业,便利用其掌握的计算机能力,控制了多个热门网络平台的大量账号,随后通过在网上承接点赞刷量、发布广告等业务牟利。同时汪某还编写了大量撞库代码,对目前网络上比较热门的网络平台进行撞库,然后控制撞库获取的账户,累计获利上百万元。

(资料来源:搜狐网.黑客靠撞库抖音千万级账号,牟利百万元后被刑拘)

问题:
(1) 看完报道后,你对网络安全有何感想?
(2) 你对我国网上贸易站点安全有何建议?

参考答案

☞ 知识题

1. 判断题
(1) 对;(2) 错;(3) 对;(4) 错;(5) 错。
2. 选择题
(1) D;(2) C;(3) A;(4) D。
3. 图解题
(1) 发送方首先用哈希函数将需要传送的消息转换成报文摘要。
(2) 发送方采用自己的私有密钥对报文摘要进行加密,形成数字签名。
(3) 发送方把加密后的数字签名附加在要发送的报文后面,传递给接收方。

（4）接收方使用发送方的公有密钥对数字签名进行解密,得到报文摘要。

（5）接收方用哈希函数将接收到的报文转换成报文摘要,与发送方形成的报文摘要相比较,若相同,说明文件在传输过程中没有被破坏。

☞ 案例题

分析提示：

（1）如今,网络交易风险凸显,犯罪分子将触角伸向网上贸易领域。为了保证交易的安全进行,应该通过对网络交易风险源分析,从技术、管理、法律等方面对网络交易安全进行管理。

（2）网上贸易交易安全是一个系统工程。一个完整的网络交易安全体系,至少应包括三类措施,并且三者缺一不可。一是技术方面的措施,如防火墙技术、网络防毒软件、信息加密存储通信、身份认证、授权等。二是管理方面的措施,包括交易的安全制度、交易安全的实时监控、提供实时改变安全策略的能力、对现有的安全系统漏洞的检查以及安全教育等。三是社会的法律政策与法律保障。只有从上述三方面入手,才可能真正实现网上贸易的安全运作。

第七章 网店运营

  学习目标

- 理解网店运营的内涵
- 能够进行网店的开设
- 能够运用SEO、SEM、信息流推广等方式进行网店的推广

三只松鼠的成功之道

三只松鼠成立于2012年,是行业领先的以经营休闲食品为主的品牌电商。凭借深入人心的品牌形象和品牌文化、快捷高效的线上销售模式、精准的消费者群体定位、细致贴心的服务体验以及贯穿产业链各环节的信息系统,三只松鼠已经发展为休闲食品电商领域内最具竞争力和影响力的企业之一。

三只松鼠的快速崛起究竟是基于什么原因呢?

1. 精准的市场定位

公司成立之初主要为消费者提供代表健康生活方式的坚果产品,凭借对消费者需求的准确把握以及优质的产品和服务,迅速成为互联网坚果零售领域的代表性品牌之一。

同时公司基于自身在坚果领域的品牌影响力和运营经验,不断完善其他品类,巩固在休闲食品电商领域的领先优势。目前,三只松鼠已经从坚果这一优势领域迅速拓展至全品类休闲食品,成为互联网休闲食品零售的旗舰品牌。以天猫渠道为例,天猫商城统计数据显示,公司2014~2020年在天猫商城渠道的成交额均位列"零食/坚果/特产"品类成交额的第一位。

2. 极致的用户体验

作为和终端消费者保持密切联系的休闲食品品牌电商,三只松鼠自成立以来即专注于提升消费者购物体验,形成了"客户至上"的企业文化,拥有了卓越的客户服务能力。

以"80后""90后"为代表的年轻一代互联网用户是线上购物的主力群体,对优质的服务体验有较强的诉求。结合"三只松鼠"的品牌定位,公司推行以客户为"主人"、以为"主人"提供最优质的服务为宗旨的企业文化,用情感品牌、情感产品和情感服务来打动消费者,提高客户的满意度和忠诚度。公司将其文化定位和业务运营充分结合,例如,公司的客服人员以"主人"的称谓称呼公司的消费者,并通过松鼠的可爱形象拉近和消费者的距离,公司还创新性地在发出货品中随包附送果壳袋、开果器、湿纸巾等配套物品,通过这些细节让消费者感受到公司贴心地为"主人"提供的优质服务。

3. 充满战斗力的团队

三只松鼠的创始人章燎原在休闲食品行业拥有超过十年的销售和管理经验,并在担任职业经理人和创业历程中形成了对互联网休闲食品行业的深刻理解。

公司拥有一支业务扎实、充满活力的员工团队,这成为公司保持行业竞争优势及发展动力的重要因素。目前,公司员工平均年龄为27岁,对新生事物具有较高的接受能力和学习能力。此外,公司通过内外部培训等机制挖掘员工潜力,因材施教,进行人才培养,打造了一批和公司文化高度契合、具有较高忠诚度且业务技能扎实的员工团队。

你觉得三只松鼠的运营理念有哪些是值得我们借鉴的呢?

第一节　网店运营认知

一、网店的概念和分类

（一）网店的概念

网店是电子商务的一种载体，是一种能够让消费者在浏览网页的同时进行实际购买，并且通过各种在线支付手段进行支付，完成交易全过程的网站和平台，是用来买卖商品、进行各种服务等网上虚拟化交易的平台。

目前网店平台主要有以淘宝、天猫、京东为主的传统电商平台，还有以拼多多、蘑菇街为代表的新兴APP平台。另外从某种意义上来说，一些微店也属于网店平台。

（二）网店的分类

1. 以运营平台分类

按照运营平台来分，网店可以分为入驻型网店和自建型网店。

入驻型网店是借助第三方平台实现销售的网店，目前第三方平台主要包括淘宝、天猫、京东、亚马逊、当当和拼多多等。自建型网店是指电商企业自己购买域名、自己搭建网站、独立推广和运营的销售形式，如戴尔、海尔、小米的官网等。

入驻型网店可以借助第三方平台的高人气、高流量快速发展，但也要受到平台相关规则的约束；自建型网店则拥有更高的自由度，但流量的获取相对困难，也比较难以获取消费者的认可，入驻型网店和自建型网店的优缺点对比如表7.1所示。

表7.1　入驻型网店和自建型网店的优缺点对比

类型	代表企业	优点	缺点
入驻型网店	韩都衣舍 三只松鼠	高人气、高流量、高转化率	流量受平台控制，具有较高风险
自建型网店	小米官网 戴尔官网	在页面、管理、促销等方面具有充分的自由度	缺乏流量、网站品牌支持，积累较难

2. 以运营主体分类

按照运营者主体来分，网店可以分为"C店"和"B店"。

C店是Customer to Customer（C2C）的简称，中文意思是"消费者对消费者"，也就是个体工商户将宝贝销售给普通消费者的这种模式，平时说的"C店"一般指个人店或无需企业资质的店铺，如淘宝、速卖通等。

B店是Business to Customer（B2C）的简称，简单来说就是"企业对消费者"，也就是像天猫这样由企业或者公司将宝贝直接销售给普通消费者的模式，平常所说的B店一般是指企业店,如天猫、京东等平台上的店铺。

B店在流量获取、品牌信任度等层面上比C店更有优势,更受高端消费者、品牌消费者的青睐。B店按照店铺类型一般可以分为旗舰店、专卖店和专营店,旗舰店指卖家以自有品牌或由权利人出具的在第三方平台开设品牌旗舰店的独占授权文件入驻平台开设的店铺;专卖店指卖家持他人品牌授权文件在第三方平台开设的店铺;专营店指运营第三方平台相同一级类目下两个及以上他人授权或自有品牌商品的店铺。

3. 以运营范围分类

按照运营范围来分,网店可以分为国内交易网店和跨境交易网店。

国内交易网店的主体一般属于同一个国家,国内的卖家销售给本国的买家,在一个国家之内达成商品交易,如淘宝、京东等都是主流的国内交易模式。

跨境交易网店的主体则是分属不同国境的交易主体,通过电子商务平台达成交易、进行支付结算,并通过跨境物流送达商品、完成交易。其消费者遍及全球,有不同的消费习惯、文化心理、生活习俗,这要求跨境电商对各国流量引入、各国推广营销、国外消费者行为、国际品牌建设等有更深入的了解,其复杂性远远超出国内电商。跨境交易的主营业务有以出口为主和以进口为主两种,目前主流平台有亚马逊、eBay、速卖通等。

二、网店的优势

相对于传统的实体店铺,经营网店具有以下优势。

(一) 进入门槛低,手续相对简单

在现实生活中开实体店,店家需要去相关政府机关或商业部门获取开店的证件,并办理一系列的手续,这对于第一次开店或第一次做生意的店主来说,往往显得过于复杂,而且还要注意办理手续和证件的时间限制。等一切登记注册好之后,店面的地址选择、装修设计也是一大难题,有时候费时费力。另外实体店的开设离不开一定的经济基础,这对于店主来说又是一道门槛。

网上开店就没有这么多的门槛,如选择在第三方平台上开设网店,店主可以省去实体店需要的很多程序并可节约相应费用,根据网店的形式,资金投入可多可少。所以网店的优势之一是进入门槛低,手续相对简单。

(二) 成本低,回收快

在经营成本方面,实体店不仅要承受进货的投资压力,还要投入不菲的装修费用,每月还须交纳国税、地税、电费、水费等费用,成本无疑是巨大的。开设网店的成本就低很多,网上有大量的交易平台(如淘宝)等,卖家只需支付极低的租金或不需付费就可以拥有一家网上商店,且不受营业面积和营业时间的限制。在创业初期,实体店铺面临很大的风险,进货资金少则几千、多则数万,不仅占用大量资金,而且占用创业者大量的时间和精力;网上商店则不需要占用大量资金,因为没有太多资金的压力,所以网上商店能做到进退自如,没有包袱。同时因为网店存货少,网店随时可以更换品种,或者改行做其他生意。

(三) 受时空限制小

实体开店需要选择店铺位置,这意味着店铺的客户容易受到地域的限制,同时实体店铺的经营受到时间的约束。而网店作为全球性的商务载体,没有地域的限制,可以持续地向网络用户提供海量信息和丰富机会,时间上的自由度也比较高,只要保证店铺中有商品,无论何时买家在店铺页面中都可随时下单。

(四) 网络市场前景广阔

近年来,随着互联网的兴起,网民越来越多,网络购物的消费习惯已经形成,网络市场持续保持着快速发展的态势;同时各级政府部门先后出台了多项支持电子商务发展的政策,使得网络市场的发展迅猛而稳定,网络市场前景广阔。

小应用 7.1

零售企业正加速转型,国美、苏宁等传统线下家电零售企业,通过加强线下体验、线上线下同价、买断商品等多种方式,带动部分销售向线下回流。一些百货企业在加强实体店铺建设的基础上,推广线上APP、网上商城,带来了销售增长。业内人士表示,电子商务电子商务将改变零售业态。

三、网店运营的内涵

网店运营是指网店在电子商务活动中,做好市场分析与预测,选定产品发展方向,制订长期发展规划,进行科学运营推广,达到预定运营目标的过程。具体来说,包括以下七点:

(1) 店铺规划。包括规划网上开店的方式、开店前的准备、开设店铺的名称、店铺活动设置(店铺搜索时显示)、主营宝贝关键词、店铺商品类目、购物必读、店招更新、海报更新频率等。

(2) 商品规划。包括宝贝标题优化、宝贝描述、宝贝发布属性、宝贝分类、宝贝推荐位占用、新款上新、老款下架等。

(3) 营销活动。确定好活动款和活动折扣后,要设计相关活动,使买家更好地参与到营销中,要在全流程中把握店铺信息、进行客户服务跟踪、把控仓库发货节奏、分析活动效果、改善后续活动设计等。

(4) 内部流程。各部门将业务完成后,由运营部门融会贯通,使流程保持顺畅且持续进行下去。简单地说,就是一个部门只跟自己的上下级两个部门打交道时沟通最有效,而运营需要全流程考虑,以改善内部业务节点。

(5) 目标执行。制订总体目标,然后进行目标分解,制订各部门目标,并在执行过程中进行调整等。

(6) 广告投放。根据业务需求及流量转化客单价等,得出需求目标流量,以制订广告策略。

（7）数据分析。分析店铺的日常数据,其主要作用是防患于未然,把问题消灭在萌芽之中。在现在的平台搜索规则中,店铺本身的得分越来越重要,店铺综合权重的高低在很大程度上会决定商品排名的前后,而分析店铺日常数据就能够发现这些问题,需要重点观察的数据有:店铺层级、对店铺评分的变化趋势、店铺退款相关指标(尤其是纠纷退款)、店铺综合支付转化率的变化情况等。

小应用 7.2

在人们的印象中,男性几乎不会主动购买各种各样的服装,对于品牌的概念更是不在意,一切都是"实用至上"。然而数据显示,除了运动、汽车、3C数码、游戏装备等传统意义上以男性消费者为主的领域,现在男装、护肤甚至美妆也成为男性消费的新兴领域。

四、网店运营基本公式

层出不穷的新平台、新名词、新趋势,会让刚进入网店领域的初学者不知从何下手,也不清楚网店运营的主线。其实,网店运营的基本原理就是下面的基本公式:

$$网店利润＝销售额－成本$$
$$网店利润＝(流量×转化率×客单价)(1＋复购率)－成本$$

运营网店的目的是获得合理的利润,而网店的本质是零售,零售的利润就来自销售与成本的差额。在网店运营中,销售额又取决于四个因素:流量、转化率、客单价和复购率。

(一) 流量的来源

流量的来源主要有免费流量和付费流量两种。

1. 免费流量

免费流量包括站内自然搜索和站外免费推广。消费者上网购物时,大多通过搜索关键词来找寻自己想要购买的商品,如果商品排名靠前,那么消费者就有可能点击进入并浏览。站外免费流量则是通过网站、微博、微信、短视频等社交媒体引流到网店,这种引流大多是和网红经济、内容经济相关联的。

2. 付费流量

付费流量按照付费方式可以分为按展示收费、按点击付费和按效果付费三种。

（1）按展示收费(Cost Per Thousand Impression,CPM)。CPM是指只要平台展示了网店的广告内容,网络运营者就要为此付费。目前在淘宝、天猫、京东等平台的首页或类目页的图片广告位大多采用CPM方式,如淘宝的钻石展位等。

（2）按点击付费(Cost Per Click,CPC)。CPC是指根据广告被点击的次数收费。关键词广告一般采用这种定价模式,目前在淘宝搜索右侧的"掌柜热卖"、京东搜索左侧的"商品精选",都是CPC广告位。

(3) 按效果付费(Cost Per Sales,CPS)。CPS是一种以实际销售产品数量来计算广告费用的广告,这类广告多出现在购物类、导购类、网址导航类等站外网站,需要精准的流量才能实现转化。

对于网店运营者来说,要做好搜索引擎优化(SEO),就要尽可能多地获取免费流量;要做精搜索引擎营销(SEM),就要将付费流量发挥最大效益。

小思考 7.1

网店的流量来源主要有哪些?
答:免费流量和付费流量。

(二)转化率的影响因素

转化率就是所有浏览网店并产生购买行为的人数与所有浏览网店人数的比例,其计算公式为:

转化率=产生购买行为的客户人数÷所有到达店铺的访客人数×100%

影响转化率的因素主要包括:

(1)人群定位。买家都有从众心理,主流消费群体应该是网站的首选销售目标。

(2)产品描述。宝贝详情页的优化和描述方式在很大程度上决定了转化率的高低。

(3)商品评价。评价和评分对于网店的存在是至关重要的,买家一般会选择评分较高或高于行业平均分的商品。

(4)客户服务。客户服务是展现在买家面前最直接的内容,是决定转化率的重要因素,售前客服尤为重要。

(三)客单价的影响因素

客单价是指网店每一位消费者购买商品的平均金额,客单价也即平均交易金额。客单价主要取决于以下四个因素:

(1)产品价位。产品定位在什么价格区间,是决定客单价的第一位因素,产品定价要符合目标人群定位。

(2)促销方案。网店要规划好店内促销活动,比如满减活动、包邮活动、送礼品等,促成多件成交。

(3)关联销售。打通网店内产品之间的关联,特别是利用爆款产品、活动产品带动其他产品的销售,做好详情页和首页的关联搭配。

(4)客服推荐。为消费者做好导购,推荐其喜欢的产品,务必将网店的促销活动传递给消费者,促成多单销售。

(四) 复购率的提升

复购率是指消费者对网店产品进行重复购买的概率,复购率越大,则消费者对品牌的忠诚度就越高,反之则越低。

从产品的角度来看,提升复购率要关注产品的品质、内容和服务。产品品质是根本,内容是口碑产生的关键,服务是产生复购的保障。从运营的角度来看,运营者要不断探索新的用户运营模式,打造完善的会员体系是关键,基于数据分析的精准化推荐是未来网上贸易发展的趋势。

小思考 7.2

网店的销售额与哪些因素有关?
答:流量、转化率、客单价和复购率。

第二节 网店开设

一、网上平台的选择

随着互联网的发展,网上开店早已不是什么新鲜事,许多个人和企业都希望通过网上开店的形式来拓展自己的销售渠道。个人或者企业不需要花太大力气就可以开设网店,许多企业都提供了开店的平台,如淘宝、天猫、京东、拼多多、网易考拉等。

在网上开店,首先要选择一个符合自身条件的开店平台。选择平台前,需要考虑平台影响力、客流量成本等因素,而且平台必须符合自身产品或者品牌的特点。开设网店大致可以分为第三方平台开店和开设独立商城两种方式。

(一) 第三方平台开店

第三方平台可以根据卖家性质分为企业店和个人店,也就是人们常说的"B店"和"C店",接下来介绍四个常见的第三方平台。

1. 淘宝

淘宝是知名电商企业阿里巴巴旗下的在线销售平台(见图7.1),创立于2003年5月10日,同年10月推出第三方支付工具支付宝,以担保交易模式使消费者对淘宝网上的交易产生信任,之后又相继推出了阿里旺旺等特色服务。

由于淘宝推出之初采取了全免费的策略,个人凭身份证就可以入驻,平台门槛较低,这样就很快吸引大量卖家入驻平台。同时,相对于实体店来说,在淘宝开设网店无需房租,人员需求也偏少,运作成本低,卖家能以较低的价格出售商品、参与市场竞争,从而吸引了大量消费者,其用户数量和交易额连年快速增长。

淘宝网的经营策略也造成了负面效应,为了吸引买家,许多卖家不惜降低产品质量,甚至用假货来以次充好。为了避免这一乱象,阿里巴巴集团下了大功夫来整治淘宝网,比如与国家认证认可监管管理委员会合作,共享企业品牌数据,避免无证以及假冒伪劣商品的出现。同时,淘宝也加大了对假货的处罚力度,引入了DSP评分等多种商品评价机制,销售假冒伪劣产品现象在近几年得到了较大改善。

图7.1 淘宝网主页

2. 天猫

2011年6月16日,阿里巴巴集团将旗下的淘宝公司拆分为三个独立的公司,即沿袭原C2C业务的淘宝、平台型B2C电子商务服务商淘宝商城和一站式购物搜索引擎—淘网。2012年1月11日上午,淘宝商城正式宣布更名为天猫。

天猫和淘宝的主要区别在于天猫强调入驻商家的品质和品牌,只有符合要求的品牌商和代理商才有资格在天猫商城开店,企业申请入驻天猫时,需要向平台提供商标注册证或者代理商标通知书。此外,天猫商城还对入驻企业做了其他方面的限定,包括注册资本不得低于100万元、公司成立年限至少2年、企业必须具备一般纳税人资格等。这都说明天猫平台和淘宝的定位是完全不同的平台,其定位更高端。

按照入驻企业和品牌的关系,天猫店分为旗舰店、专卖店和专营店三类。旗舰店是商家以自有品牌入驻天猫开设的店铺,专卖店是经营一个或者多个授权品牌的店铺,专营店是指同一个招商大类下经营两个以及两个以上品牌商品的店铺。

3. 京东

京东集团是我国知名的电子商务企业(见图7.2),其核心业务是其在线商城——京东商城,其主营业务涵盖3C、家电、服饰、家居等多个领域,目前3C产品是其强势业务。

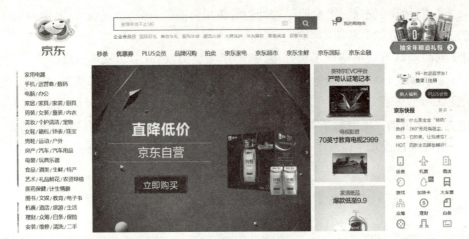

图7.2　京东主页

京东商城最初是纯自营的独立商城,其特色是优秀的物流服务用户体验。为了提升物流的服务质量,京东投入大力气、大价钱,在全国设立了八大物流中心和数十个地区仓,目前可以在超过190个城市实现当日达服务和超过500个县域实现次日达服务。

京东商城开设之初,所有产品均为京东自营,产品均发自京东的自动化仓库。2017年以来,为了扩大业务,京东商城开放给其他企业入驻。入驻企业既可以使用京东的物流服务,也可以使用自己的物流。目前京东商城只允许企业入驻,和天猫平台相比,京东平台的企业缴纳的保证金和年费相对较低,交易佣金比例为8%。相对天猫平台,目前京东商城上入驻的店铺较少,同一品类下商品竞争不是很激烈,引流也相对容易,而且京东商城的消费者也习惯直接下单,不做过多比较和询问,这些都是京东商城的特色。

4. 拼多多

拼多多是中国电商的新秀(见图7.3),是一家以低价和拼团为特色的电商平台。拼多多商城自2015年设立以来,发展迅速,2018年7月在美国纳斯达克上市,2019年1月市值已经超过300亿美元,用户数超过3亿,月销售额超过400亿人民币。

图7.3　拼多多页面

拼多多的商业模式是一种网上团购的模式,消费者选中某种商品后,在平台上发起拼团购买某件商品。为了能够享受低价,用户可以将拼团的商品链接发给好友,如果达到一定人数且拼团成功的话,则可以享受到更低的价格;如果拼团不成功,那么会取消这次购买行为。实际上,拼多多主要靠消费者在微信朋友圈的主动分享进行传播,通过社交网络实现裂变。

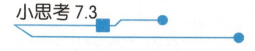

小思考 7.3

拼多多成功的经验有哪些?

答:① 主打天猫和京东忽视的低价人群。② 简单直接、病毒式的营销模式。③ 优惠政策吸引入驻。

(二)开设独立商城

除了第三方平台,许多企业还会选择开设拥有独立域名的商城,这些商城有些是产品制造商,比如小米或者华为(见图7.4);有些则是渠道商,比如苏宁易购。

图7.4　小米官网页面

和第三方平台相比,独立商城有不同的特点和运作方式。建立独立商城,企业的投入是固定的,软件支出是一次性的。域名注册门槛很低,企业可以很容易拥有一个带顶级域名的网站,而且企业不必按照交易量向平台按比例支付交易佣金。因此,当电商企业交易量较大时,开设自己的独立商城可以将单位交易成本降到更低,从而获得竞争优势。所以,建立网上独立商城是企业电子商务发展的高级阶段,是企业做大、做强后的必然选择。

1. 独立商城的优点

(1)有助于建设自有品牌。开设独立商城对企业来说,意味着更大的自主权和更高的自由度。企业宣传的是企业自身的域名和品牌,客户记住的是企业的独立域名和品牌。独立网站的域名是商家自己指定的,企业是域名的持有者。而在平台上开设网店只能得到诸如 shop1234.domain.com 这样的二级域名,不仅不便于记忆和传播,而且域名使用权掌握在平台手中,这对企业业务的长期开展是有隐患的,而且二级域名不易于推广。

(2)独享客源和数据。拥有独立商城,就能够通过各种媒体进行推广,导流而来的客户都会被引导到自己的商城里面,其客源为企业独享,可以反复利用。而在开店平台上开网店,宣传推广带来的客户是所有商家共享的,这样的客户很容易被平台用算法推荐给竞争对手。

同时,在独立商城中客户资料、订单信息、文章资料、商品资料、数据库都是独立的,不会放在他人的平台上,数据是私有的,这样更安全、更稳定,方便进行备份和大数据分析。

(3) 减轻对开店平台的依赖。在其他平台上开网店,往往会逐渐形成对平台的依赖。对于中小企业而言,其业务过于依赖他人是非常危险的。而开设自己的独立商城则可以减轻这种依赖性,自己的生意由自己做主。

开店平台出于某些考虑,对于很多产品都会有比较苛刻的要求,店主往往会发现,其某些商品会因为图片、商品名称、品牌等多种因素不符合规定而不得不下架。而开设独立商城,只要在国家法律法规的范围之内,企业就可以相对自主地发布商品,真正实现自己的网店自己做主。

(4) 更容易实现个性化。开独立网上商城,企业可以自行设定交易规则和模式,比如设定自己的促销策略和支付方式等。而在其他平台上开网店,企业只能按照平台固有的规则进行运营,即使有许多新的想法也无法实施。

由于基本采用模板(前台界面风格)机制,独立商城一般会提供很多个性化模板,结合定制模板,网店可以拥有与企业标准色和视觉识别系统完美匹配的外观。而且,企业在独立商城中可以随时对自己的网店模板作出修改和调整,更容易实现个性化。而其他平台上的网店风格总是要保留很多平台的标识,这些标识是电商企业无法去除的。总体而言,独立商城的网页外观更容易实现个性化更加,容易实现定制化。

2. 独立商城的缺点

(1) 前期投入更大,小企业往往难以负担。开设独立商城,前期不仅需要购买域名、服务器空间等,还需要购买或者定制一套专业的网店平台软件。这些平台软件价格不便宜,如果定制开发,成本可能会更高。

(2) 推广难度更大。由于具有商品聚集效应,第三方平台会有大量的买家聚集,卖家在平台上开网店,只需做好店内同一类目下的竞争和引流就可以了,而独立商城的引流就需要企业自己去想办法。对于小企业来说,还面临着消费者的信任问题,相比而言,开设独立商城前期的推广难度更大、投入更高。

3. 独立商城的推广方式

虽然开设独立商城有诸多好处,但是因为失去了第三方平台的商品聚集效应,独立商城的引流和推广难度也更大,运营成本也更高。一般来说,只有实力较强的企业才会去开设独立商城,独立商城的推广方法有以下几种:

(1) 利用搜索引擎营销。独立商城网站必须要做搜索引擎优化(SEO)和搜索引擎营销(SEM)。SEO类似于淘宝的标题优化,SEM则类似于淘宝的直通车。前者是免费手段,后者是付费手段。这是独立商城网站主要的流量来源,网店优化做得越好,被访问的机会就越多;购买的搜索关键词越多,被收到的机会就越多、出价越高,在搜索结果中排名就越靠前,这意味着更多的流量和更高的销售额。

（2）利用各种自媒体工具引流。随着移动互联网的发展，各种自媒体工具，如博客、微博、微信、短视频等，已经成为人们喜闻乐见的营销方式，它们因为成本低而受众广泛。如果网店出售特定类型的产品，那么就可以利用各种自媒体工具吸引粉丝，再将粉丝转移到独立商城中，实现将访客转化成客户的目的。

（3）利用传统媒体。传统媒体如电视、报纸、杂志、POP等，在社会领域中仍然占有重要的一席之地，虽然这些媒体不方便直接放置链接，但企业依然可以通过传统媒体宣传自己的品牌，提升独立商城的知名度，强化消费者的记忆，用户通过传统媒体知道企业商城名称后，可以通过各种方式，比如广告链接或者搜索引擎，很容易地访问企业的独立商城。

（4）在其他网站上做付费广告。许多网站，尤其是门户网站，都开通了付费广告业务，付费广告一般按照千次点击次数付费。独立商城可以在这些网站上购买广告位，进行引流。如果放置广告的页面选择得当，用户匹配精准，就可以保持较高的点击率和转化率。当然独立商城首页设计要有吸引力，要保证提供良好的用户体验。

二、网上开店前的准备

（一）开店人的要求

1. 经营者的知识水平

店主知识水平的高低对网店经营活动具有重要的影响，良好的知识储备是经营成功的前提。店主应具备的知识可分为三类：第一类为基础知识，即人们生产生活中必须具备的常识性知识；第二类为一般性经营知识，即进行任何生产经营活动都必须掌握的共性知识，如法律法规、税收、管理等知识；第三类为网店项目专业知识，即与网店相关的知识，与货币相关的知识、技术、经验等。

在网店发展前期，店主尤其要注意，不能有违反法律法规的操作，这里的法律法规，包括我国的基本法律法规、电子商务法律法规和电子商务行业规则。近年来随着电子商务的快速发展，国家有关部门为推动我国电子商务的持续发展，相继出台了一系列电子商务法律法规，如《中华人民共和国电子商务法》等，这些法律法规对于行业的规范发展起到了引导作用。另外店主还应注意，除遵守相关法律法规外，在选择第三方平台开店时，还要注意遵守第三方平台的交易规则。以淘宝网为例，作为国内最大的第三方网络零售交易平台，它在交易规则的制订和实施方面作出了严格的规定，包括店铺注册、商品发布、出价付款、信用评价等各类交易规则，并随着平台的变化和升级，这些规则也被不断增补和完善。

2. 网上开店的基本素质

店主必须清楚有收益就会有风险，网上开店是创业方式中的一种，在开店过程中店主需要有足够的商机敏锐度，有意识地研判未来市场形势的走向，能够整合各种资源，将商机转化为店铺的流量和收益；需要具有一定的开创性思想观念，在承担风险的同时也能有超前行动、积极参与竞争的意识。当然在一系列的实践过程中，店主应具有良好的心理品质，这也是必不可少的。很多网上开店的店主过于急躁，认为商品卖不出去就没有市场，轻易放弃或没有明确的定位,随波逐流,这些都会对整个网店造成损失,成功的店主往往具备一些不同于常人的共通心理特征,如握准方向、坚韧耐心、合理冒险、灵活变通等。

3. 网店经营的能力

要经营好一个网店,需要经营者具备以下几种良好的个人能力:

(1) 良好的市场判断能力,可以选择出适销对路的商品。

(2) 良好的价格分析能力,既要拥有价格更低的商品,又要将商品标出一个适宜的出售价格。

(3) 良好的网络推广能力,可以通过各种方式让更多的浏览者进入自己的网店,而不是坐等消费者上门。

(4) 敏锐的市场观察力,可以随时把握市场的变化,据此调整自己的经营商品与经营方式。

(5) 热情的服务意识,可以通过良好的售后服务建立起自己的忠实客户群体。

可以说,网上开店虽然很简单,但要经营好一个网店并获得可观的利润,确实要花足够的功夫。

(二) 网上开店的货品选择

1. 网店货品分类

如今网上开店销售的商品主要分为以下两大类:

(1) 虚拟产品,即无实物性质、网上发布时默认无法选择物流运输也无法由物流运输的商品、可由虚拟货币或现实货币交易买卖的虚拟商品或虚拟社会服务等。虚拟商品具有不易破坏性,其本身可能是一种最典型的、知识含量极高的经验产品,为消费者提供的是有用的知识和信息,其形式是无形的,无法观察和触摸,内容是可以改变的,同时具有可复制性,且其复制的边际成本几乎为零,与实物交易相比只有速度优势。

目前虚拟商品主要包括:网络游戏点卡、网游装备、Q币等,各类充值卡、网络电话、软件序列号、网店装修、图片存储空间等,电子书、网络软件(如安卓手机软件等)、辅助论坛功能商品等,网站类产品(包括域名、虚拟空间、网站搜索服务等)。

(2) 实体商品,即需要物流快递的商品。主要包括服饰、首饰、食物用品、化妆品、电脑等,凡是我们日常生活中看得见的商品基本都包括在内。实体商品具有可视性、可对比性、可挑选性、可流动性等特点和优势,但开实体商品销售网店需要注意它所具有的缺点:需要良好、稳定的货源,投资高,需要拍照,需要物流,有压货风险,提升信用慢等。

2. 货源的重要性

货源对于店铺来说非常重要,没有货源就没有成交量。以下从货源稳定、价格、质量三方面来谈谈货源的重要性:

(1) 货源稳定的重要性。对于一个刚开店铺的店主来说,每次交易都是非常重要的,货源的不稳定(如出现缺货、断货等情况)会直接影响交易的成功率。所以,为了保证货源的稳定,应多找几家供应商,以备不时之需。

(2) 货源价格的重要性。随着网络的推广,越来越多网店的出现,同一种产品有很多的竞争者,特别是一些热门产品,竞争者更是数不胜数。在保证质量的前提下,价格是赢得买家的至关重要的条件。如果自身的货源价格比别人高,那么在保本的情况下,自身商品的价格可能也会比其他卖家高,因而成交的概率也就会比其他卖家低。

(3) 货源质量的重要性。货源的质量是买家给网店商品评价的标尺,因为买家既然决定买了,就表明对商品的价格已经认同了,而商品的质量就成为评价的关键。同时,商品的质量也会是赢得下次交易的关键,所以在选择货源时,一定要把好质量关。

3. 网店货品的选择

经营者在确定开网店时,必须确定自己店铺的特色和优势,并将这些特色和优势体现在销售的货品中,有效地向目标市场展示,让消费者接受、认可店铺及货品。经营者如何选择自己的货品呢?可以从以下几点考虑:

(1) 从经营者的兴趣爱好出发。前文提到经营者需要具备一定的知识,如果喜爱某一事物,那么必然需要对相关知识有所掌握或熟悉,相对于其他货品,经营者更愿意去了解自己喜欢的货品,知道如何使用货品、货品的价值所在。同时,人们对自己感兴趣的事物总是心驰神往,在做自己感兴趣或爱好的事物时,往往能够发挥出超常的能力。例如,钓鱼爱好者可以在水塘边坐上一上午都不觉得厌烦,经营者在销售自己喜爱的货品时,精神的满足感也会对客户的购买行为产生很大的影响。

(2) 从用户或市场的需求出发。这种方法需要经营者拥有足够的市场敏锐度和快速的市场反应能力,用户喜欢什么或者市场缺少什么都是可以分析出来的,经营者根据市场调研找出网络市场中的"空白",或者找到特殊的销售对象,从而定制自己的货品,往往能够创造出店铺的特色。这种"特色"可以是独具一格的产品属性,也可以是产品价格和质量的不同定位,还可以是独特品位的消费群体。女装作为网络销售的一大类目,已经不断被网店经营者发掘出多个特色领域,如韩都衣舍的流行韩版风格定位,七格格的潮流炫酷风格定位等。这些店铺正是凭借自己鲜明的产品属性在竞争中获得优势,并不断衍生发展。

(3) 从货品的来源出发。货品来源不外乎两种,一是经营者自己生产,二是他人生产后由经营者采购。前者需要更多的成本投入和风险承担,后者则需要经营者良好的选择判断能力,有些网店经营者本身就是实体生产企业转化而来的,有良好的生产经验和生产条件,因此选择继续销售自己产品的情况占大多数。而大部分经营者属于半路转行,可能是学生,也可能是上班族,自身并没有生产能力,但是各个地方的市场都有自己特有的货品资源,如农村虽然工业生产不发达,但是蔬菜、水果等资源丰富。近年来,不少电商经营者选择从农村订购新鲜蔬菜在网上销售,抢占农村电商市场。同时网上供应商资源也非常丰富,众多商家希望加强自己的网络影响力,开放招商代销代理模式,这也让部分经营者可以在不需存货、一件代发的条件下开起网店。

(三) 网上开店的硬件要求

网上开店的硬件设施主要包括以下几种:

(1) 配置较好且联网的计算机。对于网上开店的商户来说,计算机与网络是最基本的硬件设备,网上开店需要查询大量的资料、进行图片的处理、与客户随时沟通等,几乎整个流程都是通过计算机与网络来完成的,且工作量非常大,若计算机的配置不合要求,则会影响商家与客户之间的交易。

（2）数码相机。网上开店主要通过照片给客户展示商品。因此，通过使用数码相机可以快速地把自己的商品多角度、详细地展示在客户面前。当然，在此之前需要利用图像处理软件对照片进一步加工美化。

（3）银行账户。目前我国承认的网上支付手段主要是网银和第三方支付，在网上开店需拥有自己的网银账户或第三方支付账户（如支付宝），对第三方支付进行实名认证，也需要个人网上银行，因此银行账户也是网上开店必须具备的条件。

（4）手机。随着电子商务的发展，使用手机进行购物的客户越来越多。对于网店经营者来说，在手机上经营店铺将会获得更多的流量，同时用手机可以方便地与买家保持良好的沟通，可以随时随地维系与买家的关系。

（5）打印机。打印机的主要作用是打印物流单，如果卖家的网店进入实际操作阶段，当销售量大时就会有很多物流单号需要填写，使用打印机可以快速、准确地打印物流单号。

（四）网上开店的软件要求

1. 网络通信工具

因为网上开店多数通过网上通信工具与客户进行交流、协商，所以即时的网上通信工具是不可或缺的，常见的网上即时通信工具有QQ、微信、千牛等（见图7.5）。将其安装在计算机或手机上后，卖家可以通过这些软件和买家进行交流，解答交易前期的客户疑问，同时也能让买家随时联系卖家客服，享受售后服务或进行反馈，这对维护客户关系起到了关键的作用。

图7.5 千牛主界面

2. 网店管理软件

网店管理软件是指管理软件提供商针对近年来流行的网店功能而为网店经营者提供的一种进销存软件、平台辅助软件、销售支持软件，以及其他面向用户习惯和用户需求的支持软件。经营网店需要进行货品上架、照片上传、交易查询等多项工作，一款优秀的网店管理软件能让经营者事半功倍。

网店管理软件主要分为两类：

（1）安装管理软件。由软件提供商提供安装源，用户只要将软件安装于个人计算机或服务器上即可对网店进行商品管理、销售管理、库存管理,让进销存一目了然。这类软件的具体功能包括实时显示库存、库存管理、订单管理、入库和出库数据、数据统计报表、网银的管理,以及发货流程的管理。

(2) 应用服务软件。它是一种信息化作用管理平台,即云 ERP 软件,在此模式下,服务商提供一整套网络销售软件与服务器等硬件设备和专业服务,网店主、网商每月只需支付少量租金,将网商的计算机通过互联网接入服务平台,就可享受到电子商务 IT 服务系统,包括网店的商品管理、订单管理、物流管理、销售管理、客服管理、顾客管理、财务管理等一整套网上零售的信息化系统,便于随时远程掌控网店运营的各种信息,轻松进行网店管理。

常见的网店管理软件有淘宝助理(见图7.6)、网店管家、管家婆等,经营者可根据自身需求选择适合的管理软件。

图7.6　淘宝助理主界面

3. 图像处理软件

图像处理软件是对数码照片进行修复、合成、美化等各种处理的软件总称。销售商品前需要将商品进行拍摄加工,让买家获得更好的视觉感受,也需要将文字与照片进行组合,从而更好地说明商品的属性功能等。因此在拍摄商品后,都会对照片进行相应的处理,常见的图像处理软件有如下几种:

(1) Adobe Photoshop,简称 PS。它是最常用的图片处理软件,有非常强大的处理图片和照片的功能。

(2) 美图秀秀。它是目前我国最流行的一种图像处理软件,因为该软件大部分功能是免费的,再加上不用学习就可以轻松上手,比 PS 使用更简单,尤其可以在手机上直接处理照片,所以更加受年轻人的喜欢。

(3) ACDSee。它是一种非常流行的看图工具,具有简单、人性化的操控模式,可以支持很多格式的图片,自身也带有图片处理功能。

(4) 光影魔术手。它是一种用于对数码照片进行处理的软件,简单实用,可以免费制作相框、艺术照,不要专业的技术要求就可以很好地处理照片。

(5) CorelDRAW。它有非凡的设计功能,广泛地运用于商业设计和美术设计。

4. 数据挖掘软件

经营网店每天都会有数据的生成,包括流量、交易量、收藏量等。通过数据,可以把一大批看起来杂乱无章的信息集中、萃取和提炼出来,找出所研究事物内涵的规律,从而提高事情完成的效率,这也是需要数据挖掘软件的原因。通过数据挖掘分析市场的发展趋势、打造爆款的可能性、促销方式的有效性等,可以对网店的运营进行调整。常见的数据挖掘软件有生意参谋、量子恒道、数据魔方等。

5. 促销软件

促销实质上是一种沟通活动,即营销者发出刺激消费的各种信息,把信息传递到一个或更多的目标对象,以影响其态度和行为。经营网店和实体店一样可以采取促销的方式来吸引消费者,提高交易量。一般网络促销有电子优惠券、满赠、满减、包邮等多种方式,这些方式有时需要借助促销软件来实现。在淘宝卖家服务平台,可以找到非常多的促销软件。

小思考 7.4

网上开店需做好哪些准备?
答:开店经营者的准备;货品的选择;硬件、软件的准备。

三、淘宝网店开设

淘宝网不仅是国内最大的网络购物平台,同时也是亚洲及太平洋地区最大的网络购物平台,拥有数量庞大的网购消费群体,能够提供优质完善的卖家服务。下面以淘宝开店为例介绍网店的开设流程。

(一)注册淘宝会员

要在淘宝网上开店,首先需要注册成为淘宝会员。进入淘宝网首页,点击"免费注册"进入注册界面(见图7.7)。

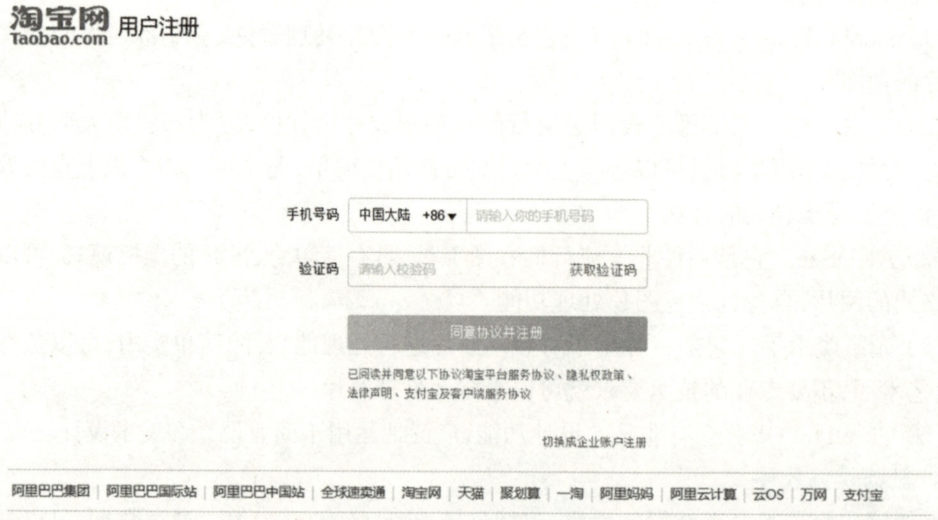

图7.7 淘宝会员注册页面

淘宝网的注册对象可以是个人,也可以是企业。个人使用手机号进行第一步操作,设置登录名为企业后,输入手机号或邮箱并填写正确的验证码,淘宝系统会向手机或邮箱发送交易码来确定手机或邮箱的正确性,一个手机号只能注册一次,如果手机号已注册过,那么可以用邮箱验证。

使用邮箱验证成功后,会弹出激活页面,点击"邮箱激活账户"按钮,在随后出现的邮箱页面,输入验证邮箱的密码,进入邮箱后,打开最新的电子邮件,点击邮件中的"完成注册"按钮即可完成注册。

(二)开通支付宝账号

淘宝网中默认使用的支付手段主要有支付宝和网银两种,但交易双方都需要有一个支付宝账号来确保交易的安全。支付宝认证系统具有以下四点优势:

(1)支付宝为第三方认证支付手段,更加可靠。
(2)有众多知名银行共同参与。
(3)除了身份信息核实外,还增加了银行账户信息核实。
(4)支付宝认证流程简单且容易操作。

打开支付宝首页,在网页上可以看到登录选项,点击下侧的"免费注册",进入注册页面,可以选择个人注册或企业注册,输入手机号或电子邮箱作为账户名,点击下一步。和前述的淘宝会员注册一样,这时会弹出验证账户名的窗口,需要验证邮箱或手机号码,点开验证。验证完毕后在填写账户信息页面填写相关信息,填写完毕,点击"确定"完成注册。卖家要注意区分支付宝登录密码和支付密码,两者是不一样的。

拥有支付宝账户后,并不能完全享受支付宝提供的所有服务。考虑到网络的虚拟性和用户资金的安全,需要通过支付宝实名认证之后才能正常使用其提供的所有服务。支付宝实名认证是由支付宝网络技术有限公司提供的一种身份识别服务,支付宝实名认证步骤比较简单:登录支付宝,点击"账户设置",进入页面后点击左侧的"基本信息",找到实名认证里的"立即认证",点击进入认证页面,输入身份证号码和姓名,点击"提交"按钮就可以完成,这个步骤也可以在支付宝注册时同步完成。

支付宝是买家和卖家在淘宝交易中的中转平台。一般情况下,只有买家将购买款预先打进支付宝,卖家才会发货;而当买家收到货品并确认后,卖家才能从支付宝获得货款。因此,卖家可以在支付宝网站上查询自己的账户余额及交易明细,还能将其提现到自己的网上银行卡里或者转账到其他支付宝账户。

(三)开店流程

当淘宝账号和支付宝账号都注册完成之后,卖家就可以进行淘宝店铺的操作。

1. 店铺基本设置

卖家登录后进入淘宝网首页,点击"卖家中心"选项下的"免费开店",进入店铺管理初始界面,也就是"我是卖家"页面。在该页面中,卖家可以在店铺进行多项管理,包括交易管理、物流管理、宝贝管理、店铺管理等(见图7.8、图7.9)。

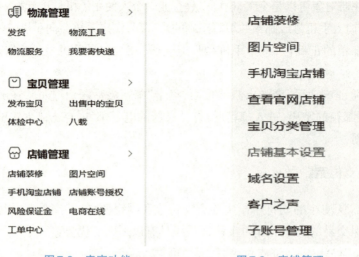

图7.8 卖家功能　　　　　图7.9 店铺管理

卖家需要为自己的店铺取名字并输入一些基本信息,这可以在"店铺基本设置"里完成。在"店铺基本设置"页面,卖家必须填写带"*"号的部分,其余部分可选择不填。店铺名称具有唯一性,因此不允许输入已有店铺的名称。店铺名称填好后上传店铺的标志,店铺的标志建议尺寸大小为80像素×80像素。店铺简介可以根据自己店铺的实际情况进行介绍(见图7.10)。

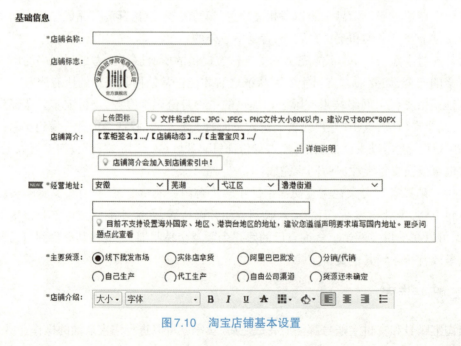

图7.10 淘宝店铺基本设置

2. 店铺装修

装修漂亮的淘宝店铺会延长消费者的驻留时间、提高消费者的购买欲。卖家对店铺进行装修,登录进入"卖家中心",单击左侧菜单栏中的"店铺管理店铺装修",进入装修页面进行布局管理,增加或删减自己需要的页面,设定完成后,点击"保存"按钮(见图7.9、图7.11)。

图7.11 淘宝店铺布局管理

完成布局管理后,接下来就是页面编辑,主要是设置页头的导航、店铺招牌、页面设置、背景颜色等。店铺招牌是店铺第一屏内容,是买家进入店铺看到的第一个模块,也是打造店铺品牌的最好阵地,卖家可以选择默认招牌,也可以自己制作好图片上传,店铺招牌的长度默认为950像素,高度建议不超过120像素,在店铺招牌中,卖家可以利用图片或代码展示自己店铺特点或宝贝优势,甚至可以和促销活动匹配加入促销内容,一个好的卖家要学会利用自己的店铺招牌让买家印象深刻。做完店铺招牌,卖家可以在剩下的页面中添加自己想要的模块,并根据模块不同设置相应的内容,主要用到的模块有宝贝推荐、图片轮播等(见图7.12)。

图7.12 淘宝店铺招牌设置

如果卖家不太会设计自己的店铺,那么也可直接点击装修模板管理,选择系统模板或购买模板后,点击"应用"即可完成整体的装修。

3. 发布宝贝

在卖家后台点击"宝贝管理"→"发布宝贝",开始上传宝贝,卖家首先要上传宝贝图片,然后选择正确的类目来发布宝贝。如果不清楚这些类目,则可以输入宝贝名称,系统会自动匹配类目,确定类目后,点击"下一步,完善商品信息"按钮,填写宝贝的基本信息(如

图 7.13）。

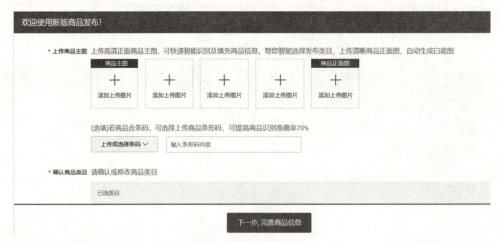

图 7.13　发布宝贝

选择的类目不同要填写的宝贝基本信息也不同。卖家根据宝贝具体情况如实填写宝贝的基本信息即可。这里简单介绍需要填写的内容。

（1）宝贝名称。即宝贝标题，宝贝标题需特别注意，这关系到消费者能不能搜索到店铺的宝贝，因此需要进行有效的关键词组合，并充分利用宝贝标题30字的空间，尽可能提高宝贝的搜索量。

（2）宝贝价格。发布宝贝时卖家需输入单件商品的价格，也就是一口价。商品价格对消费者购买产品也会产生影响。

（3）上传宝贝图片。发布宝贝时必须上传宝贝图片，在编辑发布宝贝时，一般要上传五个不同角度的宝贝图片或短视频；卖家可以上传一张主图或多张细节或情景图，让买家不需要看宝贝详情页，就能大概了解宝贝的一些信息。

（4）宝贝描述。宝贝描述可以说是将买家引入宝贝详情页后吸引和打动买家购买的关键部分，需要针对宝贝设置详情模块，打造独特的宝贝描述风格，可以对宝贝的属性、细节图片、模特图、使用说明、售后等内容进行详细描述。

以上是卖家在淘宝开店的一些基本操作，在其他平台上开设网店的操作大致相同，都需要上架宝贝、设置店铺。所以卖家学会了在淘宝网开店后，在其他平台开设网店也不会有太大的问题，只是不要忘了熟悉其相应的各项规则，以避免引起纠纷或出现问题。

小思考 7.5

淘宝网店开设一般步骤有哪些？
答：注册淘宝会员、开通支付宝账号、店铺基本设置、店铺装修、宝贝发布。

第三节 网店推广

一、搜索引擎优化

（一）搜索引擎优化的含义

搜索引擎通常指的是收集网络上几千万到几十亿个网页，并对网页中每一个词（即关键词）进行索引，建立索引数据库的全文搜索引擎。

当用户查找某个关键词的时候，通过之前建立的全文搜索引擎数据库，所有在页面内容中包含了该关键词的网页，都将作为搜索结果被搜索出来，再经过复杂的算法进行排序（或者包含商业化的竞价排名、商业推广或者广告）后，这些结果将按照与搜索关键词的相关度高低（或与相关度毫无关系）依次排列。

搜索引擎优化（Search Engine Optimization，SEO）是一种利用搜索引擎的搜索规则来提高目前网店在有关搜索引擎内自然排名的方式。从狭义上讲，SEO优化通过总结搜索引擎的排名规则对网店进行合理优化，使网店在所搜索引擎的排名提高。从广义上讲，SEO优化是一套基于搜索引擎的营销思路，为网店提供生态式的营销方案，使网店在行业内占据领先地位，从而获得品牌效应。其本质是迎合搜索引擎的排序机制，让搜索引擎认为该店铺的商品或服务对搜索引擎的用户而言最有价值，最有可能实现成交转化。

SEO优化一般包括标题优化、商品类目优化、详情页优化、相关性优化、权重优化等，以此使网店获取更好的自然搜索排名和更多的平台推荐机会，带来更多免费流量。SEO优化是网店获取平台免费流量的重要手段，以电子商务平台为例，无论是国内电商平台（如淘宝、天猫、京东等），还是跨境电商平台（如速卖通、亚马逊等）上的店铺流量，主要来自平台免费流量（关键词搜索、系统推荐）、自主访问流量（收藏夹、购物车、店铺链接）、付费推广流量（SEM推广、信息流推广）等，其中免费的平台流量占比最高，也是众多卖家争相抢夺的目标，因此SEO优化对网店推广极为重要。

（二）搜索引擎优化对网店推广的作用

1. 降低网店获客成本

网店获客成本指网店获取新的客户所产生的费用。网店流量的来源一般包括免费流量和付费流量，要降低网店获客成本，就要提高免费流量在总流量来源中所占的比重。当消费者需要了解一种商品或者一项服务时，一般会通过搜索引擎进行搜索，因此SEO优化不仅能为网店带来免费流量，还能够为其带来精准的客户。通过SEO优化，网店的付费流量获取成本能被更多的免费流量分摊，从而获取更高的利润。

2. 影响付费推广效果

网店的付费推广效果是指网店通过付费的方式,达到提高店内商品或服务曝光率、转化率等指标的效果。如果一个网店只重视付费流量而忽略SEO优化,那么即使网店投入大量的付费推广成本,糟糕的SEO优化仍会影响搜索引擎的推荐结果和搜索结果,甚至会降低付费推广的效果。SEO优化和SEM推广、信息流推广等付费推广是相辅相成、互相促进的。做好付费推广的前提是做好SEO优化,在付费推广的助推下,增加电商平台的总流量。

3. 提升网店权重

网店权重是搜索引擎根据网店表现给出的一个综合评分,是网店在搜索引擎中的可信赖度,是搜索引擎对网店的排名依据。网店权重越高,店铺的可信赖度越高,搜索排名则越靠前。为了更好地管理网店,精准地向用户推荐合适的商品和服务,搜索引擎都会通过设置权重等级来区分店铺。

电子商务平台更倾向于将优质的流量分配给权重高的店铺。店铺权重的计算指标有很多,如店铺类型、店铺DSR评分、好评率、店铺人气、销量、点击率、转化率、复购率、旺旺响应速度等,SEO优化的结果能直接反映在这些计算店铺权重的重要指标上。

(三)搜索自然排名的影响因素

搜索引擎在处理搜索数据后,会根据它们的算法计算出哪些网页应该排在前面,这就是所谓的搜索自然排名,而搜索自然排名的影响因素,就是由输出引擎的排名算法生成的,因此不同输出引擎的搜索自然排名的影响因素是不同的,搜索自然排名结果自然也是不同的。

淘宝和百度是人们常用的搜索网站,但是由于其搜索需求不同,搜索引擎的设计会有很大差异(见表7.2)。

表7.2 淘宝搜索引擎与百度搜索引擎对比

项目	淘宝搜索引擎	百度搜索引擎
搜索主体	商品	网页文本信息
时效性	搜索结果更新频繁	结果固定、更新速度慢
检索维度	考核的因素与维度相对较多	以关键词与文本的匹配为主

同样以商品信息搜索为主体,淘宝搜索引擎和京东搜索引擎也存在不少差异。因此,研究搜索自然排名的影响因素必定要基于确定的某个搜索引擎。下面以淘宝搜索引擎为例,分析搜索自然排名的影响因素。

淘宝搜索引擎的核心算法是淘宝对商品搜索自然排名的核心技术,其是非公开的,只能通过部分公开的内容、历史数据等推测淘宝商品搜索自然排名的影响因素。可以简单地将淘宝商品搜索自然排名的影响因素分为以下几个方面:

(1)类目模型。类目模型属于淘宝搜索引擎中比较基础的影响因素,系统会首先检索商品类目与属性填写是否正确,商品错放类目在一般情况下无法被正常搜索,即使能搜索到排名也相对靠后。

(2)时间模型。时间模型在淘宝网的搜索自然排名中存在,但在天猫商城的搜索自然排名中不存在。时间模型主要是指商品的上下架时间,发布商品时系统自动记录当前发布的时间,以此作为商品上下架时间,以7天进行周期循环,在其搜索影响因素相同的情况下,临近下架时间的商品排名靠前,就会优先得到展示。

(3) 文本模型。文本模型是指搜索关键词与商品标题的匹配情况,这也与淘宝特有的分词切词技术有关。搜索关键词与商品标题越匹配,越能得到优先展示。

(4) 卖家模型。卖家模型考虑的是店家规模与经营情况。在其他影响因素相同的情况下,天猫商城实行有消费者保障服务的优先,其次是无消费者保障服务的模型;如果卖家开通7天无理由退换货、破损补寄的服务承诺,则会有相应加分。

(5) 服务模型。服务模型包含旺旺客服平均在线时间、第一响应时间、发货速度、投诉率、DSL评分、买家好评率、退款率等因素,这些服务层面的分数也是淘宝商品搜索自然排名的重要影响因素。

(6) 人气模型。人气模型包含许多不同维度和层次的数据,主要包括商品销量及增量、橱窗推荐、转化率、收藏人数、商品浏览量及访客量、回头客占比等。有以7天为周期的考察维度,也有以14天、30天为周期的考察维度;有峰值数据,也有增长的同比数据。

(7) 商业模型。商业模型主要关注商品的品牌因素。同一类目同类型商品,在其他因素相同的情况下,品牌的权重高,非品牌的权重稍低。

小思考 7.6

淘宝商品搜索自然排名的影响因素有哪些?
答:类目模型、时间模型、文本模型、卖家模型、服务模型、人气模型、商业模型。

(四) 搜索引擎优化的步骤

网店制作商品标题主要分为五个步骤。

1. 根据关键词组成要素,从关键词词库中找出合适的关键词

网店通过对商品特性进行剖析,提炼、分解出具有商品特性的关键词;对商品类别、网店类型等进行分析,确定关键词组合类型;从商品相关性角度出发,挑选出相关度较高的关键词,最终从词库中精炼出与商品具有高相关性的各类优质关键词。

以淘宝为例,做淘宝SEO优化,需要建立自己的关键词词库。现在任何一个类目的关键词都有很多,而且第三方搜索关键词的软件更是琳琅满目。关键词词库还是以淘宝官方推荐的和市场表现突出的关键词为主,把这些作为标题优化的首选关键词。找到这些关键词的方法,主要有以下几种:

(1) 淘宝TOP排行榜。这里主要反映的是市场趋势,能让商家看到市场上搜索上升和搜索量最大的关键词。对于优化标题,这一点是非常重要的。特别是通过其中的搜索上升词,可以了解到目前行业的市场方向标是怎样的,既可以让商家及时捕捉到这些竞争相对较少的搜索上升词,也可以让商家根据上升的关键词属性,来调整店铺运营方向。

(2) "淘宝搜索下拉框词"和"你是不是想找的词"。这些都是淘宝系统推荐的词,搜索流量巨大,属于标题中必备的关键词。淘宝系统推荐的不同的词所对应的产品,能让商家了解到市场上正热卖的产品,这对于商家做店内搭配套餐是一个重要的参考。

(3) 数据魔方中的"淘词"。淘词功能强大,可以看到不同关键词的搜索人气、转化率、宝贝数量和竞争度等不同维度。商家可以根据自己宝贝的销量,选择与其权重匹配的关键词,即有多少基础销量,就选择有多少搜索人气的关键词。要保证所选关键词的转化率和竞争度,转化率不能太低,直通车的平均出价也不能太高,否则竞争太激烈。

此外,淘词是非常全面的,在标题优化时,可以选择不同的主词进行搜索,这样可以看到不同维度的词。

2. 根据关键词数据指标,筛选出优质关键词

网店根据网店类型、商品数据的时效性、周期性与竞争性等不同角度对关键词进行筛选;根据关键词的展现量、点击率、转化率等指标进行关键词的排序与筛选;分析重复出现或含义类同的关键词,删除不必要的重复关键词;最终选择最优关键词,并进行组合。

3. 调整标题关键词排序

网店需要根据买家的搜索习惯调整关键词的顺序。比如,商品标题中到底用"丝绸连衣裙"还是用"连衣裙丝绸"的关键词组合呢? 这时网店可以将这两个关键词组合放到淘宝搜索中去验证,判断哪个关键词更符合买家的搜索习惯,最终确定关键词。此外,网店还需要根据关键词与商品的相关性、电子商务平台搜索引擎排序机制调整关键字排序。

4. 确定商品标题

网店进行商品标题测试,查询商品关键词排名,更换搜索排名高的关键词。根据商品的动态经营数据,网店可以适当地对商品标题进行优化调整。

5. SEO 后期监控优化

在做好宝贝的标题优化之后,后期商家还要通过市场每天的数据来查看自己宝贝排名的变动情况,这主要用于监控店内不同宝贝每天的流量变动,和宝贝每天不同关键词的流量和转化的变动。

(1) 观测宝贝一段时间内的流量变动情况,在淘宝卖家后台量子恒道中的宝贝被访详情页中能够一目了然看到宝贝每天的流量变动趋势。如果连续几天的流量下降较大,则要及时查找原因。

(2) 对于单个宝贝每天不同关键词的转化和流量情况,可以在量子恒道中的搜索流量诊断中查看。在这个工具中,商家可以看到每个关键词在当天的搜索排名、展现量、点击率、跳失率和转化率等重要指标。

小思考 7.7

搜索引擎优化(SEO)的步骤有哪些?

答:第一步为根据关键词组成要素,从关键词词库中找出合适的关键词;第二步为根据关键词数据指标,筛选出优质关键词;第三步为调整标题关键词排序;第四步为确定商品标题;第五步为 SEO 后期监控优化。

（五）商品标题的制作技巧

商品标题的优劣关系到商品搜索权重的高低，它会影响商品的自然搜索流量、网店的活跃程度。在创作商品标题时，需要注意以下几点技巧。

1. 合理利用空间

（1）商品标题的长度尽可能写满。网店制作商品标题时，要尽可能写满，比如淘宝的商品标题为60个字符，速卖通为128个字符，这样能够提高商品关键词的覆盖率，商品被搜索、被展现的可能性将变大。要选择与商品相关度高的关键词，不能为了写满字符数量而堆砌一些无用的关键词。标题关键词要与商品的属性一致，例如，如果商品是连衣裙，则不应当使用"衬衣"；如果商品是运动款，则不应当使用"商务款"等。也就是说，标题关键词要真实可信，如果虚构关键词，那么网店的商品可能会被下架并扣分。

（2）重要关键词前置。目前大多数买家使用移动端在网上购物，在移动端展现搜索结果时，标题往往会被截断，分成两行进行展现，买家一般倾向于先看前面的关键词，所以将核心词放在前面，从视觉营销的角度设置核心词，能够有效提高商品的点击率。

（3）关键词覆盖广泛。因为单个商品标题的字数有限，所以将不同的关键词使用在不同的商品标题中，既能个性化地描述网店商品，也能使网店中的关键词覆盖尽可能多的人群。

2. 商品标题的制作误区

在商品标题的制作中，同样的关键词在不同商品中的转化率和点击率是不一样的，这主要是因为商品的权重不同，搜索排名结果的差异比较大。如果添加的是与商品属性不符的关键词，那么该商品的点击率和转化率也会非常低。常见的标题制作误区主要有以下四点：

（1）直接复制爆款标题。因为一个关键词的曝光量是有限的，如果自己网店商品的竞争力不及同行，直接复制同行的爆款标题，那么商品的搜索权重也会降低，商品搜索结果排名无法达到期望的效果，所以绝对不可以直接抄袭他人的标题。

（2）直接按自身想法写标题。如果不结合数据分析，直接按照自身想法撰写标题，那么题中的关键词有无展现、是否精准都不得而知。因此，要结合数据指标选择关键词制作商品标题。

（3）盗用其他品牌的关键词。在商品标题中使用与商品自身无关的其他品牌的关键词，虽然可能会获得一些流量，但是这种行为涉及搜索作弊，并且属于侵权行为。

（4）堆砌关键词。在制作商品标题时，切记不可重复堆砌关键词。这样做一方面浪费了标题有限的字符空间，另一方面标题质量会降低，可能会受到搜索降权处罚。

（5）频繁优化标题。频繁优化商品标题关键词，可能会导致搜索降权，建议至少7天才考虑优化一次标题，等新标题的权重形成了之后，再酌情进行商品标题优化。因为修改标题会有一些影响，所以在修改优化标题的时候一定要先考虑好。

二、搜索引擎营销推广

(一) 搜索竞价排名的影响因素

搜索引擎营销(Search Engine Marketing,SEM)就是根据用户使用搜索引擎的方式,利用用户检索信息的机会,尽可能将营销信息传递给目标用户。简单来说,搜索引擎营销就是基于搜索引擎平台的网络营销,利用人们对搜索引擎的依赖和使用习惯,在人们检索信息时将信息传递给目标用户。

在网店的搜索自然排名靠后时,为了获取关键词搜索排名,商家就要针对该关键词进行付费推广,在自然搜索结果的附近呈现自己的网站或商品。各大搜索引擎也相应地推出了付费推广工具,如百度的百度竞价推广(见图7.14)、淘宝的直通车、京东的京东快车等。根据国家相关法律规定,搜索引擎付费推广必须标注"广告"两个字。

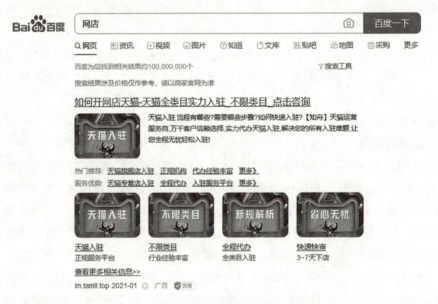

图7.14 百度搜索结果中的竞价推广

作为搜索付费推广工具,关键词竞价是搜索付费推广排名的重要影响因素。另外,考虑到所推广内容的质量,搜索引擎也会将推广内容点击情况、点击效果等作为竞价排名的影响因素。例如,淘宝直通车的付费推广排名由关键词质量分和关键词出价共同影响。

(二) 关键词的选择和优化

淘宝直通车中单个商品最多可以添加200个关键词。网店在添加关键词时,系统会根据网店所选的推广商品推荐大量的关键词,推荐排序默认以关键词相关性为主要指标。但是,系统默认相关性主要以商品所放类目为标准,未必就是真实的关键词。因此网店在选择关键词时,需要对商品与关键词的相关性进行人工筛选。

然后,网店可以根据关键词的历史数据进行进一步筛选。展现指数间接反映该关键词被搜索的热度,展现指数越高,说明关键词的搜索量越大。市场平均出价代表众多卖家对该关键词的出价情况,竞争指数反映该关键词被卖家选中的情况,点击率反映该关键词推广中被买家点击的效果,点击转化率反映该关键词推广中点击后转化订单的比例。一般情况下,网店倾向于选择高展现、低出价、低竞争、高点击率、高点击转化率的关键词。

选择适量的关键词进行推广,后续要根据关键词的推广情况,不断调整和优化关键词。在经过一段时间的推广后,可以得到关键词的表现情况。原则上说,要保留高点击率和高转化率的关键词,剔除低点击率、低转化率的关键词。另外,要考虑商品标题关键词自然排名的提升,倾向于多使用与商品标题相关的关键词进行推广。

(三) 质量得分优化

用户搜索关键词时,搜索结果页的推广商品按照一定的规则排序后,根据排序结果在优势的广告位置进行展现。网店排序主要由关键词质量分与关键词出价共同决定,其公式为:

$$关键词综合排名指数 = 关键词质量分 \times 关键词出价$$

1. 关键词质量分

关键词质量分是指搜索推广中衡量关键词与推广商品信息和用户搜索意向三者之间相关性的综合性指标。关键词推广质量得分越高,代表关键词推广效果越好,就可以用更少的推广费用把更优质的商品信息展现在更适当的展示位置上,使买卖双方获得双赢。

对于关键词质量分,不同的平台有不同的叫法,但是意义相同。例如,淘宝直通车推广叫质量分,速卖通直通车叫推广评分,百度称为质量度,京东称为竞争力系数。以淘宝直通车关键词质量分为例,质量分是衡量关键词质量的综合评分,目前主要的评分形式是5星10分制,半颗星代表1分,1颗星代表2分,分值越高,就可以获得越理想的推广效果。由于竞争环境不同,同一个关键词在移动端和PC端往往有不同的质量分表现。

系统会对每个关键词或类目出价并给予一个质量分,初始分值会有所不同,并根据买家的浏览反馈等信息更新分值。如果新增或修改了当前推广信息,那么质量分会在半个小时后更新;对账户中所有关键词的质量分的更新时间为24小时。如果推广暂停一段时间,或者删除一段时间重新推广,或者重新推广一个关键词,那么推广的质量得分会重新计算。

(1) 质量分的作用。质量得分越高越好,排名相同的位置,得分越高,花费越低,具体作用包括:① 降低关键词点击花费,由于关键词的点击价格与质量分有关,在排名不变的情况下,提高关键词的质量分,出价会相应降低,点击花费自然也会降低,能给网店节省一部分推广费用,利用这些节省下来的费用,支持其他关键词,能带来更好的推广效果,网店整体转化率也会提升。另外,根据关键词单次点击扣费公式,自身的关键词质量分提升后,会让前一名的竞争对手花费更多的推广费用。② 使得自身排名更靠前。在出价相同的情况下,提高关键词的质量分,可以让关键词的排名更加靠前,更加吸引用户的注意力,增加点击量,从而提升店铺的整体流量,最终达到增加转化率的目的。③ 限制推广结果的展现资格。为了改善用户的购物体验,各大广告平台均有类似的规则,但质量分偏低时,推广结果可能无法展现,或者展现概率低。

以淘宝为例,质量分的高低将直接影响关键词的展现位置,具体表现为:无展示机会、有

展示机会、有首页展示机会(见表7.3)。

表7.3 淘宝的质量分与展现位置关联

移动端质量分	1	2	3	4	5	6	7	8	9	10
移动端展示逻辑	无展示机会					有展示机会	有首页展示机会			

无展示机会是指暂时没有机会在电子商务平台移动端和PC端搜索结果中展示,说明关键词的质量分不符合直通车位置展示的要求,需要先优化关键词的质量分,达到平台展示的质量分要求(即晋升到"有展示机会"或"首屏展示机会")后,再去调节出价,获得流量。

有展示机会是指有机会在电子商务平台移动端和PC端搜索结果中展示,移动设备质量分在6分及以上有展示机会(无线混排机会)。无线混排机会的位置是指搜索关键词排名非第一位的位置,每隔10个或者20个自然搜索的宝贝,就会有1个或2个带"HOT"标志的直通车无线宝贝(即混排位置),当有展示机会时,应及时优化商品关键词的基础分,通过完善创意效果、相关性、买家体验和出价来提升获得流量的能力(见表7.4)。

表7.4 无线混排机会展示位

移动设备系统	直通车无线展示位	含义
IOS	1+5+1+10+1+10+1…	每隔5个宝贝有网店的1个展示位
Android	1+5+1+5+1+10+1…	每隔5个宝贝有网店的1个展示位
iPad	1+5+1+15+2+20+2…	每隔15个宝贝有网店的2个展示位
WAP	1+20+2+20+2…	每隔20个宝贝有网店的2个展示位

当质量分得分为7~10分时,网店获得首页展示机会,说明该关键词下的商品有机会登上首页展示位,这时可以适当地调节出价,来获得更多首页的流量。

(2)质量分影响因素。质量分是系统为每个关键词计算的质量得分,受账户、广告和关键词的历史表现、目标网页的情况、广告和关键词的相关性等因素影响,在账户中质量分以等级的形式呈现。具体来说,质量分受到以下因素的影响:相关性、网店质量、买家体验、点击率、账户历史表现。

① 相关性。相关性主要是指推广词与创意、网店推广目标之间的相关性。平台为了营造良好的消费体验,首先要明确判断用户的搜索需求,并向用户展现符合搜索需求的网站信息。在SEM推广中,为了使展示的网店信息符合用户的搜索需求,就要保证网店的推广词与其推广信息具有一定的相关性,且越相关越好。推广词与创意的相关性保证用户在搜索网店推广关键词时,展现的广告图片与广告词符合用户搜索需求;推广词与推广商品的相关性保证用户搜索网店推广关键词时,点击广告进入推广商品页,看到的目标符合用户搜索需求。

创意的相关性是指创意要围绕着推广的关键词来写。例如,如果用户搜索的关键词为"家政服务",网店推广的关键词是"家政服务"或与"家政服务"相关的关键词,在这种情况下,推广的商品的创意有才有机会展现,若创意紧紧围绕"家政服务"进行编写,则用户就有很大的可能会点击这个符合自己购买需求的商品或服务。

推广商品的相关性是指用户访问的商品详情页的商品要与推广的关键词与创意相关。在创意相关的前提下,用户点击进入商品详情页,若商品仍然是"家政服务"的信息,则这时只要稍加引导,就会有极大的可能促成成交。目前,搜索引擎关于相关性的计算大部分是通过关键词分词匹配及关键词在内容中出现的密度、频率等特征来进行的,现在搜索引擎判断相关性一般会采用关键词匹配和语义分析两种判断方法。

② 网店质量。网店质量主要指推广网店的信息质量与服务质量。优秀的网店不仅会给用户带来良好的用户体验,也有助于更好地展现商品、服务信息或者品牌形象。在不考虑影响排名的其他因素时,网店质量越高,就越有机会获得靠前的排名。网店质量主要包括网店信息质量和网店服务质量。网店信息质量是指网店推广商品信息是否如实描述、信息完整程度与丰富度、推广创意的关键词点击反馈、图片质量等。网店服务质量包括网店的网页服务质量与用户服务质量。

③ 买家体验。买家体验是指根据买家在店铺的购买体验和账户近期的关键词推广效果给出的动态评分,包括直通车转化率、收藏与加入购物车情况、关联营销情况、详情页加载速度、好评与差评率、旺旺反应速度等影响购买体验的因素。当关键词对应的各项分值越大时,代表推广效果越好,但不同行业的关键词质量分也是与实际行业类目相关的,所以要以实际情况为准,参考优化中心的建议进行优化,不断提高各项指标值。

④ 点击率。点击率是指广告被点击的次数与该广告展示次数的比值。点击率的高低会影响质量分,如果点击率高的话,那么平台就会认为该关键词与广告的相关度、用户搜索需求的相关度比较高,会给予一个高的质量分。较高的质量分能使客户以更低的价格获得更靠前的排名,因此排名与点击率是相互促进的关系。

点击率往往包含账户现有关键词的预估点击率与历史点击率两个方面。预估点击率衡量的是当相应的关键词触发了推广结果进行展现的时候,获得点击率的可能性有多高,系统主要会参考关键词的历史点击率和账户当前的设置。预估点击率是在假设搜索词和关键词完全匹配的基础上计算出的估算值。用户搜索词、购买关键词、对应创意、展现形式、推广着陆页的内容,以及它们之间的相关性、对用户的吸引力等,都会影响关键词的历史点击率。在不考虑影响排名的其他因素时,关键词预估点击率越高,排名就越有机会靠前。历史点击率是指推广一段时间后关键词的点击反馈,历史点击率越高,关键词的质量分越高。点击率主要受展现量与点击量的影响。展现量主要受关键词的个数、匹配方式、排名等因素影响,点击量主要受创意的吸引力、关键词排名、创意与用户搜索意图的相关程度的影响。

⑤ 账户历史表现。账户历史表现是指账户广告以往推广的总体效果,其也会影响质量分,首先要保证网店没有被惩罚,搜索作弊、违规等都会受到平台惩罚,从而降低质量分,影响推广效果。

2. 关键词出价

关键词出价是指商家愿意为关键词被点击一次所支付的最高价格,它由企业自己设定,而不由搜索引擎设定。关键词被点击一次的花费不高于关键词出价,所以关键词出价也是关键词的单次点击花费上限。

例如,两家竞争店铺A和B,同时添加了关键词"连衣裙",可能出现如下三种排名情况:
(1) 出价相同,质量分高的关键词排名靠前(见表7.5)。

表7.5 出价相同情况下的排名

网店	关键词	出价/元	质量分	综合排名	排名
A	连衣裙	10	5	50（10×5）	2
B	连衣裙	10	8	80（10×8）	1

(2) 质量分相同,出价高的关键词排名靠前(见表7.10)。

表7.6 质量分相同情况下的排名

网店	关键词	出价/元	质量分	综合排名	排名
A	连衣裙	20	5	100（20×5）	1
B	连衣裙	10	5	50（10×5）	2

(3) 质量分和出价都不相同时,出价×质量分高的关键词排名靠前(见表7.7)。

表7.7 出价质量分均不同情况下的排名

网店	关键词	出价/元	质量分	综合排名	排名
A	连衣裙	10	8	80（10×8）	1
B	连衣裙	20	3	60（20×3）	2

再举一个综合出价比较的例子,有 A、B、C 三个商品广告,均在竞争关键词"雪纺连衣裙"。根据公式:排名＝质量分×出价,综合出价数据,如表7.8所示。

表7.8 综合出价排名

网店	关键词	出价/元	质量分	综合排名	排名
A	雪纺连衣裙	5	9	5×9=45	1
B	雪纺连衣裙	4	9	4×9=36	2
C	雪纺连衣裙	4	8	4×8=32	3

由此可见,质量分相同,出价越高,则排名越高;出价相同,质量分越高,排名越高;若质量分和出价均不相同,则两项相乘乘积越大,排名越高。因此,在推广中,商家如果想使自己的商品获得更高的排名,则要么提高出价,要么提高关键词质量分。而推广优化的目的是降低花费,因为推广优化的重点是提高质量分。

小思考 7.8

淘宝直通车排名的影响因素有哪些?
答:关键词质量分和关键词出价。

三、信息流推广

(一)认知信息流推广

1. 信息流推广的概念

学习信息流推广,首先要了解信息流广告。信息流广告是信息流里穿插出现的广告。信息流广告以文字链、图片、短视频等开式夹杂在用户浏览的信息中,与所处的环境贴合,被认为是"最不像广告的广告",运营商通过各种渠道获取用户的行为数据及兴趣数据,再基于大数据算法,将广告与用户的兴趣和需求进行匹配,然后有针对性地将广告推送到用户面前。信息流广告有三个主要特点:

(1)算法推荐。通过大数据描绘多维度用户画像,通过人群标签精准定向理想用户,把合适的信息在合适的场景推送给合适的用户。

(2)原生体验。广告与内容融合在一起,用户操作和阅读时无强行植入,实现商业和用户体验的良好平衡。

(3)互动性强。用户可以参与互动,根据平台的特性可以自发进行广告的多维传播(如微博的转发、朋友圈的点赞),持续影响潜在受众。

其次要理解信息流推广。信息流推广是指通过信息流渠道,把信息流广告精准推荐给用户的过程。推广过程是在合适的时间、合适的场景把合适的广告推荐给合适的人群。

2. 信息流广告与SEM的区别

近年来,信息流广告成为SEM竞价广告之外核心的增量渠道。虽然信息流广告和SEM都是竞价广告,但两者也有区别。首先,从信息呈现方式上看,SEM是用户主动搜索,是人找信息,而信息流广告根据用户标签主动推送,是信息找人。其次,从竞价方式上看,SEM采用关键词竞价,信息流广告使用实时竞价。最后,SEM竞价推广主要展现在搜索引擎页面,信息流广告展现在资讯类APP中。SEM与信息流广告没有直接竞争关系。

(二)常见的信息流平台

目前市场上的信息流平台越来越多,常见的信息流平台有今日头条、抖音、百度信息流、腾讯信息流、微博、知乎等。

1. 今日头条

今日头条是一款基于数据挖掘的推荐引擎产品,也是国内互联网领域成长最快的服务产品之一,更是目前最大的资讯类信息流平台。

(1)优点:算法成熟,关键词定向,有移动建站很方便,支持CPA。同时用户每天的在线时间长,用户每日使用时长超过76分钟,且能5秒快速推广,锁定目标用户,10秒更新用户模型,广告投放更精准。

(2)缺点:今日头条的推广展现量大,点击率高,但是转化率以偏中低为主。

(3)投放行业建议:理财、生活、游戏、APP等,可根据导航栏的分类进行投放。

2. 抖音

抖音是目前最火爆的短视频APP,拥有一大批忠实的用户,在大数据上表现较好,且通过用户观看的视频去记录用户的行为,不断给用户定义标签,在产品推送上实现了千人千面的营销高度。同时抖音支持从视频广告点击跳转至广告主设置的落地页,可以帮助网店在抖音实现营销推广的目的。

(1) 优点:抖音用户数量庞大,易于打造爆款产品,是品牌曝光的较好选择平台。

(2) 缺点:抖音营销推广成本偏高,且对素材要求较高,整体人群意向程度低,对行业要求限制也比较严格。

(3) 投放行业建议:游戏、APP、电商等泛流量产品。

3. 百度信息流

百度信息流可在百度贴吧、百度首页、百度手机浏览器、百度APP等百度平台的资讯流中穿插展现的原生广告。

(1) 优点:有搜索基础、关键词定向、能定向贴吧。

(2) 缺点:投放操作较为复杂,且流量和成本较为不固定。

(3) 投放行业建议:百度搜索引擎占据国内多数用户,大部分行业都适合投放。

4. 腾讯信息流

腾讯占据社交行业龙头的位置,凭借QQ和微信拥有庞大的流量,基本覆盖全网用户。

(1) 优点:社交应用排名第一,覆盖面广,用户黏性强,适合品牌宣传。

(2) 缺点:朋友圈广告素材审核要求严格,价格较高,竞争激烈。

(3) 投放行业建议:建议投放轻工业或生活类产品。

5. 微博

微博"粉丝通"是基于用户属性和社交关系将企业广告精准地传递给粉丝和潜在粉丝的营销产品。投放的广告也具有普通微博的全部功能,如转发、评论、收藏、点赞等,可实现广告的二次传播,从而大幅提高广告转化率。

(1) 优点:拥有6.5亿名注册用户、3.9亿名月活跃用户,并具有博文、应用、账户、视频、图文、九宫格多种形式,可灵活使用,通过移动社交实现传播。

(2) 缺点:成本偏高,流量不可控。

(3) 投放行业建议:生活类产品(如食品、服装等)、地区类产品或服务(如摄影等)、游戏、APP等,广告内容要具有特色,以提高互动率。

6. 知乎

知乎是一个真实的网络问答社区,用户群体具有年轻化、高收入、高学历等特点,集中在一二线城市,拥有较高的消费能力。

(1) 优点:流量质量高,购买能力强。

(2) 缺点:平台用户较为理性,对广告素材要求较高。

(3) 投放行业建议:房产家居、游戏、金融、教育培训、电商、网络服务、旅游等相关行业。

（三）信息流底层构架与逻辑

信息流从底层架构上分为四个层面：展示面、跳转面、交互面与数据面。这四个层面的用户触发逻辑和产品底层架构是由先至后的，但数据面是信息流平台上最具黄金价值的"智脑"，其决定了展示面、跳转面与交互面的千人千面，而这种千人千面正是信息流对用户的强黏性和吸引力的体现。

1. 展示面

展示面从信息流角度看仿佛是不起眼的横条，但它要在标题、图与文字简介等内容上符合用户的精准需求。例如，一项旅游景点信息，针对价格敏感型用户，其展示面的信息可能是深秋与爱人去看千年古城，旁边配有高质量图片，使用户产生对品质生活的向往，引导用户进一步点击展示面，了解更多信息；而针对价格敏感型用户，信息流展示面显示的可能是"五星级酒店＋5A景区门票原价3999元，折后499元"的价格提醒，触发用户进入界面，了解需要的信息。

2. 跳转面

信息流产品的跳转面是当用户触发信息流展示面之后，产生更深的行为交互之前的页面。该页面通常能够让用户在一定的视觉与信息的获取上形成平衡，促使用户进行下一个触发动作。如果有1000位用户浏览信息流产品，300位用户因展示面优质而点击进入，那么这300位用户所看到的一个标签和两三行字无法帮助其获得更多信息，因此需要在跳转页面上让这些用户在符合行为逻辑的情况下获取更多的信息。该信息的获取就是信息流产品的核心竞争力：千人千面。不同的用户从展示面进入后，呈现的跳转面是不同的。例如，追求浪漫且对价格敏感的用户，看到的跳转页面会更具有诗情画意；而价格敏感型用户则会看到最大程度体现的折扣对比，进而让用户在跳转页面获取到核心关键信息，触发进入下一步的交互面。

3. 交互面

展示面和跳转面决定用户所要了解的信息，而交互面决定用户的操作习惯。用户拒绝在移动设备上进行复杂的操作，所以大部分移动应用都选择让用户免费注册登录，即用关联系统的数据管理平台（DMP）或者应用程序编程接口（API）让关联入口级的应用账户能够在该应用内通用，所以交互面的设计是在充分考虑用户的行为习惯的同时将页面简单化。例如，价格敏感型且有与爱人旅行诉求的用户在进入交互面之前，已经对产品涉及的行程安排以及带来的浪漫体验有了充分了解，因此交互面的设计可能有两种方案：A方案让用户填写手机、姓名及出行日期就一键提交；B方案让用户填写身份证号码、到店时间及其他更多信息。B方案可能会使用户因嫌麻烦而主动退出，所以A方案更有价值。

4. 数据面

信息流产品最核心的是数据面。数据面扮演着整个信息流产品云端指挥部的角色，每一位用户在任何一个信息流产品终端上的操作行为，无论是滞留时间、收藏和分享的行为，还是是否感兴趣、是否主动订阅等信息都在数据面得到汇总、分类与归因分析。这种汇总与归因分析基于生态化甚至基因化的复杂组合，100项数据在数据分析中产生的不是100乘以

100等于10000的数据结果,而是次方级的结果。基于次方级裂变的算法结果,数据面能够动态解决问题并发出指令,让任何一位来自不同终端的用户看到完全不一样的内容,并且控制用户在每一个展示面、跳转面、交互面的深度行为。这种行为深度一方面能让用户进一步获取更为精准且符合兴趣的需求满足,另一方面也为信息流产品形成动态的DMP提供源源不断的动力。

信息流产品周密的底层架构不仅在展示面、跳转面、交互面与数据面形成强大的生态动力,而且为整个信息流产品的开放流量与接入流量提供源源不断的动力。

(四)信息流推广的人群定向

信息流广告的核心是个性化推荐,而个性化推荐的前提是人群定向。人群定向是指根据用户的属性、用户偏好、生活习惯、用户行为、兴趣爱好等信息而抽象出来的标签化用户模型。通俗地说,就是给用户打标签,而标签是通过对用户信息分析而来的高度精练的特征标识,通过打标签,可以利用一些高度概括、容易理解的特征来描述用户,可以让人更容易理解用户,并且可以方便计算机处理。人群定向是账户搭建的基础,定向方式可以分为三类:基础定向、行为定向、兴趣定向。

1. 基础定向

基础定向是根据人群的性别、年龄、地域等基础信息进行定向的过程。基础定向有以下两个维度:

(1)核心基础定向。核心基础定向的两个必要因素是"场景"和"职业"。通过用户对于商品的使用场景和职业来确定用户的收入能力等信息,并以此确定投放方向。

(2)辅助基础定向。在"场景"和"职业"的基础上,通过"地区""设备""时段"等关键点最大限度地保证投放的精确性。

基础定向是比较宽泛的判定依据,主要针对潜在人群,适合刚需类产品、品牌曝光等基础设定。

2. 行为定向

行为定向是通过数据分析对用户的行为进行分类筛选的过程。行为定向主要有以下三种方式:

(1)搜索定向。基于用户搜索的关键词,通过意图标签进行定向,抓取更加精确的访客。搜索定向是最精准的流量。

(2)互动定向。基于用户的社交行为,通过互动点赞、转发、评论等方式进行定向。互动定向的流量比搜索定向更加宽泛。

(3)回头定向。基于用户的浏览行为,通过购买、浏览相关页面或公众号等方式进行定向。

行为定向锁定的人群大多为目标人群,较为适合IP包装、内容传播等。

3. 兴趣定向

兴趣定向是基于用户的兴趣标签进行深入定向的过程。它是信息流投放过程中最重要也是最具有信息流特点的方式,根据平台对访客的不同标签,汇集成不同的兴趣爱好,作为信息流推广选择人群的重要手段。兴趣定向一般分为核心兴趣和人群兴趣两种：

（1）核心兴趣。针对后台兴趣分类，可以找到最符合自身行业的相同分类。一般核心兴趣是人们在选择兴趣中必选的一项。以投资理财为例，可以在后台选择保险、股票等最符合人群的兴趣。

（2）人群兴趣。根据人群画像的不同，按照不同的受众，网店可选择与访客适配的多种相关兴趣。以招商加盟为例，除了选择招商加盟兴趣以外，还可以选择美容、旅游等其他用户同样感兴趣的分类。

在人群定向中，基础定向偏向泛人群，兴趣定向偏向目标人群，而行为定向（搜索、APP、电商、社交互动）更偏向精准效果。所以，在以信息流推广效果为主的情况下，一般都会对"基础＋兴趣""基础＋行为"等多种交叉定向组合进行测试。

小思考 7.9

人群定向方式有哪些类型？
答：基础定向、行为定向、兴趣定向。

四、站外推广

（一）站外媒体广告投放

站外推广主要通过在分类信息网站、论坛、B2B、博客等平台发布与自己所要推广的产品有关系的信息，以达到促进商品销售、提升品牌知名度、提高网站热度等目的。

站外媒体广告投放是站外推广中的重要途径，企业可以选择在报纸、杂志、广播、电视等媒体平台投放广告。淘宝、京东等电商平台也在整合平台内的商家，集体在商场、车站等人流量大的地方进行广告投放。

（二）微博推广和微信推广

1. 微博推广

微博推广以微博作为推广平台，每一位听众（粉丝）都是潜在营销对象，每个企业利用更新自己的微博向网友传播企业或产品的信息，树立良好的企业形象和产品形象；每天依靠更新内容和与粉丝交流，或者发掘大众感兴趣的话题，达到营销的目的。

企业可以在客户不同的消费阶段与客户进行微博互动，逐步建立情感关系。在消费者认知阶段，可以主动发现潜在客户的需求，帮助消费者了解品牌和产品的基本功能；在消费者购买阶段，可以有针对性地回答客户咨询，促进购买决策的达成；在消费者使用阶段，可以通过贴心的互动让客户有更好的体验；最后很关键的是要倾听客户如何评价产品及其使用体验，给予客户关注和奖励，促使客户更有动力地向身边的朋友推荐产品。

2. 微信推广

微信推广是网络经济时代企业或个人的一种营销模式,是伴随着微信的火热而兴起的一种网络营销方式。微信不存在距离的限制,用户注册微信后,可与周围同样注册的朋友形成一种联系。用户订阅自己需要的信息,商家通过提供用户需要的信息推广自己的产品,从而实现点对点的营销。

微信推广主要体现在以安卓系统、苹果系统的手机或者平板电脑中的移动客户端进行的区域定位营销,商家通过微信公众平台,结合微信会员管理系统展示商家微官网、微会员、微推送、微支付、微活动,形成一种主流的线上线下微信互动营销方式。

(三)短视频推广和直播推广

1. 短视频推广

随着新媒体行业的高速发展,不同的新媒体模式也在日益增多。其中,短视频推广已经成为深受广大用户喜爱的一种方式,企业与个人都希望通过短视频的方式进行营销推广。于是,短视频推广也就随之更被大家重视了。在这种发展趋势下,短视频推广向着越来越专业的方向发展。无论是企业还是团队,都需要优秀的短视频人才加入其中。

一次成功的短视频推广可以在最短时间内、在最大限度上吸引用户的关注。而如果没能把握住用户的"痛点",也就难以产生预期的影响,甚至会适得其反。快手、抖音等短视频平台日益崛起,成了无数用户每日离不开的消遣娱乐方式。而淘宝、京东等电商,更是凭借短视频迅速引发"爆点",使其销售额急速增加。当然,这些成功实例的背后原理都是巧妙地运用短视频的强传播性,吸引用户关注,并产生购买行为。

2. 直播推广

直播推广依托的是众多网络直播平台,如斗鱼直播、虎牙直播等。直播平台的主播在与观众的互动过程中加入广告内容,以达到商品推广、品牌宣传的目的。淘宝、京东等电商也开发了购物直播平台,帮助买家在购物过程中更直观地了解商品的情况,获取购物优惠等。在近几年的天猫"双十一"的预热过程中,天猫商品必买清单通过淘宝直播的形式展现出来,取得了良好的效果。在"双十一"当天,天猫众多商家也纷纷邀请网红主播,配合"双十一"活动进行通宵直播。

小应用 7.3

为了满足不同人群的兴趣,淘宝探索出从搜索到内容的消费进阶之路,图文、短视频、直播等新内容层出不穷。目前淘宝上面向女性消费者的内容极其丰富,很多直播间或者淘宝的自制内容充满了服饰搭配、美容技巧、母婴技巧等内容,此外还陆续出现了一些面向男性群体的直播主题,如男性香水、汽车、潮鞋等。

(四)其他站外推广

除了以上的站外推广方法,淘宝卖家还可以在阿里妈妈旗下的淘宝联盟中选择淘宝客,请第三方淘宝客为自己的商品进行推广。淘宝卖家也可以定期参加平台组织的线下推广活动,在商场、超市等人流量密集的地方进行地推。

小应用 7.4

小米手机网站在本质上是一个电子商务平台,小米手机发售时,通过MIUI论坛、微博、论坛进行营销,对发烧友级别的用户单点突破,成功实现了口碑营销,避免了电视广告、路牌广告等"烧钱式"营销。

本章小结

- 网店运营是指网店在电子商务活动中,做好市场分析与预测,选定产品发展方向,制订长期发展规划,进行科学运营推广,以达到预定运营目标的过程。
- 流量的来源主要有免费流量和付费流量两种。免费流量包括站内自然搜索和站外免费推广;付费流量按照付费方式可以分为按展示收费、按点击付费和按效果付费三种。
- 开设网店大致可以分为第三方平台开店和开设独立商城两种方式。
- 搜索引擎优化(SEO)是一种利用搜索引擎的搜索规则来提高目前网店在有关搜索引擎内自然排名的方式。从狭义上讲,SEO优化通过总结搜索引擎的排名规则对网店进行合理优化,使网店在搜索引擎中的排名提高。从广义上讲,SEO优化是一套基于搜索引擎的营销思路,为网店提供生态式的营销方案,使网店在行业内占据领先地位,从而获得品牌效应。
- 搜索引擎营销(SEM)根据用户使用搜索引擎的方式,利用用户检索信息的机会,尽可能将营销信息传递给目标用户。简单来说,搜索引擎营销就是基于搜索引擎平台的网络营销,它利用人们对搜索引擎的依赖和使用习惯,在人们检索信息时将信息传递给目标用户。
- 信息流广告是信息流里穿插出现的广告。信息流广告以文字链、图片、短视频等形式夹杂在用户浏览的信息中,与所处的环境贴合,被认为是"最不像广告的广告",运营商通过各种渠道获取用户的行为数据及兴趣数据,再基于大数据算法,将广告与用户的兴趣和需求进行匹配,然后有针对性地将广告推送到用户面前。
- 信息流推广是指通过信息流渠道,把信息流广告精准推荐给用户的过程。推广过程是在合适的时间、合适的场景把合适的广告推荐给合适的人群。

关键概念

网店运营　搜索引擎优化　搜索引擎营销　信息流广告　信息流推广

📖 知识题

1. 判断题

(1) 一个身份证可以授权多个支付宝账户进行关联认证。　　　　　　　　(　)

(2) 淘宝商品名称最多30个汉字,55个字节。　　　　　　　　　　　　(　)

(3) 普通店铺店标图片的建议尺寸为100像素×100像素。　　　　　　　(　)

(4) 支付宝是淘宝唯一的在线付款方式。　　　　　　　　　　　　　　(　)

(5) 淘宝直通车是淘宝网为淘宝卖家量身定制的推广工具,通过关键词竞价,按照点击付费,进行商品精准推广的服务。　　　　　　　　　　　　　　　　　　(　)

(6) 网店的推广和营销大致分为店内、站内和外部这几种类型。　　　　　(　)

(7) 商家可以充分利用博客进行推广,吸引别人来阅读博文,培养粉丝,扩大潜在消费者群体。　　　　　　　　　　　　　　　　　　　　　　　　　　　(　)

2. 选择题

(1) 店招的文件最多不能超过(　　)。
A. 80K　　　　B. 100K　　　　C. 120K

(2) 直通车的收费方式是(　　)。
A. 按实际点击收　B. 以显示时间收费　C. 按显示位置收费

(3) 下列不属于网上零售网站的是(　　)。
A. taobao.com　　B. ebay.com　　C. amazon.com　　D. google.com

(4) 支付宝认证分为个人认证和商家认证这两种,商家认证需要提交以下哪些信息?(　　)
A. 身份证　　B. 营业执照　　C. 公司账号　　D. 税务登记证

(5) 以下为信息流平台的是(　　)。
A. 淘宝　　B. 京东　　C. 今日头条　　D. 亚马逊

3. 简答题

(1) 信息流广告与SEM有何区别?

(2) 标题制作的误区有哪些?

📖 技能题

1. 从搜索竞价排名影响因素角度考虑,如何提升关键词排名?

2. 在网店上传宝贝时,如何制作商品标题?标题制作的技巧有哪些?

📖 案例题

韩都衣舍创立于2006年,致力于为都市人群提供高品质的流行服饰。作为中国互联网快时尚第一品牌,韩都衣舍凭借"款式多、更新快、性价比高"的产品理念深得全国消费者的喜爱和信赖。

立足国内电子商务的广阔市场,韩都衣舍发展迅速,这得益于韩都衣舍的核心竞争优势——单品全程运营体系,即阿米巴模式,简称小组制。以三人一组的产品组为例,这三个人分别是设计师、页面制作员、库存管理员,某一单品的页面、制作款式、设计尺码及库存深度的预估等工作由这三人全权负责。公司会以各小组的毛利率和库存周转率作为考核标准,用销售额减去相关费用,再乘以毛利率、提成系数与库存周转系数,计算小组奖金。这套运营管理模式在最小的业务单元上实现了职权利的相对统一,对设计、生产、销售、库存的环节进行全程数字化跟踪,实现针对每一款商品的精细化运营。

韩都衣舍利用多种方式进行运营推广,包括淘宝上的一些付费推广方式(如淘宝直通车、淘宝客)、站外的百度搜索引擎推广、论坛推广、社会化媒体推广(如蘑菇街、美丽说等)。目前韩都衣舍的店铺流量来自搜索的免费流量占30%,通过淘宝客直通车和钻展等付费推广方式获得的流量占30%,来自老客户的流量占30%,其他碎片化的流量占10%。

问题:试分析韩都衣舍的运营借鉴之处。

参考答案

☞ 知识题

1. 判断题

(1) 对;(2) 错;(3) 错;(4) 错;(5) 对;(6) 对;(7) 对。

2. 选择填空题

(1) B;(2) A;(3) D;(4) B;(5) C。

3. 简答题

(1) 首先,从信息呈现方式上看,SEM是用户主动搜索,是人找信息,而信息流广告根据用户标签主动推送,是信息找人。其次,从竞价方式上看,SEM采用关键词竞价,信息流广告使用实时竞价。SEM竞价推广主要展现在搜索引擎页面,信息流广告展现在资讯类APP中。SEM与信息流广告没有直接竞争关系。

(2) 直接复制爆款标题、直接按自身想法写标题、盗用其他品牌词、堆砌关键词、频繁优化标题。

☞ 技能题

1. 网店排序主要由关键词质量分与关键词出价共同决定,其公式为:关键词综合排名指数=关键词质量分×关键词出价,故从提升关键词质量分与关键词出价两方面考虑,质量分受到以下因素影响:相关性、网页质量、买家体验、点击率、账户历史表现。

2. 制作商品标题步骤:第一步,根据关键词组成要素,从关键词词库中找出合适的关键词;第二步,根据关键词数据指标,筛选出优质关键词;第三步,调整标题关键词排序;第四步,确定商品标题;第五步,SEO后期监控优化。

标题制作技巧:商品标题的长度尽可能写满,重要关键词前置,关键词覆盖广泛。

☞ 案例题

分析提示:在竞争激烈的电商女装行业,韩都衣舍取得的骄人成绩离不开科学而完整的运营机制,通过上述案例可以看出:在生产方面,韩都衣舍采用灵活多变的小组制,一方面通过给小组充分授权,让每个小组自行权衡销售量和上新的环节,从而提高运营效率;另一方面将考核细化到每个小组的销售额、库存周转率的指标,将销售利润最大化,同时降低了库存风险。在网店推广策略方面,韩都衣舍对于网店推广工具、网店活动及站外推广渠道的组合使用，给店铺带来了巨大流量。店铺流量中，搜索免费流量占30%，付费流量占30%，老客户流量占30%，其他碎片化的流量占10%。

当然韩都衣舍的成功不仅限于此，但是通过该案例不难看出，科学合理的运营机制对一家网店而言至关重要。

第八章 网上商务客户服务

 学习目标

- 能够阐述网上客服的工作流程、内容以及对网店的价值
- 精熟网上客服相关法律法规、平台规则条款,规范执行客服工作守则
- 善于使用相关客服工具,提高咨询答复及时率
- 能及时处理客户投诉,进行客户关系维护与开发
- 具备科学应对客服工作压力的能力,养成敬业负责的职业心态

74.5%消费者要求客服1分钟响应

网易旗下网易七鱼、网易定位和知名研究机构央视市场调研(CTR),联合发布了《2020电商客户服务体验报告》(以下简称《报告》),透过消费者对电商平台客服使用习惯、使用需求、满意度三个维度,探讨2020年电商客户服务现状。

报告显示,除去价格因素,个人服务体验(61.4%)是影响消费者产品购买意愿的最主要因素。其中,26~35岁的年轻消费者对服务体验赋予了更高的期望值。换言之,当价格竞争成为过去式,客户体验便成为了电商平台争夺和留存用户的重要抓手。商家需重视这一趋势,尽可能满足消费者对于电商服务的期待。快速响应是提升客户体验的关键,全渠道入口部署可扩大客户触达面。

消费者对服务时效的期望与现实状况之间显然存在着较大的差距亟须填补,快速响应是提升客户体验的关键。在影响消费者服务体验的关键因素方面,调查显示,51.7%的消费者认为是问题能否得到快速响应,44.8%则看重方便的咨询入口。此外,74.5%的消费者对在线客服聊天的期望响应时长在1分钟之内,然而现实中只有51.8%的消费者认为客服做到了这一点。此外,35.5%的消费者表示客服的反应时长长达5~10分钟。

在机器人客服、真人客服方面,报告指出人工客服在处理复杂问题上具有显著优势,但机器人客服在服务效率层面的优势也被消费者认可。

报告还显示,消费者最看重人工客服的"快速解决复杂问题""快速解决简单问题"和"提供可信赖的答案"等能力。而对于机器人客服更看重灵活准确地处理问题相关的要素,如"能直接处理一些简单问题(查快递信息,修改订单)""客观准确地回答问题"以及"机器人处理不了我的问题时能立即转人工"等能力。

想念好网上生意经,就必须一手抓产品质量,一手抓好服务,其中高质量的客服就是提供良好服务的重要因素。本章旨在引领学生掌握网上客服工作中的询单接待、售后处理和团队管理的知识和技术;通过分析资料和案例讨论明晰客服工作中的法律、规则禁忌,善用电商客服软件进行模拟询单接待,分析案例归纳询单接待和售后处理的流程与技巧,小组活动解析客服团队管理的主要方法,以胜任网店的客服岗位工作。

第一节 认知网络客服

小应用 8.1

小李2019年7月入职美团成为一名客服人员,小李说"求职时要求学历大专以上,沟通表达能力要强,打字速度60字/分以上。中午和晚上是用餐高峰期,外卖用户会集中反馈问题,这也是我们最忙的时候,说随时待命一点也不夸张。作为一名客服人员,白班、夜班连轴转,忙到夜里12点是常有的事。别人下班了,自己却还在上班。到了法定节假日,亲戚朋友参加聚会的时候,我因为加班故总是缺席。""现在客户对于服务的要求越来越高,有时候需要有足够的耐心。"有一次,一名客户给女友预订了生日蛋糕,商家没备足货,蛋糕一直没送到。用户跟商家沟通未果,给客服打电话执意要求商家必须送。因为商家实在送不了货,所以小李专门给用户的女朋友打电话道歉,最终得到了谅解。在小李看来,客服人员是展示电商平台的窗口,不仅要帮助用户解决实际问题,还要将用户的消费体验反馈给平台,推动平台改善客户体验。

通过小李的表述,你认为什么是网上客服?网上客服有哪些工作内容?

一、客服的基本概念

通常情况下,客户在购物时,商店里会有销售人员或者导购为客户选购商品提供一定的帮助和服务,向客户介绍商品信息,回答客户关于商品的一些疑问,协助客户进行付款和包装等,这就是客户服务。

客服既指客户服务,也指对客户进行服务的人,通过为客户提供服务,提高客户满意度,从而把客户服务价值转变为企业销售价值。网上客服与传统行业的客服相似,都是为客户提供服务,只不过由于网上贸易的虚拟性和数字化,客服人员需要通过网络、电话、相关软件,为客户提供服务。

(一)网上客服与实体导购的异同

1. 服务形式的优劣势

服务型式即以何种形式为客户提供服务,网上客户服务与实体导购本质上均是与用户沟通、促进销售,有相同也有不同,优劣势比较如表8.1所示。

表8.1 网络客服与实体导购的优劣势比较

	网络客服	实体导购
优势	思维缓冲	互动性强
	神秘感	快速了解客户
劣势	不信任感	不适用所有客户
	距离感	沟通成本较高

2. 服务对象的差异

实体导购从顾客进门起,通过观察就可以了解顾客的性别、年龄、身材、气质、穿着习惯、风格等信息,通过交流也可以迅速把握顾客的需求和喜好。

网店客服无法第一时间把握顾客信息,需要通过旺旺等客服即时通信工具与顾客沟通一些基本信息。但是因为沟通成本相对较低,所以沟通的时长、频率、内容相对实体都会有所提升,也因此更容易与顾客建立良好的关系,并可以时常联系促进长期销售。

3. 工作内容的差异

实体导购的一般工作包括:宣传品牌形象,提高知名度;做好陈列,保持购物环境的有序、整齐、清洁;利用销售技巧向顾客推荐商品以促成交易;完成销售报表并向上级汇报。网店客服根据各自工作内容不同,主要分为售前客服、售中、售后客服,一般工作包括顾客问题解答、促成交易、店铺推广、完成销售、售后服务等几个大方面。

(二)网上客服的工作特点

1. 工作语言的规范性

网店客服只能通过文字、图片等多媒体形式与买家交流。面对顾客的咨询,网店客服说怎样的话、如何去说好一段话都是有严格要求的。一些形成规模的网店都有统一的话术,而话术就是客服工作语言规范性的最佳总结。规范性的工作语言的优势包括:第一,可以让顾客感受到专业性、规范化的服务;第二,规范化的语言是经过修改优化过的,能够降低出错率;第三,可以减轻客服的负担。

2. 工作内容的重复性

网店客服每天都会接待几十位甚至几百位买家,在与这些买家的沟通中总会出现一些常见的问题,这要求客服面对这些重复性较高的问题需要耐心解答,不能出现情绪化的问题。有经验的客服就会将重复出现的问题设置成快捷回复。常见问题的类别包括:产品质量、大小尺码选择、议价优惠、快递包邮、图片实拍、退货处理。

3. 服务对象的多样性、流动性

同样是女装店,实体店的顾客大多是适龄女性,方便接触实物和试穿;而网店却不同,网店的商品无法试穿,只能根据尺码进行选择,购买的顾客除了适龄的女性,还会有好友、亲人为了挑选礼物而光顾。同时网店面向全国,顾客各有特色,各有需求,因此合格的网店客服一定要善于在短时间内抓住服务对象的特点,进行推荐和销售。如今,网购方式便捷化、海量商品同质化,在这样的购物模式下,商家除了要保证产品质量,还要通过服务的软实力与其他商家进行区别,这样才不容易被顾客遗忘。

二、网上客服的岗位设置

客服工作种类多样,工作形式不尽相同,因此无法细致地用同一标准规定所有客服人员的岗位要求。最常见的客服岗位划分是按照客户的订单状态,分为售前客服、售中客服和售后客服。

售前客服的工作内容主要包括:售前准备、接待客户、推荐产品、解决异议、下单指引、欢送客户等(见图8.1)。

售中客服的工作主要集中在客户付款到订单签收的整个时间段,主要负责物流订单工作的处理(见图8.2)。

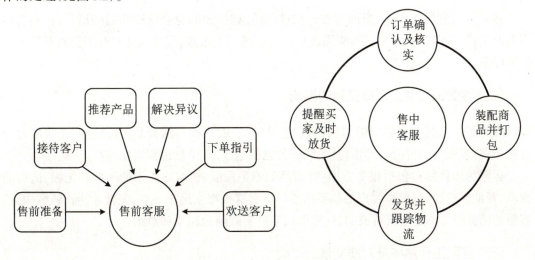

图8.1 售前客服的工作内容　　　　图8.2 售中客服的工作内容

售后服务的质量是衡量网店服务质量很重要的一个方面,好的售后服务不仅可以提高店铺的形象,还能留住更多老客户。售后客服的工作主要包括客户反馈问题处理,退换货、投诉处理和客户回访等(见图8.3)。

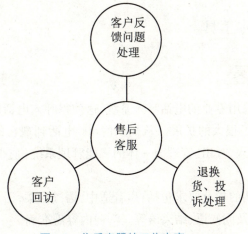

图8.3 售后客服的工作内容

三、客服对网店业绩的影响

（一）客服态度对成交量的影响

好的客服团队在店铺中发挥的作用不亚于营销推广团队。俗话说："态度决定一切。"网店客服同样受用。工作态度决定了客服的工作质量，决定了工作的成败，客服态度越好，成交量就越高。当然日常工作中会出现很多情况，如和买家沟通了很久而买家最后选择了别的店铺购买，但是这并不是损失，客户工作中对于客源的积累比单纯成交一笔订单更有意义。

客户是有思想的个体，当面对友好积极的信息时，他们也会反馈相通的信息，从而与客服真心交谈，参考客服意见进行购买成交的概率就会大很多，反之就会离开店铺甚至留下不好的印象。

（二）客服销售能力对成交量的影响

顾客是否选择卖家的店铺、是否听取意见、是否购买推荐的商品，都是客服销售能力的直接体现，客服的销售能力越强，其关联销售也就越多，客单价也相对比较高。

客服的销售能力包括很多方面：对商品的熟悉程度、对客户需求的理解和把握、适当的推荐、帮助客户决定、增加客户的购买信心。所有这些都立足于一点：怎样才能让顾客购买。客服的销售能力不是一天练成的，这需要长期的实践经验积累和总结。

（三）客服工作熟练度对成交量的影响

顾客在购买、下单、付款这些环节的间隔时间不会太久，但是顾客拍下商品后，客服可能需要对订单的价格、邮费等情况进行修改，对顾客的信息进行确认，或者对顾客的一些要求进行备注并与仓库进行信息交接。而这些工作都是在很短的时间内完成的，如果客服对后台、客服即时通信等掌握不牢，那么很可能在操作过程中让顾客因等待时间过长而流失。

四、客服的基本工具

（一）电话服务工具

越来越多的企业采用专业的电话呼入系统，这使得呼入电话服务在接听数量、服务时间和涵盖范围方面都有了很大的扩展。从初期的400电话到现在的云呼叫中心，从早期的电话机拨号，到现在集呼入、呼出、管理为一体的智能管理系统，企业通过系统即可实现便捷的电话服务。

电话客服语音语调的规范要求包括：声音适中，语气温柔，语调起伏，语速均匀等。用语的规范包括：开头语以及问候语、结束语等。沟通内容需准确。

（二）即时通信工具

即时通信是指能够即时发送和接收网络信息，即时通信工具是电商客服的主要服务工具。客服可以通过这些工具进行与客户在线交流，并达到营销目的。

专门的客服交流软件是指用于网上在线客服或主要功能为网上客服的即时通信软件，多用于各种商业网站与企业网站，常见的客服即时通信软件有阿里旺旺、微信、QQ、网页在线消息等。基于网页会话的在线客服系统替代了传统的客服QQ在线、旺旺在线等方式。当前市面上有多种在线客服软件，如多客宝、百度商桥、黄金客服、商务通、易聊在线客服系统等。在线客服软件实现了与网站的无缝结合，可提供与访客视频、语音对话等功能。

（三）其他服务工具

电子邮件。这是一种廉价、方便、信息容量大的服务工具。企业在邮件中可以设置文字、图片、链接、声音、视频等丰富的内容，以非常快速的方式发送到客户的邮箱中，但也存在邮件可能会被客户当成垃圾邮件、客户打开率低等问题。

网页信息。也叫网页通知信息，企业通过网页通知信息的方式把信息发送给客户。如客服在网站管理后台看到客户在某商品页面上停留的时间比较长，就可以通过网页信息的方式询问客户是否需要购物帮助。这种服务方式比较快速，对客户行为的分析比较准确，但也存在缺点，一旦客户离开当前页面，那么就有可能无法收到客服发来的信息。

问题答疑。很多网站上会设置一些类似FAQ的答疑板块，在联系不到客服的情况下，客户也可以在该板块自行搜索，查看是否有相似问题的答疑。如果没有，那么客户可以在线提交自己的问题，并留下联系方式，客服看到后进行回复。

第二节　售前客户服务

网上商务活动中，客服人员是与客户接触的第一人，尤其是售前客服。售前客服接待客户最多的内容就是回复客户的各种咨询。

一、售前客服的基本流程和心态

在顾客购买商品之前，售前客服需明确商品的定位，为顾客提供商品信息的解答，引导顾客购买商品，三只松鼠公司客服售前流程如图8.4所示，简称为售前客服流程八步走。

售前客服在网上每天要面对不计其数、形形色色的顾客，拥有良好的心态非常重要。

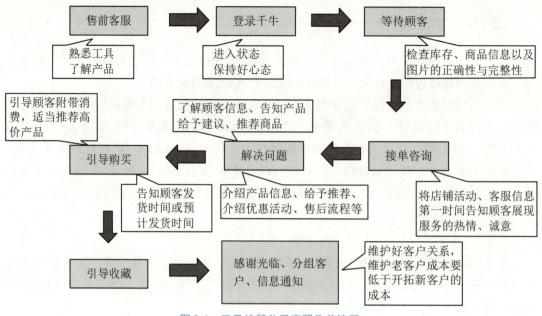

图8.4 三只松鼠公司客服售前流程

(一) 关心

无论商品的外观和价格多有吸引力,无论商品的详情页做得多细致,许多顾客在网上购买商品时都会习惯性地点开客服对话窗口,与客服直接交流,向客服咨询。面对顾客的疑问,客服不能因为自己比顾客更了解产品而显得目空一切,也不能因为顾客的问题繁多而显得不耐烦。作为一名合格的客服,首先应该主动关心顾客的难处或需求,注意去解决客户的问题,关心客户,消除与客户的距离感。

(二) 热情主动

顾客在选购时遇到问题,客服要主动支援、解答疑问,促使交易继续进行。同时要第一时间向顾客反馈信息,如不能及时回答某些问题,那么在弄清楚后要第一时间为顾客解答,也可以转接至其他客服,引导顾客下单后还可以让顾客对自己的服务提出建议等。

(三) 目的性

在与顾客交谈的时候,客服首先要清楚自己是在工作,聊天的目的为引导顾客下单,所以客服在与顾客交流时要分清轻重缓急,优先解决顾客的问题后再进行推荐销售。

其次客服的时间比较宝贵,尤其是在大促的时候,通过交流挖掘买家需求,在聊天的过程中寻找更具有购买意向的顾客。

最后要适时确认对方是否清楚客服表达的意思,注意使用正确的沟通方式。

二、读懂顾客心理

客服要学会换位思考,站在顾客的角度去思考购买商品的原因。

(一)顾客的界定

所有接收店铺产品或服务的组织或个人,都可称为顾客。客服在接待顾客的时候一定要注意把握对方的购买和咨询目的,所以一定要筛选有效的顾客咨询,对于小广告、推销信息等可以忽略。

(二)顾客的分类

要善于把握顾客的特点,总结顾客的要求,并且将顾客分类,针对不用类型的顾客进行个性化服务。

1. 经济型顾客

这类顾客的特点是尽量少投入时间和金钱,将注意力更多地放在价格上。这类顾客购买时考虑的首要因素就是价格,其次再去考虑商品的美观性、质量等因素。区分这类客户的方法有以下几种:

(1)聊天关键字搜索:在沟通时留意客户反复强调的一些信息,如折扣、优惠、活动、清仓、优惠券等,注重这类词语的顾客大多都属于经济型顾客,所以当店铺有类似活动时,客服需要主动将此类信息传递给顾客。

(2)留意购买渠道:大部分卖家都会参加网店活动,客服可以通过顾客的购买渠道来分析顾客的类型,从而对顾客进行划分,一旦有活动则可以第一时间通知顾客,运用价格优势进行搭配销售。

2. 个性化顾客

这类顾客有明确的购买意向,清楚什么适合自己,对品牌、款式、质量、价格售后等都有一定的要求。顾客在咨询时会从多个角度咨询,如果遇到此类客户,那么客服需要将话语权更多地转交给顾客,倾听其购买要求,增加互动。

3. 便利性顾客

这类顾客大多追求网购的方便性,注重购买时间和效率。接待此类顾客时,客服应迅速掌握其需求,将满足其需求的产品罗列出来,让顾客挑选。

(三)顾客的心理变化过程

1. 顾客的心理分析

一名优秀的客服一定是一位成功的顾客心理学分析师。

客户从产生购买需求到购买商品,再到对商品进行评价,整个过程中的心理变化是十分复杂的,客户的心理变化往往会随着购买环节的不同而有所变化。客户的商品购买过程如图8.5所示。

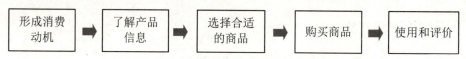

图8.5 客户商品购买的过程

2. 八类经典顾客的心理分析及应对

(1) 沉默型。特点：话少，不容易被打动；心理：内向，听多于说；技巧：引导、提问、主动掌握话语权。

(2) 唠叨型。特点：话多，乐于谈人生、谈理想；心理：急需找人倾诉，喜欢打断对方；技巧：附和，避免询问，拉回主题。

(3) 和气型。特点：优柔寡断，好沟通，主见不强；心理：下定决心较困难、尊重客服；技巧：找到问题所在，尽快解决问题。

(4) 艺术家型。特点：追求完美；心理：对他人和自己要求都十分严格、纠结细节；技巧：留下好的第一印象，肯定他的挑剔。

(5) 暴躁型。特点：急性子，遇到不满就会发脾气；心理：喜怒无常；技巧：把握细节，赔礼道歉。

(6) 拒绝型。特点：有抵触心理；心理：习惯性不相信他人；技巧：培养信任感，避免死缠烂打。

(四) 消费群体分析

消费群体是指具有商品购买能力，且按照一定的社会分类具有相似性的购买群体，是由大量的人群组成的群体。互联网消费群体主要包括以下几个类别：

(1) 女性消费群体。女性消费群体占整个互联网消费群体的56%左右，其庞大的人数、巨大的购买能力让卖家不得不将其作为关注的重点。随着女性价值观的改变，20~30岁的年轻女性网上购物的比例很大，她们追求潮流、时尚，对服装的列新换代有独特的触觉，购物的自我意识特别强烈，能够独立支配金钱，花费在自己喜欢的商品上。

(2) 单身小资消费群体。这一群体没有家庭的压力，对生活品质要求较高，在消费时有自我的特点。他们对商品的要求具有高标准，因为他们大多是高收入、高学历，对品牌、质量有严格要求，宁愿多花钱也不愿意买劣质产品。同时，他们对精致、稀有产品也有较强的追逐意愿，因为他们的独立意识强，清楚自己的定位，购买时便会偏爱一些做工精致的产品，尤其钟爱"限量版"商品。另外，他们的消费理性，个人需求清晰，不容易被折扣迷惑。

(3) 年轻工薪消费群体。刚工作不久的消费人群购买能力有限，但又追求时髦，这类网购人群占了很大比例，由于年龄小，他们愿意跟随购买划算、好看的商品，在消费时有一定盲目性，容易受他人影响。

(4) 老年消费群体。电子商务发展初期，这一群体比例不高，但是随着网络的发展，老年人的网购能力大大超过预期。此类群体中的大多数人有较好的经济条件，购买时有明确目标，对金钱的使用很谨慎，防备心较重。

三、售前知识储备

(一) 产品知识培训

要成为优秀的售前客服,就要成为产品专家,需要拥有较广的产品知识范畴,主要包括规格型号、功效功用、材质面料、配套产品、风格潮流和特性特点。

1. 产品知识范畴

客服应该掌握产品的六大知识板块的分类,包括:

(1) 型号:同类产品或同一品牌不同产品的编号。

(2) 功效:产品使用后的效果。

(3) 材质面料:组成产品的成分、面料、特质等。

(4) 搭配产品:用周边产品包装、烘托主题,提升使用效果。

(5) 风格潮流:要善于把握顾客风格定位,推荐整体搭配。

(6) 特性特点:产品相对于同类产品的优势和特点。

2. 尺码大小

网购顾客无法接触产品,对商品的大小没有概念。因此客服需要掌握不同商品的不同大小、尺码的划分,帮助顾客进行选择。常用的区别商品大小的属性有尺码(如鞋)、容量(如护肤品)、重量、长度(如电子产品)。

(二) 促销活动传达

店铺经常会推出各种各样的促销活动,也会参加一些平台型的大型促销活动,比如"618"、"双十一"、年终大促等。通常,在活动之前,店铺都会做一些准备工作,这些准备工作中,有一项最重要的内容,就是将活动规则和操作细节有效地传达给每一名一线销售人员,以保证活动的顺利实施,以及在活动期间一线销售人员接待和解释的一致性,避免不必要的失误。售前客服作为店铺的前线人员,需要将活动促销信息传递给消费者,以保证活动的顺利开展,并且需要在活动期间向买家解释清楚活动的相关流程和注意事项,避免发生不必要的纠纷。

店铺的促销活动是已经策划好的,所以客服在对促销活动进行推广宣传的时候尽量使用快捷回复,将活动的具体内容和注意事项都罗列在其中。促销活动的形式包括:买赠、打折、红包优惠券、限时折扣。

大促活动期间,往往咨询人数会非常多,客服做不到对每一位客户的咨询都能进行具体回复。所以,就需要通过提前设置"自动回复"和"快捷短语"来及时应答客户咨询,这样就可以在最短的时间内为更多客户提供咨询服务。

四、售前成交过程

成交是一个循序渐进的过程,店铺的售前客服要如何做好接待工作,才能让消费者购买到自己所需的商品？这就需要客服在销售的每一个环节中做好应有的客户服务工作。其具体要求如图8.6所示。

进门问好：学会使用欢迎语，也可以尝试使用优惠活动、商品介绍等方式来向消费者问好。

挖掘需求：通过询问和判断的方式来准确挖掘消费者的实际需求。

商品推荐：从消费者的实际需求来进行推荐，与此同时还可以进行关联销售，提高客单价。

促成订单：成功解决消费者在聊天过程中提出的所有问题，与此同时，在与消费者沟通时，客服要学会适当地使用一些促单技巧。

订单确认：一定要及时核实消费者的订单信息和具体的收货地址。

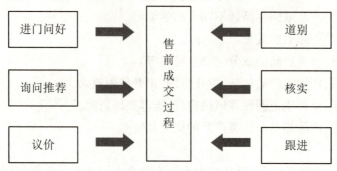

图8.6 售前成交过程

（一）进门问好

第一印象是指和陌生顾客交流中，客服对对方最初的印象。这种通过售前客服获得的初次印象是今后商品交易的依据，在竞争激烈的网络店铺中更要注意第一印象的培养。

（1）拒绝一个字回答。"在、好、没、嗯……"一个字回答顾客的询问会让顾客觉得客服很敷衍、缺乏耐心、太过冷漠。客服在一定意义上代表着店铺的形象和态度，顾客很容易将客服的态度延伸到对整个店铺的态度，从而降低了顾客在店铺购物的欲望。

（2）礼貌热情、统一话术。"良言一句三冬暖，恶语伤人六月寒"，短短一句"欢迎光临"能产生意想不到的效果。在于顾客的交谈中多用"您、咱们"等词语，能让顾客感受到客服的诚意。

（3）进门问好流程。进门问好的一般流程如图8.7所示。

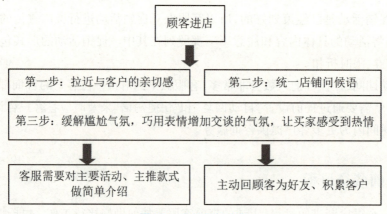

图8.7 进门问好流程

(二)推荐产品

1. 根据顾客购买需求进行推荐

首先应看顾客咨询什么,顾客咨询的问题直接反映了他的需求,客服需要把握顾客需求的关键词,有针对性地向顾客推荐商品。

推荐用语如:亲,在吗?

在的呢,亲,欢迎光临,有什么可以帮您的吗?

天气冷了皮肤干,保湿的产品有什么可以推荐的吗?

天气冷皮肤干容易干裂,亲是要好好保养一下呢。我帮亲选几款,亲可以先看下哈!

2. 帮助顾客进行挑选

很多顾客在选择商品的时候患有"选择困难综合征"。网购顾客只能通过图片文字来了解产品,对商品缺乏具体的认识,这导致顾客在选购时举棋不定、无法迅速决定,这个时候客服的出现就可以在选购上帮助顾客做出决定(见图8.8)。

例如,某顾客需要购买一件冬季大衣,顾客需求的关键词为"保暖""款式好看""价格实惠",而刚好有2~4件衣服满足顾客关键需求,若顾客不知道怎样取舍,此时客服就可以发挥作用。

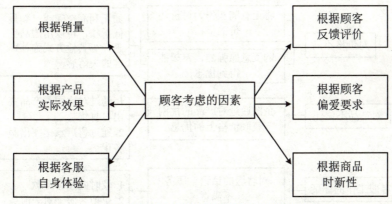

图8.8 帮助顾客挑选挑选商品时考虑的因素

此外,要看顾客拍下什么。有部分买家喜欢先拍产品然后再询问相关信息,这时客服只要根据顾客拍下的订单帮助顾客解决问题即可。

3. 巧用顾客心理

"买便宜心理"是指顾客往往对商品促销打折等活动抱有强烈的好感,商家往往以低价的方式来促成交易。客服在推荐产品时从价格入手,例如说"限时促销""明天恢复原价""很少有折扣哦,亲"等类似话术,向顾客说明立刻购买的好处所在,最好能用数据说话,增加可信度。

"买不到心理"是指顾客一旦看中某款产品,因为库存的紧缺性,如果不买后期可能就失去购买的机会。客服可以利用顾客的这种心理来促成订单,例如说"卖完不进货了""限量销售"等。

4. 关联商品的推荐

客服要注意关联商品的以下特点:

(1)关联商品的价值和作用不能高于主力产品。例如当顾客购买手机时,客服可以推荐相关配件。

（2）购买关联商品和主力产品在价格上应该有一定的优惠。例如单买上衣159元、裤子139元，但是两件买一起可以卖269元，还有就是可以购买两件产品包邮等。

5. 将选择权留给顾客

客服在推荐产品的时候，要关注顾客的反馈，不能一味推荐自己想推荐的产品而忽略了顾客的真实需求。在推荐过程中，要及时确认顾客的反馈信息，以便及时更换推荐的策略和产品。在与顾客确认信息的过程中也可以使用一些技巧帮助客服留住顾客。

第一，不直接回答顾客的问题，使用反问的方式回答。

第二，顾客询问某款产品如果店里目前没有，要提供其他的选择。

第三，留给顾客思考的时间。

（三）处理异议，促成交易

所谓异议处理就是针对顾客的疑问和不满进行完整解答的过程。

1. 顾客产生异议的原因

顾客产生异议大多是因为对价格的不满、产品质量和实物的不信任以及对客服的不满意等，具体如图8.9所示。

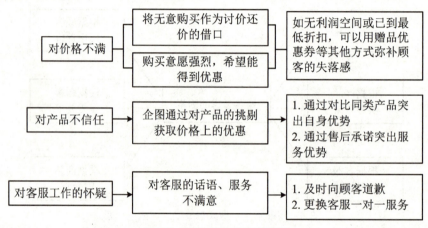

图8.9　顾客产生异议的原因

2. 客服面对异议的处理态度

面对顾客的异议，客服应热情礼貌，永不争辩，听清意见，认同意见。

3. 客服应对顾客异议的措施

客服在处理一般异议的时候，首先要明确异议的真正内容，找出的异议分歧点，用数据和事实消除其疑虑、误解，然后进行解释，说服顾客以达成共识（见图8.10）。

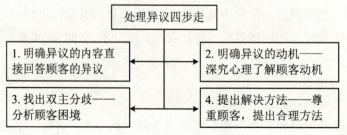

图8.10　处理异议的措施

(四)催付

催付工作是提高询单转化率最直接也是最简单的步骤。

1. 催付方式

催付方式包括电话、短信、客服即时通信软件等。

2. 催付时间

下单后进行催付,或隔天同一时间进行催付(见图8.11)。

图8.11 催付时间

3. 催付内容

不同的催讨方式可结合参考内容进行有效、适度催付(见表8.2)。

表8.2 催付内容

催讨方式	参考内容
电话	适合第一次购物的顾客,通过电话可以消除顾客的疑虑。客服在催付前要先了解顾客信息,了解拍下的商品,便于沟通。 话术:您好,请问是XX吗?我是XX店的客服XX,您昨天在我们店里拍下了XX但是还没有付款,请问有什么我可以帮到您的呢? 同意购买但是付款出了问题:您什么时候上网呢?我可以通过旺旺帮您解决 ←→ 没关系的,如果您下次还需要的话可以再来看看
软件	对于女性买家适合用软件催讨 话术:您好,请问是XX吗?我是XX店的客服XX,您昨天在我们店里拍下了XX但是没有付款,请问有什么我可以帮到您的呢?如果有任何需要可以联系我们哦
短信	话术:亲,您好!我是XX店铺的客服,您在我们店里拍下的XX产品还没有付款,我们的单每天都是下午5点前付款都可以当天发货,如果您在购物流程遇到任何问题都可以联系我们

五、售前话术分类整理

（1）问候类。

普通问候：亲，您好，欢迎光临××店铺，我是客服灰太狼，很高兴为您服务！

个性化问候：好久不见了亲，您知道××的最高购物机密吗？××全场包邮，还有部分宝贝半价优惠哦，让××带您一起破解密码，去寻找神秘优惠券吧！

（2）转接类。

亲，真抱歉给您添麻烦了，您的问题我将帮您转接到售后尽快帮您登记处理，请稍后。

亲，现在咨询量过大，请亲边看详细介绍变等下××，××会尽快蹦过来回答亲的。

（3）推荐类。

亲选购的这款衣服可是我们家的爆款哟，您还可以看看这条裙子，搭配起来肯定会更好看的！

亲的眼光不错，我个人也很喜欢您挑选的这款呢！

（4）议价类。

我们的价格可能高于同行，主要是因为我们商品的性价比高，衣服穿在身上，给人的气质感觉完全不一样。大多数亲选择我们的衣服都是冲着商品质量来的哦。

亲，咱是小店，薄利多销，这样质量的衣服在淘宝上不多呢，面料是……和别人的不同。

（5）催付类。

亲，您在付款时遇到问题了吗？需要我们的帮助吗？

亲在下午四点之前拍下付款，快递小哥当天就能来取货。

（6）订单确认。

亲，麻烦您确认下订单信息是否正确，如果信息正确，我们今天就可以为亲发货。

亲，我们看到您已支付成功，收货人和地址都是正确的吗？没问题我们就安排发货啦！

（7）包邮类。

亲，这款宝贝的重量已经超重了，我们会垫付超出重量的快递费，希望亲理解，您下次再来购物，一定给亲优惠。祝亲购物愉快！

亲，价格已经是最优惠的了，实在是没有什么利润了，还请亲谅解，要不我们给亲赠送个小礼物！亲看看？

小应用 8.2

售前客服案例解析

1. 对产品不熟悉

某护肤品店

Q：日期是哪天？

A：2014年最新日期的呢。

Q：2014年几月份？

A：具体的确定不了亲，货都在库房。

诊断：对日期不熟会让顾客担心保质期的问题，切忌在聊天中说不清楚之类的话。

建议：亲请放心我们的产品保质期是×月，基本在过期之前很早就卖完了，不用担心过期的问题哦。

某女装旗舰店

Q：好喜欢这件T恤，但是不知道穿什么尺码。

A：我们家都是标准尺码哦。

Q：我160厘米，55公斤穿什么尺码合适？

A：亲可以考虑M号和L号的。

Q：到底M号还是L号啊？

诊断：客服对尺码建议不能让顾客放心。

建议：亲，您想修身一些穿M号，宽松一些的穿L号。我有同事跟您一样的身材，两个号都是可以的呢。

某母婴品店

Q：老板这个早教机里的故事可以自己下载吗？

A：亲，您好，早教机有8G的内存可以自己下载的。

Q：怎么下载，下载了以后怎么使用呢？

A：亲，不好意思我也不是特别清楚，亲可以按照说明说上操作步骤操作。

诊断：有些产品需要客服自己操作才能为顾客解决使用中可能会遇到的问题，否则会增加购买门槛，降低订单转化率。

建议：亲，操作很简单，只需要将数据线接入电脑的USB接口就可以直接使用。

某食品店

Q：老板这个棒棒糖好可爱，但是会不会太甜？

A：应该不会的，口感蛮好的。

Q：7~8岁的小朋友可以吃吗？

A：应该可以的。

诊断：避免使用不确定的词语。

建议：亲，棒棒糖的甜度适中，比您吃的××糖果会淡一些，小朋友也会喜欢的~

客服对产品不熟悉，回答问题闪烁其词，最坏的影响是让顾客对店铺失去信心。
客服应加强对产品的认知，不可以含糊其辞，增强顾客的购买欲。

2. 答非所问

女鞋店

Q：亲，你们家鞋子码数是不是正码？

A：亲，您好，我们家的鞋子从34码到38码都是齐的。

Q:晕,我是说鞋子是不是标准码?
A:哦,不好意思,您需要多大码的鞋子呢?
诊断:忽略了顾客主要想问的问题,反而说了不相干的内容,让顾客失去耐心。
建议:亲,鞋子都是标准码,您平时穿多大的码的,在我们这里就选多大码的。

某饰品店

Q:亲,这条项链带脖子上多长呢?
A:这条项链长度是35厘米。
Q:我的意思戴脖子上多长,在什么位置?
A:链子35厘米长,戴上大概在锁骨的位置。
Q:会不会勒脖子啊?
A:如果您觉得短可以选我们的新款,链子会长一些哦。
诊断:抓不住买家的问题在哪,忽略买家的问题转而介绍新产品。
建议:亲链子长35厘米,待在脖子上大概在锁骨的位置,春秋天穿着厚薄适中的衣服也能展现出来。

3. 拒绝生硬

如果顾客要求议价、包邮、送礼品、返现等,要婉言拒绝,但要把握表达尺度。

某护肤品店

Q:我想买……请问送什么小礼物?
A:亲,单笔订单满100元以上才可以送小礼物的哦!
Q:什么都不给啊?
A:亲已经是最低折扣了呢。
诊断:"才可以送"听起来生硬。
建议:亲,满100元就可以送小礼物哦!

某书店

Q:老板一次买这么多包个邮吧?
A:亲,不好意思,包不了的,书太重了。
诊断:解释的时候最好把理由放在前边,拒绝顾客的时候不可以太生硬。
建议:亲,图书比较重超重部分的运费我们出,但是首重的运费实在不能包,希望亲理解。

4. 和顾客对立

某充值店

Q:我上午充的话费现在还没到呢!
A:亲,我帮您想后台确认了,充值是成功的,麻烦您再查询下。
Q:查了没到账才问的,到账了是不会麻烦你们的。
A:我们不是骗子!也给您查了,的确是成功的!你可以再查询下,反正我们这显示是成功的。
诊断:一开始就同顾客对立起来,解决问题没有耐心。

建议:亲,经过后台查询充值是成功的,月末月初是充值高峰期,话费到账会有延迟,亲耐心等待下,请放心一定会到账的。

5. 感恩之心

对待回头客更应该心怀感恩之心去表达谢意,以加深其好感。

某护肤品店

Q:我想买……

A:亲,有货的可以直接拍下。

Q:好喜欢这个牌子的产品,都用了3年了,都在这里买的。

A:亲拍下我们今天就可以安排发货哈。

诊断:对老顾客没有任何赞美表扬感恩不利于客户关系维护。

建议:亲,感谢您的支持,您要买的产品有货可以直接拍下,我们下午就安排发货。再次感谢亲的惠顾!

小应用 8.3

售前技巧与话术

客服与顾客的沟通要注意细节,如图8.12所示。推荐产品的技巧包括以下几种。

1. 询问顾客购买途径

客服在推销的时候首先应该思考的问题是顾客为什么要买这样的商品?

2. 询问顾客购买预算

预算是个稍微敏感的话题,询问预算会让顾客感觉在怀疑他的购买能力,不但不能推荐商品,还会让顾客心里觉得不舒服;但不清楚预算,很难有针对性地进行商品推荐。

3. 询问对产品的特殊要求

顾客在产生购买欲望的同时,也会对自己想要购买的商品有一定的期望值。

4. 介绍产品各项细节

客服在向顾客推荐的时候,难免会有顾客对商品的质量、价格、实物效果有所怀疑,这时需要客服向顾客展示商品的一些细节,用来说服顾客。

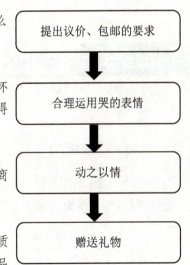

图8.12 客服与顾客沟通的细节

5. 阐述产品优点给顾客带来的好处

例如,漂亮的衣服可以美化外表、淡雅的香水可以令人着迷,等等。

6. 客观介绍竞争对手,不诋毁、不贬低

顾客在购物时难免对同类产品进行比较,例如:一些买家常说的"那家的东西怎么比你家便宜那么多""别人家都是包邮的""别人家都有赠品的"类似这样的问题。客服在解答的时候能诋毁、贬低竞争对手,一定要进行客观、专业的解释。

7. 介绍产品过程中与顾客确认

客服切忌在推销时自己埋头介绍,不顾顾客的感受。合格的客服在介绍商品的过程中要随时与顾客确认信息,确认顾客是否明白客服在讲什么,是否还有什么不清楚的地方需要解答。

Q:我的脚长刚好22厘米,穿什么码的鞋呢?

A:亲可以选择34码的鞋。

Q:哦。

A:亲还有什么不清楚的地方需要解答吗?

Q:嗯,那可以包邮么?

一句简单的话,不仅能帮顾客更深入了解产品、解决购买中的其他问题,还能让顾客感觉到客服的专业性和贴心周到。

8. 主动邀请顾客购买

如何让顾客二次购买?客服可以在语言中可以适当插入"优惠""上新""大酬宾"等关键词,第一时间吸引顾客的眼球;还可以邀请其加入一些QQ群、微信群,或关注微信公众号、抖音等。

9. 在顾客已经购买的情况下要礼貌致谢

顾客的选择商品范围十分广泛,所以很多时候会遇到一些尴尬的情况,比如顾客买贵了,但客服不知情,仍在努力推销自己的商品,这会让顾客不耐烦。

第三节 售中客户服务

一、售中客服

售中环节中(见图8.13),在客户完成订单支付后,客服需要对客户订单进行确认,在后台进行操作,售中客服还需要对未付款订单的客户进行催付款。

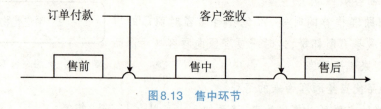

图8.13 售中环节

(一)正常订单处理

正常订单处理的步骤包括：
(1) 确认订单；
(2) 未发货订单排查——每天定时排查，利用软件查看未发货订单；
(3) 缺货订单处理——第一时间取得联系，商议最佳解决方案；
(4) 紧急订单处理——错单、礼物单、投诉单。

(二)订单跟踪

订单跟踪的步骤包括：
(1) 查看物流——随时跟进，提升满意度；
(2) 签收提醒——温馨细心(见图8.14)；
(3) 收货后好评提醒——收藏、好评返现、优惠券等。

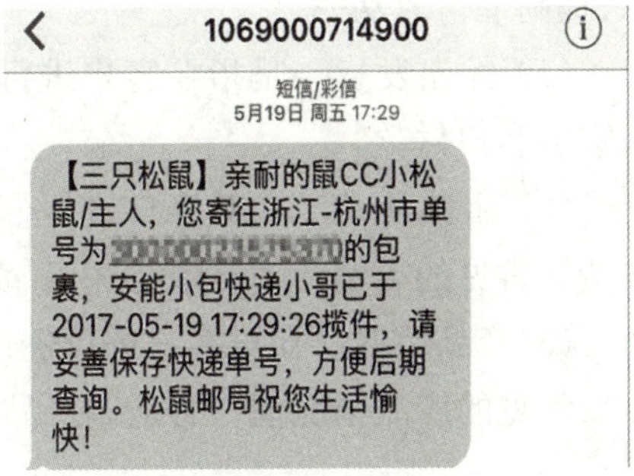

图8.14 售中短信提醒

(三)协助客户下单

有时候遇到不会网购的客户，客服就需要协助客户完成下单。随着老龄化社会的到来，很多老年人加入网购大军，可能会存在不会下单的情况。协助客户下单一般步骤如下：
(1) 登陆/注册网站。如果是老客户，可以直接登录；如果是第一次网络购物，需要注册账户。输入用户名和密码后，点击"提交注册"；
(2) 确认购买的商品。确认购买商品后点击"去结算"；
(2) 将商品加入购物车。选择商品的规格、尺码、颜色等属性后，点击"加入购物车"；
(4) 核对订单，点击"提交订单"，完成购买。

(四)帮客户修改订单

有时候，客户提交订单后，需要客服人员对订单进行修改，如邮费的修改、收货人信息的修改等，此时客服人员要掌握修改客户订单信息的方法，满足顾客的要求。

(五)对客户进行催付款

合理的催付可以有效地提高客户体验，更可以挽回订单；过分的催付会让客户反感，造成主动关闭订单。对客户进行催付，首先应该了解客户没有付款的原因和客户下单后没有付款的情况，一般要注意催付的时间和方式。

1. 把握时间

在客户下单后，如果超过几分钟还没有付款，就需要立即对客户进行催付。因为随着时间的流逝，客户对商品的购买热情也会慢慢流失。如果客户在线，就通过即时通信软件发送在线消息；如果客户不在线，则可以通过短信的方式对客户进行提醒。需要注意的是，一般不要在休息时间对客户进行催付，否则会引起客户的反感。

2. 催付话术

不管用何种方式进行催付,都需要使用较好的话术,如"亲,请您核对一下地址信息是否有误……如果没问题的话可以付款了哦";客户下单后较长时间都未付款,可以使用了解原因的方式进行催付,如"亲,看到您在本店的订单还没有付款,不知道遇到什么问题了呢?如遇问题请及时联系我们的客服哦,期待您的光临"。

3. 常见的催付方式

客服在进行催付时,不仅需要提醒客户及时付款,还需要掌握一定的方法,吸引客户付款,提高催付成功率。

(1) 优先发货。是指在客户进行催付时,告知客户如果及时付款,可以优先发货,以此来吸引客户付款。

(2) 店铺活动。在对客户进行催付时,通过介绍店铺的相关活动可以刺激客户付款或消费。常见的店铺活动有限时优惠、卖家包邮、附送赠品等。

(3) 产品情况。在对客户进行催付时,客服可以通过强调产品的某些因素来吸引客户付款。常见的产品情况催付有强调产品库存、强调产品服务、强调产品价格等。

第四节　售后客户服务

在网络购物环境中,由于买家购买时是通过商品的图片信息、文字及视频信息与客服进行沟通,所以收货前无法看到商品的实物,难免会出现一些购物纠纷。售后服务会影响店铺的动态评分,而店铺动态评分会影响网店排名及后续经营,所以售后环节非常重要。

一、售后服务的基本流程

一名专业的售后客服,必须具有应对负面情绪的技能,同时掌握售后客服的基本思路(见图8.15),了解沟通禁忌(见图8.16)。

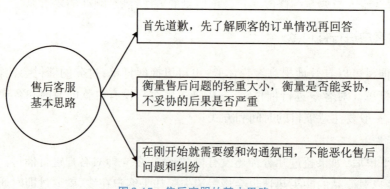

图8.15　售后客服的基本思路

直接拒绝客户

争辩、争吵、打断客户

教育、批评、讽刺客户

暗示客户有错误

强调自己正确的方面,不承认错误

表示或暗示客户不重要

不及时通知变故

图8.16　沟通禁忌

(一) 致歉

从心理层面来讲,道歉可以起到治疗人心的作用,因而道歉在弥补对方心理的方面是非常有效的。而从售后角度来分析,"道歉、道歉、再道歉"是售后客服面对顾客第一步要做的工作,不要过于纠结到底是哪方的错,先说一些道歉的话,总能在一定程度上实现对方的满足感,进而才能心平气和地交谈。

1. 致歉时机

致歉不是不分时间的盲目行为,什么时候道歉? 频率多少? 都是需要考虑的问题。

客服在首次回答顾客的问题时,因为深知找到售后客服的顾客多对于商品不满意,所以使用承诺性的话术,让顾客不用着急,等弄清楚原因后,应首先致歉,并询问详情,若顾客在回答中依旧透露出情绪,则需要再次致歉。

2. 致歉内容

致歉的具体内容视具体情况进行有针对性的调整。一般的方式和内容如表8.3所示。

表8.3　致歉话术与内容

耐心倾听	好的,我明白了
	我明白您的意思了
	×××先生/女士,我非常理解您现在的心情
	您的问题我已经详细记录下耿,也非常明白您的心情
平息怒气	真的非常抱歉,还请您原谅
	对不起,造成您的不便,还请您见谅
	×××,听到您的反馈,我们觉得非常抱歉
	发生这件事,我真的觉得十分抱歉,是我们的工作不到位,我们会全力解决这个问题

(二) 衡量售后问题轻重缓急

任何事情都具有轻重缓急之分的,售后问题也是如此,售后客服每天需处理大量的问题,为有效应对,可对问题简要分类(见图8.17),其中比较重要的就是"差评""投诉"和"维权"。

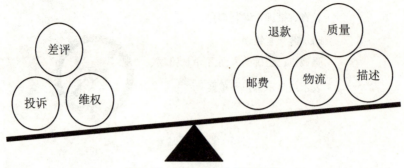

图8.17　售后问题的简要分类

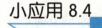小应用8.4

三只松鼠的售后岗位划分

岗位1:客户关怀。主人评价后觉得不满意的,客服在后台看到评价,然后联系主人处理,制订回访策略。

岗位2:咨询处理。与售前客服工作内容相似,但不促成下单购物的。

岗位3:投诉升级。因为质量问题引起的投诉,要进行规范严谨处理。

(三) 缓和沟通气氛

1. 冷静的理性思考

有时候顾客会脱离客观实际,盲目地坚持自己的主观立场,从而引起不必要的矛盾。当矛盾激化就会形成僵局,售后在处理的时候,就要防止和克服对方过激情绪带来的干扰。

正确分析出现的问题,设法建立客观的准则,让双方都认为是公平的,同时便于实现的办事原则、程序或标准。

2. 语言适度

说什么样的话?怎样去说话?这是客服缓和气氛时十分重要的两个方面。交流时要注意语气和态度,同时积极听取顾客问题,禁止多次重复催促。

3. 避免争吵

回答尽量有针对性,不能过多地去维护自己的利益,更不可不认账,要多站在顾客的角度去考虑问题,尽可能避免争吵。切不可出现因规避责任而引起更大的纠纷。

4. 协调双方利益

客服在解决与顾客的纠纷时,不能片面地只考虑自身利益,而应该以顾客利益为主,兼顾自身利益,协调双方,尽可能完善解决。

二、普通售后处理的流程

正常交易下,顾客由于某些主客观原因,对商品或服务表示不满,但愿意用沟通、协调的方式去解决问题,售后处理流程如图8.18所示。

图8.18　普通售后流程

(一) 正常退换货的流程

1. 退换货说明

退换货是指顾客在收到商品后由于对商品的大小、颜色、款式等不满意,要求店铺在不低于原价格的基础上退换商品,分为同款退换和不同款退换。这些服务款项在详情页必须有说明,尤其要有在运费方面的说明。

你觉得哪些商品不适用于七日无理由退换货呢?
答:不适用于七日无理由退货规定的商品如图8.19所示。

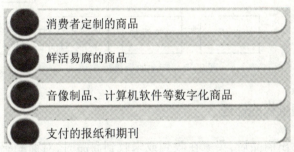

图8.19　四类不适用于七日无理由退换货规定的商品

2. 退换货原则

根据淘宝对退换货争议的规定,退换货时卖家需要遵循以下原则:
(1) 由于卖家原因导致退货不能完成的,交易做退款处理,运费由卖家承担。
(2) 双方达成一致或淘宝做出退货退款处理的交易,卖家收到退货后,淘宝有权退款。
(3) 达成换货协议,但卖家未能换货,淘宝有权给买家退款。
(4) 跨境交易且最终确定为退货退款处理的,由于卖家原因无法退货的,则交易不做退货退款处理。
(5) 买家逾期未操作退货的,交易做打款处理。支付后,买家再次要求退货的需与卖家另行商议,淘宝不处理。

(6) 损毁的，商品退回买家或买家无理由拒收，交易做打款处理。

3. 退换货凭证和流程

买家在退换货时，如果卖家对退回的商品存在争议，卖家需要向买家提供凭证。常见的凭证有聊天记录、物流公司出具的收到退货有问题的公章证明以及快递单。

客服在和买家协调后，处理买家正常的退换货申请时，一定要看清退换原因，并确认是否已经达成协议，并在规定时间内同意申请，再将相关的信息发送至仓库，在收到买家退回的商品，确认商品不影响二次销售后再发货，具体的退换货流程如图8.20所示。

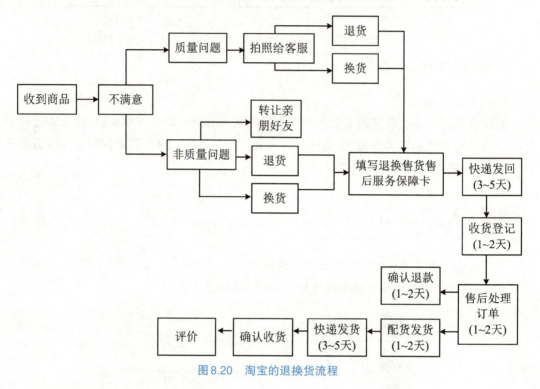

图8.20 淘宝的退换货流程

（二）退款、普通维权的处理

退款是指商家发出商品后，买家在收到或未收到商品时，对商品感到不满意，要求店铺退还所消费金额，同时自己也将商品退回店铺。

普通维权是指交易进行中，买家收到的商品有质量问题、与描述不一致或是在卖家发货后没有收到货等情况，可以要求淘宝小二等平台官方客服介入，进行维权处理。

1. 退款处理

退款处理是商家售后的日常工作内容之一，其常见问题、处理办法、后续建设如表8.4所示，可根据实际情况酌情处理。

表8.4　退款常见问题的处理

常见问题	卖家处理办法	后续建议
收到货物破损、漏发等肉眼可见的问题	联系买家提供服务→向物流核实谁签收→不是本人签收或没有买家授权签收，建议直接操作退款并联系物流索赔，避免与买家产生误会	发货前质检到位，与操作规范的物流公司进行委托服务，提前约定送货过程出现的破损、丢件由谁赔付
描述不符	核实商品的描述是否有歧义→核实是否错发→与买家协商解决（退货退款、部分退款、换货）	确保商品描述无歧义；确保发出的商品与买家订单信息一致
质量问题	联系买家提供实物图片→核实→核实进货时商品是否合格→与买家协商解决（退货退款、部分退款、换货）	选择好的商品进货来源；进货后保留相应的凭证
收到假货	核实供应商→无法确认资质，可以直接联系买家退货退款	选择好的商品进货来源；进货后保留相应的凭证
退运费	核实订单运费、客服聊天记录等信息→如果有承诺或有超出订单的运费退回给买家	及时更新运费模板，特殊情况需告知买家
发票无效	提供图片→与财务核实发票是否发错或是否合法→如果发错发或错开或无法确认发票正规性，联系买家补发	规范发票的开具、领取和使用；发货时确保和买家沟通的内容一致

2. 普通维权处理

普通维权指买家在收货后，如果存在问题，当买家无法获得售后保障时可以通过维权入口向淘宝发起维权。

售后客服要时时对维权信息进行查询，根据淘宝规定，卖家有3~5天的时间与买家协商处理，并在此期间对维权进行响应，所以维权的处理要及时。同时被维权方无法取消维权，只用通过维权方取消退款申请从而结束维权。如果客服没有及时处理，平台的官方客服就会介入，判定维权是否成立，视平台规则规范处理。

3. 退差价、邮费

退差价是由于买家在购买了商品之后的较短时间内，对于卖家降低的价格，买家可以和客服商量退返差价。但是对于差价退返，淘宝没有硬性规定。

邮费的退返，大多数情况是由于买家需要退换商品，退还前卖家与买家达成协议，先由买家垫付，等商品收到后，再由卖家返还给买家。

退运费可以有两种方式操作，一是直接由卖家向买家支付宝打款，二是买家在退货退款的售后页面里申请退款的时候加上垫付的运费。

4. 回评邀请

在交易完成后，客服需要主动给买家回以好评，并回复相关的一些好评术语，对买家的光临表示欢迎,这一操作也可用第三方软件自动完成。客服为买家评价之后,最好能主动邀请买家回评。

三、特殊售后处理

此类售后相对棘手,这类顾客一般会较为执拗、不好说话,沟通起来会麻烦一些。他们有些会拒绝解释,强行要求卖家按照自己的预想方案实施,几乎很少有回旋余地,但客服也不能不顾自身利益一味让步,应在熟悉规则的基础上尽自己最大的努力去解决问题。

(一)严重投诉、维权

严重的投诉、维权具体指商品存在的争议较大,双方的争议点主要在发货、到货、换货、退款、退差价、转账到账等问题。这些维权相对普通维权难处理,原因是大多无证据,沟通时纠纷协调不成功,顾客更愿意让淘宝介入。一旦投诉维权成立,店铺将面临严重的处罚。

1. 恶意骚扰

指卖家在交易中或交易后采取恶劣手段骚扰买家,妨害买家购买权益的行为。买家可发起恶意骚扰维权,若维权成立,每次扣12分;情节严重的每次扣48分。

2. 违背承诺

是指卖家拒绝向买家提供其所承诺的服务。

3. 延迟发货

是指商家未能在约定时间内发货,商家发货时间以快递公司系统记录时间为准。延迟发货的商家需要向买家赔付成交金额的30%的违约金,违约金以天猫积分形式支付(最高不超过500元)。

(二)严重退款纠纷

严重退款纠纷与普通退款的不同之处在于,买家申请退款之后,要求淘宝介入,无论怎样判决都会产生退款纠纷。

严重退款纠纷影响卖家纠纷退款率,会有扣分的处罚(见图8.21)。

第八条 【信用积分】在信用评价中,评价人若给予好评,则被评价人信用积分增加1分;若给予差评,则信用积分减少1分;若给予中评或15天内双方均未评价,则信用积分不变。如评价人给予好评而对方未在15天内给其评价,则评价人信用积分增加1分。
相同买、卖家任意14天内就同一商品的多笔支付宝交易,多个好评只加1分、多个差评只减1分。每个自然月,相同买、卖家之间交易,双方增加的信用积分均不得超过6分。

图8.21 信用积分

(三)修改中差评

遇到中差评情况,不要乱了阵脚,要摆正心态,调动积极的情绪,了解情况,耐心沟通,用诚意打动客户,一些基本话术可参考如下内容:

1.亲爱的顾客,造成您的不便,真的很抱歉。我很理解您的心情,我也是很有诚意帮您解决问题的。这样吧,我跟店长请示下,给您一部分补偿,还望您能修改一下评价,这样我们就有动力不断提升服务品质、商品质量,并保证您下次来购物时不会再出现同样的问题。谢谢您了!

2. 亲,真是抱歉让您的这一次购物不太完美,关于商品的××问题确实是我们工作不到位。您可以将商品寄回,我们这边为您换一件,至于来回的运费也由我们承担,也希望您能够修改下评价好吗?拜托了,谢谢!

小应用 8.5

淘宝大学的差评处理方式:① 联系顾客。② 询问原因。③ 安抚道歉。④ 认真倾听。⑤ 协商解决。⑥ 跟进处理。

处理差评常用方法:① 退货。② 部分退款。③ 送优惠券。④ 送礼物。

(四)与仓库其他客服的交接

如果售前与售后客服不是同一人,或工作有需要跨岗位合作的时候,需要将产生纠纷的订单进行记录,如造成问题的具体原因、处理的结果等,避免再次发生失误,引起买家不满。

四、中差评、维权电话的沟通技巧

客服在收到中差评之后,单纯通过旺旺向顾客解释有时候是不够的,最直接的方式就是打电话沟通。

首先,电话沟通互动性强,能迅速把握顾客的要求;其次,可以听出顾客的情绪,根据顾客情绪的变化运用不同的话术;最后,电话可以节约时间,时效性强,对于解决紧急问题非常有效。

(一)打电话沟通

1. 时机

避免在吃饭、休息时间段与顾客联系,一般早上10点、下午3~4点、晚上8点为宜。

2. 准备

电话前需要对自己的话术进行整理,最好将顾客的信息、沟通的主题、问题的缓急在纸上列出,以免电话接通后,由于紧张忘记关键问题。

3. 接通电话时的要点

(1)保持一个轻松的心态。

(2)主动表明身份,并询问对方是否方便接电话。

(3)认真倾听问题,适时回答,不要打断对方。

(4)对方说完问题后,先说对不起,然后提供解决方案,给顾客一个承诺,和顾客达成一致,通过对质量、物流时间的保证或是赠送礼品、优惠券,让顾客感受店铺的服务质量和诚意,从而对店铺重新建立信心。

(5)向对方说明中差评对店铺的巨大影响,指导顾客修改中差评。

(二)电话沟通的话术

电话沟通是常见的售后主式,有些基本的话术供参考如下:

客服:亲,您好!我是××店铺的售后客服。之前您在我们这里买了一件××,你还记得吗?看到您给我们的留言了,您说……真的非常抱歉,我们的服务没有让您满意。这次给您打电话主要是做个回访,以便我们提高服务质量,您觉得这边除了评价里的内容我们没有做好之外,还有什么您不太满意的呢?

顾客:……

客服:还有什么问题我们需要特别注意的呢?真的非常感谢您的反馈建议,我会把您的建议和意见反馈给我们的上级,并在以后的工作中避免类似的问题,为了表示感谢我们为您准备了20元的无门槛优惠券,您可以在下次购物的时候使用,您看什么时候方便领取?

顾客:……

客服:是这样的,还有一件事想麻烦一下您,因为看到您给我们的是××评,因为××评对店铺是有影响的,我们也希望不断提升我们的服务,因此您的好评会成为我们的动力,所以希望您能给我们一个机会,修改一下评价评价,内容可以保留,只要修改评价就可以,谢谢您!

顾客:……

如果遇到不愿意修改评价的买家,该如何沟通?

A.亲,真的非常抱歉,其实我们给您打电话也是想帮助您解决问题,我会尽我的全力帮您申请补偿,看怎么处理比较好?虽然我的权力有限,但是我能做到的我会全力去做,也希望您给我们一个补偿的机会。谢谢您了!

B.非常感谢您的谅解,这样的问题我会反馈到相关部门解决,保证以后不会再出现。刚才承诺您的事情,我们会马上去做,到时候给您反馈结果,好吗?谢谢您!

五、售后维护的话术

售后在某种程度可谓"真诚待客户,长久做朋友",有些参考的话术如下:

(1)抱歉话术。

亲,真的很抱歉我们的服务没能让您满意,我这就为您登记售后情况,请问您这边是出现了什么问题呢?

您的情况我已经了解了,非常遗憾给您带来这么多不愉快,您这边是希望可以给到您什么样的处理方式呢?或者我可以帮您申请下。

亲,真的非常感谢您对我们的信任,这次错误是我们造成的,真的非常抱歉,不过您放心,我们可以……

(2) 同意退款。

亲,退款已经帮亲同意了呢,建议亲用圆通、申通、中通快递寄回,特此提示亲:优速和快捷等小型快递麻烦亲一定不要使用,以免产生丢件或长时间不到的情况。如果亲购买了运费险,一定要填写正确的单号,保险公司才会索赔哦。亲如果还有问题请联系售后或留言给我们,我们会给亲一个满意的回复。

(3) 尺码问题。

亲,实在是抱歉,也请您理解,我们售前客服的建议只是供您参考的,根据您提供的尺寸我们是面向大众化给予建议的,但是有可能因为每个人的身材不同,所以建议尺寸无法保证百分之百的人都合适,建议您结合自己平时穿衣的尺码和身材来和我们衣服的尺寸来选择尺码。

(4) 测量方法。

亲,我们的衣服都是平铺测量的,有可能每个人的手法不同,因此会出现一些偏差,一般相差1~3厘米是属于正常误差范围的哦。还有我们网页上也提供了常规款式的测量的方法,特殊款式的测量方法我们也有标注,如果亲觉得我们的尺寸有问题的话,可以按照我们页面上的测量方法测量,测量出来的尺寸超过3厘米的误差,提供照片我们确认下,确认后可以给您免费退换货的哈。谢谢亲!

(5) 证实发错。

出现这种情况真的很抱歉,事先工作人员没把问题检查出来就发货了,给您带来了困扰,在此向您说声对不起!麻烦亲把收到的衣服寄回,邮费请您先帮我们垫付,在收到退件后,我们会把邮费转到您的支付宝账户上,同时帮您换一件没有问题的衣服,中间产生的运费我们会全部承担,您看这样可以么?谢谢亲!

(6) 掉色问题。

亲,您好,请您谅解,凡是深色的棉质衣物,第一、二次洗水都会掉一些颜色,因为棉质衣服不耐色。亲可以在洗涤时先把衣服加入少许食盐浸泡半小时,再用清水手洗,这样可以减少衣服的掉色。按这样的方法持续把衣服洗过两次后,便不会有掉色严重的问题了。

(7) 快件丢失。

亲,我们已经通知××快递尽快追回亲的包裹,如果确认是丢件了,我们会让快递公司赔付,明天如果还是没有任何物流信息,仓库如果有现货我们会给亲安排重发,亲到时候也可以提醒下我们。谢谢了!

(8) 无物流显示。

亲,是这样的,我们都是用ERP系统发货的,可能系统把单号弄错了,亲的订单已发出,再耐心等几天,如果3天左右亲还是没有收到货,可以再联系我们,同时我们这边会继续跟进,有任何新情况我们会及时告知亲的。请放心!

(9) 预售款。

亲,您之前的一个订单里边的一款×××,现在是×月×日的预售款了,所以现在要通知下您,您看能不能等到×月×日呢,或是现在先发有货的给您呢?或是您再换一个别的有货的款式呢?请您及时联系我们的客服,谢谢亲的理解!

(10) 缺货。

亲,您好!您于×月×日在我们这里拍下的××,由于××原因,导致仓库无法按时发货,在此,我们售后客服代表本店向您表示歉意,给您造成的不便请谅解,我们尽量在这2天之内把货全部发出,如果有疑问可以随时联系我们或留言,谢谢亲!

(11) 退货抱歉。

亲,非常抱歉!我们的商品未让亲满意我们也很遗憾,亲拍的款式我们也确实卖了不少,只是每个人对款式的要求不同,我们也希望产品能满足更多亲的要求,如果亲实在不满意,可以在收到货的7天内联系我们售后办理退货,谢谢亲!

(12) 发货后要求退款。

亲,您好,实在抱歉,您的包裹已经在运输途中,大概会在3天左右到您手上,如果您决定取消该订单,麻烦您在接到快递的电话时拒收,让快递将您的包裹退回来给我们,您方便的话,也麻烦您上线联系一下我们,告知下我们您已拒收,我们会及时跟进,尽快帮您办理退款。

小应用8.6

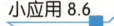

售后客服案例解析

1. 顾客收到商品很长时间后退货

顾客:老板在吗?我要退货。

客服:亲,你好,亲收到商品快20天了啊。

顾客:那又怎么样,衣服还是新的我又没穿。

客服:可是,亲店里明确告知了退货的时间限制。

顾客:我不管!我就是要退!

处理步骤:

(1) 有自己的退换原则,并将原则罗列在页面上体现出来。

关于店铺退换货的原则,最好做在页面上,这样有两个好处,首先是可以充当凭证,不管买家多无理,都有说服的依据;其次可以提醒买家,除此之外还可以将退货的原则设置到快捷回复,尽可能多提醒买家。

(2) 售前客服在销售的时候,注意提醒买家。

买家在咨询产品时,客服一定要注意提醒买家退换货前提必须是规定时间内产品完好无损的,并和客服确认是否受到并理解退货的前提,保证顾客对退货原则的知情度。

(3) 注意话术。拒绝类、妥协类、部分妥协类。

2. 恶意差评师

指在淘宝上靠着给买家差评,勒索、恐吓卖家支付一定金额来赚取钱财的人。

(1) 审核信息填写。客服收到买家下单信息时,要注意查看买家填写的信息,信息错乱的买家,是恶意差评师的概率很大。

这类订单,客服要与他们取得沟通,确认对方的信息和身份。

(2) 对付恶意差评。投诉不合理评价:双方评价生效后的30天内,保留证据。同时评价回复解释差评的原因,暴露其身份。

(3) 处理投诉。恶意差评师们喜欢投诉:违背承诺、发票问题、虚假宣传等。

3. 流程不整成引起的问题

大多问题是买家收货的时候说空包、少件。这个问题的发生与仓库发货、物流丢件、顾客签收等一系列的流程相关。出现这个问题的时候我们需要一步一步查找,需找出问题的环节。

(1) 页面必须有签收规则显示(详情页、首页等)。

(2) 核实快递公司的物流详情。

(3) 假设快递公司不承认丢件、不赔付,买家很纠结,只能妥协重发或者给买家退款。

(4) 快递面单写明商品数量,包括赠品数量。

4. 买家给了很难看的评价

(1) 针对买家的问题,有诚意地进行道歉。

(2) 告诉买家产生这个问题的可能因素是什么,或者这个问题是普遍存在的,具体是什么情况,要向买家解释清楚。

买家给出一个难看的评价,必然有原因。是对商品不满或是对服务不满,作为客服,要善于探究他们给这些评价的准确原因,再对症下药。

顾客:你们的化妆水怎么用了以后就长痘啊?

客服:亲,您是用了这款水长痘的呀?你最近工作压力大吗?

顾客:有熬夜。

客服:这样呀,人体长痘很大部分原因是因为我们作息时间不规律,导致肝火旺盛,您在使用这款产品的时候要配合规律的作息时间,并且多喝水。这款水是纯天然植物提取的,有一定的功效,您再使用一段时间试试。

(3) 假设问题真的存在,影响了使用效果,可以提供有保证的包邮换货服务。

(4) 再次申明在你的店铺里面退换货是有保证的,客服都很好沟通,对下次光临表示欢迎,最后烦请顾客修改评论,挽救差评的尴尬。

5. 返差价的问题

返差价的问题比较特殊,假如我们不同意给顾客退还差价,那么顾客会退货然后重拍,这个过程中可能还涉及退款速度和纠纷产生的可能性,对店铺的DRS会产生相应的影响,所以当顾客真的很纠结的时候,建议店家退还差价。

(1) 询问商品的完整性,是否影响第二次销售。在返差价的过程中,一些商品时要求顾客重新拍下商品,以现时的低价购买,顾客再将之前购买的商品退回,这就涉及了商品的二次销售。如果商品已经使用,影响二次销售,客服可以拒绝退差价的要求。但如果商品完好,客服一般会妥协。

(2) 查看购买时间,是否超出了返差价的规定时间。店家在规定返差价规则的时候,一定要注意对手服务时间的规定,一般来说七天的售后时间最佳。顾客要求退还差价的时候,客服要核对订单的销售时间,如果售后时间超过了店铺的规定,客服也可以拒绝顾客的返差价要求。

6. 顾客强制退还不可退款类目

(1)查看淘宝退换货规则(见表8.5)。

表8.5 淘宝退换货规则

分类	类型	举例
不支持七天退换	一、定制类商品;二、鲜活易腐类商品;三、在线下载或者消费者拆封的音像制品、计算机软件等数字化商品;四、交付的报纸、期刊、图书;五、服务性质商品;六、个人闲置物品	个性定制;鲜花绿植、生鲜、宠物、网游、话费、数字阅读等;订阅的报纸期刊;本地生活,如家政、翻译等;个人闲置物品
可选支持七天退换	一、非生活消费品;二、代购服务商品;三、二手类商品;四、成人用品;五、贴身衣物;六、古董孤品类;七、食品保健类;八、贵重珠宝饰品类;九、家具、家电类	房产、新车等;海外代购;二手商品;成人用品;内衣裤、泳衣、袜子等;古董、字画类;食品、保健品、珠宝、钻石、黄金等;家具、大家电
必须支持七天退换	除以上十五类商品外的所有品类,均须支持七天退换服务	服装、电子产品、家居日化、化妆品、婴幼儿用品(除食品)等

(2)宝贝详情页必须有说明。

(3)在买家付款之前声明物品是不可退换的以及退换产生的后果。最好能让顾客站在卖家的角度上考虑问题。

如对于内衣等商品,以私密性作为切入点向顾客解释为什么不能退换,紧接着以顾客的健康作为考虑,让顾客站在自己的角度去理解。

本章小结

- 客服即客户服务,也指对客户进行服务的人,通过为客户提供服务,提高客户满意度,从而把客户服务价值转变为企业销售价值的一种企业活动。
- 网上客服工作特点:工作语言的规范性、工作内容的重复性、服务对象的多样性流动性。
- 售前客服的工作内容主要包括:售前准备、接待客户、推荐产品、解决异议、下单指引、欢送客户等。售中客服的工作主要集中在客户付款到订单签收的整个时间段,主要负责物流订单工作的处理。售后服务主要包括客户反馈问题处理,退换货、投诉处理和客户回访等。

- 客服的基本工具包括电话服务工具、即时通信工具、其他类型服务工具。
- 优秀客服人员必备的能力与素养包括心理素质要求、品格素质要求、技能素质要求等。

关键概念

客服工作流程　售前、售中、售后主要工作内容　客服岗位基操作技能

基本训练

☞ 知识题

1. 判断题

(1) 客服人员的工作态度很大程度决定了他们的工作质量,决定着工作的好坏与成败。　　　　　　　　　　　　　　　　　　　　　　（　）
(2) 客服话术一般原则包括:简洁丰富,表情使用,语言使用。（　）
(3) 对于半夜拍下但未付款的顾客,应该第二天一上班就马上催单。（　）
(4) 售后客服只需要了解退款/退换货流程,纠纷维权规则,对产品相关知识不需要掌握。　　　　　　　　　　　　　　　　　　　　　　　　（　）
(5) 任何能提高客户满意度的内容都属于客户服务。（　）

2. 选择题

(1) 大促活动时顾客一般关注的问题有哪些方面?(　　)
A. 产品情况　　B. 物流情况　　C. 售后情况　　D. 纠纷情况
(2) 评价老客户维护做得如何,以下哪个指标最重要?(　　)
A. 复购率　　B. 客单价　　C. 关联购买　　D. 好评
(3) 对恶意评价,要做好评价解释的原因是(　　)。
A. 证明此评价为恶意评价,避免影响该产品销售　　B. 可以提高店铺好评率
C. 可以让淘宝小二判断是非、黑白　　D. 可以屏蔽恶意评价

☞ 技能题

1. 小王是一家女装店铺的售前客服,一天有位客户向小王咨询了一款新上市的女装,咨询过后小王询问客户是否决定购买,该客户说"考虑一下再说",此时小王应该怎样与客户沟通,吸引客户购买?

2. 催付是提高店铺购买转化率的有效方式,2020年"双十一",客服小李所在的店铺开展了商品促销活动,很多客服参加活动促销商品,但是还有部分客户下单后并没有进行付款,请为小李设计促销催付信息。

3. 若你所在的店铺遭遇了买家的中差评,并且通过与买家交流后,买家不退换货,执意要申请补偿,你怎么处理?

参考答案

☞ 知识题

(1) 对;(2) 对;(3) 对;(4) 错;(5) 对。

2.选择题

(1) ABC;(2) A;(3) A。

☞ 技能题

1.重点考察售前客服的工作心态、对顾客心理的了解、促成成交的技巧等。

2.信息基本内容包括:向顾客问好,运用"优先发货,附送赠品、其他服务"等服务进行吸引,不要有"催""赶快"等字眼。

3.了解事实,真诚沟通,态度友好,有理有据,平台介入等。

第九章 移动商务

 学习目标

- 掌握移动商务的概念、特点
- 理解移动商务与传统电子商务的区别
- 掌握移动电商系统的组成与基本结构
- 能够深刻理解并分析移动电商的发展趋势
- 熟练应用各种移动终端设备以开展移动商务活动

引 例

你还在用PC端购物吗？

2021年2月，中国互联网络信息中心（CNNIC）发布的《第47次中国互联网络发展状况统计报告》显示，我国手机网民规模达9.86亿，移动互联时代已全面到来。新冠肺炎疫情期间的隔离也加速推动了网民手机上网，短视频、网络支付和网络购物的用户规模增长最为显著。移动互联网相比传统互联网，具有移动化、碎片化和个性化的特点，它全方位贴近用户生活的各个方面，带来了互联网商业模式上的发展和改变。

艾媒咨询相关数据显示，2020年中国移动电商市场市场交易额突破八万亿元，较2019年增长19.7%，移动端已成为电商平台发展重要渠道，随着近年直播电商市场爆发，移动电商交易规模继续升级。毫不夸张地说，今后还会有人用非移动端去购物吗？

通过了解移动商务基础知识，熟悉移动商务主流平台，掌握微信公众号、朋友圈、今日头条、短视频、手机和淘宝开店等实战技能，运用移动商务运营的核心理论知识和操作技巧，实现"拉新、留存、促活、转化和传播"的运营目的。

第一节　认识移动商务

一、移动商务的定义

移动电子商务简称移动商务。从狭义上来讲，移动商务是指以手机为终端，通过移动通信网络连接互联网进行的电子商务活动。从广义上讲，移动商务是指应用移动端设备，通过移动互联网进行的电子商务活动。

基于移动互联网的快速扩张，网络经济取得了飞速发展。一个具有生命力的产业应该具备商业化的能力。移动互联网相比传统互联网，具有移动化、碎片化和个性化的特点，它全方位贴近用户生活的各个方面，带来了互联网商业模式上的发展和改变。

二、移动商务的主要特点

（一）时间碎片化

在移动商务时代，人们可以利用碎片化的时间随时随地购物。现在，人们每天都可以通过微信、微博、搜索引擎、今日头条等多种方式获取信息。同时由于现在生活节奏的加快,人们更趋向于利用碎片时间来获取信息。例如,人们在吃饭时、坐公交车时会翻看手机。人们获取信息的途径如此简单,获得的信息如此之多,这同时也使人们养成了一种习惯:只要一个文档超过几十页,大部分人就没有耐心把它看完。于是时间碎片化、阅读碎片化、体验碎片化成为时代的主流。

在移动互联网时代,碎片化成为主流,不但传播渠道碎片化了,而且传播内容也碎片化了。进入智能手机时代,人们的主要资讯来源是移动互联网。移动互联网的兴起,让线上资讯和信息进一步碎片化。

(二)用户体验至上

用户体验是一种用户在使用产品过程中建立起来的感受。用户体验是站在用户的角度来分析的,而不是站在商家的角度来分析的。当今社会经济飞速发展,物质极大丰富,用户的需求也日趋差异化、个性化、多样化。因此,作为现在主流的营销模式,移动互联网营销也必须在营销推广的同时,更加注重用户体验,只有抓住了用户的需求,才能更好地推动营销。

移动互联网使得用户能够在移动方式下获取海量的内容。当无限的内容以有限的碎片化的方式呈现在移动互联网用户面前时,用户必须做出选择,而这只能通过差异化的体验结果来区分。移动互联网用户只会选择优质的内容,选择优质的服务体验。为此,产品生产者需要不断在细节上做到最好,以此来最大限度地满足用户的体验需求。

(三)O2O 融合

线上线下(Online To Offline,O2O)融合是移动商务的一个重要特点。随着移动互联网技术的发展,商家提供一种在网上寻找用户,再将用户带到线下的商店中,并提供线下的商品、服务的购物模式。智能手机的出现可以保证商家24小时在线,这就为随时对接线下产品提供了条件。在这种情况下,商家可以通过移动互联网与用户随时随地沟通互动,不断调整营销策略,满足用户需求,对产品和服务进行精准化配置,以此解决产品过剩、用户匹配度低等问题。

(四)社交化

社交化是指手机基本的通信功能满足了用户的社交和沟通需求,特别是智能手机中的各种社交软件,更凸显了移动端的社交属性。如今,在移动互联网上导入社交化的元素,并将社交场景和用户进行连接,已经成为移动商务发展的趋势。

移动互联网的到来,直接推动了移动商务的发展,各种新兴的移动社交软件呈爆炸式增长,商家和用户之间的沟通方式越来越多,如QQ、微信、微博、抖音等。在移动社交媒体上,用户能随时享受商家提供的服务,而商家也能随时了解用户的需求,这样的沟通方式使商家与用户之间的联系变得更加紧密。

（五）内容为王

移动新媒体的不断发展，促使人们更加关注优质内容。在移动商务时代，谁能打造出更有价值的内容，谁就可能在市场中抢占先机。需要注意的是，移动商务时代赋予了"内容为王"全新的内涵，那就是普适性强、传播度广及短小精悍。只有符合了这项特质，移动商务才能打造出引发大众关注的内容，并借此实现自己的营销目的。例如，凭借着率先开辟的内容分发模式，今日头条成为腾讯之后的另一个流量"帝国"。一直以来，商务都是流量变现的不二之选。

（六）服务个性化

服务个性化是指用户可以根据自己的需求和喜好来定制服务和信息，并根据需要灵活选择访问和支付方法，设置个性化的信息格式。

移动商务的发展带动了各类APP的爆发式增长。目前，中国电商APP市场无论是市场规模还是应用数量都已位居世界领先水平。正是APP的应用彰显了移动商务的个性化服务，每一个APP都能为用户带来特定的个性化服务，更重要的是能为用户解决实际问题。

（七）定位精准性

定位精准性是指商家和用户能够获取或提供移动端的位置信息，目前与定位技术相关的商务应用已经成为移动商务领域中的一个重要组成部分。移动商务的定位精准性主要是通过电子地图来实现的。电子地图通过全球定位系统（Global Positioning System, GPS）对用户当前所在的位置进行精准定位，帮助用户快速在一个陌生环境中辨认出位置，并且还支持用户查询所在位置周围的街道、商场、楼盘等的地理位置信息。手机电子地图正是移动商务领域的产物，用户在使用地图类APP时，系统会自动定位用户当前位置，用户只需输入目的地，地图类APP就能在几秒内为用户设定导航路线，无论是公交路线、驾车路线还是步行路线，地图类APP都能为用户提供真实可靠的路线信息。

三、移动商务的模式

商务模式是一个企业赖以生存的方式，是为企业运营业务、创造利润的方式，简单地讲，就是企业靠什么来获取利益。下面介绍几种常见的移动商务模式。

（一）微信朋友圈营销模式

微信朋友圈营销模式是较常见的一种移动商务模式。商家通过长期的朋友圈营销，积累忠实的用户，并最终将自己的信誉通过口碑传播到朋友圈的二级人脉中。在微信朋友圈这样的社交平台上，大多数人都是利用碎片化时间进行阅读的，对文字不会特别敏感，一百多个字的阅读量就已经是极限了，如果商家写得太多，用户就会失去阅读的兴趣了。对于比较长的内容，建议直接转发公众号，或者分成几个部分发布。可以先发一条朋友圈，然后再自己评论自己的朋友圈,把其他部分写到评论处。

(二) 知识付费模式

知识付费模式比拼的不是"流量＋内容",而是"产品＋服务"的思维。既然要收费,就要提供有价值的内容,否则付费的用户只会越来越少。

当前,知识付费产品具有分销和直销两种形式。分销是指内容供给端在知识付费平台上售卖产品的同时,也会通过渠道分销来获取流量;直销则是指商家在知识付费平台上或依赖自有渠道直接售卖产品,如自媒体、微信群等。

常见的知识付费平台有以下几种:

(1) 专业化垂直内容,如喜马拉雅、得到等。

(2) 生活化实用内容,如千聊、荔枝微课等。

(3) 以社群为基础的知识付费APP,如小密圈、贵圈等。

(4) 基于平台的付费模块,如知乎live、微博问答、36氪等。

(5) 内容社区的打赏模块,如微信公众号、人人都是产品经理、简书等。

(三) O2O门店聚客模式

在移动端软硬件技术不断发展的今天,移动互联网与现实生活的联系越加紧密,连接线上与线下的O2O移动商务,更是对人们的工作与生活产生了深远的影响。一般来说,互联网作为线上交易的平台出现,承担线上揽客、在线结算等任务;线下店铺则可以为用户带来良好的体验服务,促使线上交易更易达成。从这个角度来说,线上商务与线下商务更像是一种互相依存、互相促进的关系。

(1) 线上交易到线下消费体验,这种方式十分常见,如线上订购电影票线下观看,线上预订酒店线下入住,以及线上订餐门店线下消费等,这些都是通过线上完成交易,再到线下享受相关体验服务的模式。

(2) 线下营销到线上交易,线下营销到线上交易模式的代表是风靡全国的二维码营销。在一些商家开展的二维码营销活动中,用户只要扫描线下二维码并关注公众号,就可以得到赠品。

(3) 线上交易到线下消费体验再到线上消费,线上交易到线下消费体验再到线上消费模式目前来说并不是很多,但却代表了O2O的一种重要发展方向。例如,在某些美容论坛上,有时会开展一些线上的化妆品营销活动,吸引用户去实体店进行免费的线下服务体验;如果用户对于体验效果感到满意,就可以通过线上完成交易。这种模式更加符合用户对于体验和服务的相关需求,是一种具有远大前景的模式。

(四) 网上开店模式

网上开店的成本较低,而且省去了很多环节,因此网上店铺的商品价格一般比较低。另外网店的销售范围广,数十亿的网民都是潜在用户,受地域限制比较小。

网上开店平台的选择非常重要,但商家在选择网上商店平台时往往存在一定的决策风险。尤其是初次在网上开店时,由于经验不足以及对网店平台了解较少而带有很大的盲目性。网上开店需要一个好的平台,一般是通过大型网站注册会员进行商品售卖,商家通过注册成为网站会员,然后依靠网站开设店铺。在人气高的网站上注册并建立网店是目前较流行的开店方式。

(五)广告收费模式

互联网基础的盈利模式是先积累大量的流量,只有拥有了流量,才能拥有商业交易的资本。所谓流量,就是指变成一个个能抵达用户的渠道,拥有一批用户且有稳定阅读量的自媒体就是一个流量入口,用户定位越精准,广告价值越高。

(1)商家软文广告。常说的广告有两种:广告硬植入和广告软植入,即硬广告和软广告。硬广告采用直接插入广告的形式,读者点击进去就知道是广告,容易引起读者的反感,对公众号自身来说不利于用户的留存,也不利于广告投放效果的实现。软广告主要用情景带入的方式悄无声息地做广告,读者潜移默化地受到广告的影响,赞同广告带来的宣传效果,并乐于接受。

(2)文章底部广告。文章底部广告是指在文章底部插入广告图片或者公众号互推的广告图片链接,其内容很少,对读者造成干扰的影响不大。

(3)菜单入口广告。菜单入口广告是指在菜单栏中进行广告宣传,通过菜单栏进行商家的页面转跳,对读者没有任何干扰,用户可以自发点击。

(六)微店模式

现在很多商家都意识到微店存在着商机,很多商家都有自己的微店。开设微店十分方便快捷,只需要一个微信号、一个手机号、一张银行卡即可开设微店。微店是基于微信平台的网上商店,商家可以充分利用微信朋友圈的资源进行产品营销。微店营销已成为一种新兴的商品经营模式,微店是未来电子商务发展的重要途径。无论是传统实体店、网店、中小卖家、上班族,还是个人,都可以开设微店。微店的优势包括:开店成本低,数据信息更新速度快,商品管理简单易上手等。

第二节 微商朋友圈营销

一、认识微商

微商是基于移动互联网,以社交软件为工具,以人为中心,以社交为纽带的全新商业模式。其本质就是基于沟通而逐渐建立起强关系,从而建立信任。

(一) 微商的概念

微商是移动网络上的一种商品交易形式,与其他交易模式的不同之处在于,微商首先是建立在信任基础上的。微商不同于传统电商的地方在于,微商是自发形成的商业模式。微商的分散性使得微商圈子中不太可能出现新的电商巨头,也就是说,这种模式只适合个人或者中小企业和商家。微商的出现,为个体经营者提供了更多施展的机会,可以说,微商在某种程度上解放了普通人的思维和生活方式。

(二) 微商的现状

随着移动电商市场的飞速发展和微商生态圈的不断扩大,微商的商户规模和市场规模保持着较快的增长态势。目前大部分微商经营规模小、运营时间短,数据表明,仅有10%左右的微商有可观的收入。随着移动互联网的快速发展,很多传统品牌企业开始入驻微商平台。因为大的品牌企业都是有线下实体店的,具有线下优势和品牌优势,这是小品牌不具备的。利用微商的宣传渠道拓展市场,包括家用电器、服装鞋帽、家纺、食品在内的多个领域的传统企业纷纷入驻微商,如蒙牛、娃哈哈、格力空调、罗莱家纺、苏宁等。

根据有关数据,中小微商的商品销量排行中,美妆、生活及食品这三大类产品占据了市场前三位。美妆类产品以面膜为主,女性为主要消费群体。美妆、生活及食品都是必需消费品,因其需求价格弹性低、品类丰富、异质性大且价格相对低,购买决定时间短、重复购买率高,成为微商在移动端购物的突破口。

二、微商精准增加用户的方法

微商运营过程中如何吸引更多的用户?下面就来介绍一些常用的增加用户的方法,微商商家可以根据自己的情况选择适合的方法。

(一) 丰富内容吸引用户

只有有效的内容对应真实的用户,才能收到相应的反馈,为用户提供他们感兴趣的话题,粉丝才会有参与互动的可能。推送的内容一定要有主题性、策略性,商家一定要进行系统性的推送。对于一些商家而言,商家利用微信除了推送一些实用的优惠信息外,还可以在推送的内容中加入一些品牌文化、产品背后的故事等内容。

(二) 通过手机通讯录导入用户

微信是微商推广的重要渠道,新手要想做好微商,第一步就要吸引用户。微商商家可以通过匹配添加通讯录中的好友,快速增加用户。

(三) 微信二维码宣传应用

二维码是一种信息的表现形式,是用某种特定的几何图形,按一定的规律在黑白相间的图形记录数据符号信息。该图案不仅包含用户的个人信息,而且还是商家自我推广的重要渠道。微信用户还可以制作个人账户的微信二维码。为给用户打造全新的购物体验,罗莱家纺早在2013年下半年就已开始探索线上和线下的"触合点",一直在直营店测试二维码营销模式的可行性。用户只需通过微信扫描产品的二维码,即可足不出户掌握第一手产品优惠信息及罗莱家纺的活动信息,满足用户对产品信息获取的需求。

(四)微信好友互推

基本上每位微信用户都有若干微信好友,如何才能添加更多的微信好友呢?微信好友的数据互推是较快的裂变方法。互推是建立在微信用户的用户达到一定数量的基础上的,只有达到一定的数量,互推才有效果,其他用户也才愿意互推。如果用户太少,就没有互推的意义了,效果也不好。常见的互推方法有以下几种。

1. 文末互推

文末互推是大部分互推采用的方式,在文章末尾互相推荐公众号,用户在阅读完内容之后,会看到这些推荐,长按识别二维码就可以去关注,这种方式的效果较好。

2. 图文合作互推

以图文方式直接互推,效果最好,互推内容可以直接呈现在用户眼中,但是对用户的影响比较大,用户关注公众号的目的是因为其发布的内容,偶尔发一条广告,或者互推没有关系,但如果长期发送广告,势必就会影响用户体验效果,甚至可能导致用户取消关注。

3. 阅读原文互推

阅读原文互推就是在素材编辑时加上原文链接,把原文链接换成互推对象的链接。

4. 被关注时自动发消息互推

当有用户关注公众号时,其会自动发出一条消息给用户。这种互推的效果不好,不提倡采用这种方式。

三、微信朋友圈的定位及营销技巧

现在微信朋友圈营销的产品同质化现象严重,而同一产品竞争的商家很多,正是微商以创意取胜的时候,如果想要做得久,用心打造朋友圈是必须的。

(一)朋友圈的定位

做微商首先必须清楚自己的定位。朋友圈定位精准,用户群体才精准,这样转化率才高,用户不在于多,而在于精准。

做微商之前一定要好好分析自身的朋友圈定位,可以从以下几个方面展开分析:
(1)朋友圈有多少人?多少是亲朋好友?
(2)用户的来源渠道、性别以及购买力如何?
(3)朋友圈的朋友中有多少人愿意为发布的内容转发推广?
(4)什么产品是热销产品?价格定位多少比较容易卖出去?

(5) 朋友圈互动情况如何?

分析完这些以后,商家才可以决定要不要在朋友圈营销、选择什么样的产品以及产品售价。如果商家目前的朋友圈不适合做现在的产品,那么就需要转换思维,寻找定向客户,不断地进行引流,吸引目标用户。

(二) 为新朋友修改备注信息

无论是通过微信号、扫描二维码加好友,还是通讯录加好友,加完好友后做的第一件事,应该是为新朋友修改备注信息。如果没有这一步,过一段时间就会发现通讯录里全是"熟悉的陌生人"。因此,添加好友后要马上设置对应的备注信息,这是一个很好的习惯。

合理的备注格式建议设置为"姓名+地域+行业+其他关键词",例如,某微信好友的备注可以设置为"××山东女装一级"。这样做的好处是,可以方便地通过搜索找到某一类客户群体。当然,也可以在备注最后加上公司的名称,甚至对方的特征信息。

(三) 朋友圈的营销技巧

1. 建立关系的技巧

要让别人对自己印象深刻,可以主动出现在别人的面前。首先主动点赞和评论微信好友朋友圈的动态,有时间可以去打招呼,发一些有趣味、容易让人记住的内容。每天筛选20位微信好友用心阅读并回复相应的话题。

要让别人关注自己,一定要让别人觉得自己的存在同对方有关系,让对方有存在感。在微信朋友圈发动态的时候可以多发布一些互动性的动态,多问微信好友问题,发一些跟微信好友相关的话题。在讨论中挖掘微信好友的需求,并主动为其提供解决方法。

2. 内容编辑的技巧

微信朋友圈营销的重点是品牌产品的塑造,品牌产品的专业展示是营销的基础,所以每天发一条专业知识是很有必要的。需要注意的是,尽量把内容做成连续性的,以此吸引用户关注。商家要及时分享用户现场体验的评价,不仅可以让更多的用户通过网络交互得到了自己想要的创新产品,同时也让用户通过网络将自己使用产品的体验和评价分享给更多的用户。偶尔分享与自己生活有关的话题,要懂得在朋友圈中加入一点惊喜,适当可以邀请好友转发、分享内容。

分享内容要做到图文并茂,图片必须符合文字的内容。链接分享建议要加上自己的引导式总结内容。如果字数太多,朋友圈动态只会显示一条,然后剩下内容就被隐藏起来了。要想让用户能完整地读完自己的动态,理解动态的含义,最好是能让动态全部显示出来。如果要让微信好友觉得内容有趣,或者引起共鸣,那么字数也不能太少,建议是80~110个字较为合适。如果用户的朋友比较多,那么每天的朋友圈动态可能也比较多,怎样才能吸引用户的眼球,看到并注意自己的动态呢?表情就能解决这个问题,因为表情可以让朋友圈动态更具生动化、色彩化。

3. 分享推送的技巧

分享话题最好的时间段是晚上8:00~12:00,应抓住朋友的碎片化时间。链接分享最好的时间是晚上12:00之后,这样的话,第二天早上微信好友朋友圈的大部分都是自己发布的内容。用户案例与故事一定要即时分享,这样才能够在第一时间借力用户形成营销裂变。虽然朋友圈的信息不会直接推送给用户,但是仍然要控制发布朋友圈的次数,以免引起反感。每天发布的条数尽量控制在5条左右,并且每条内容之间要间隔一段时间,让微信好友在看朋友圈的时候都会看到,然后吸引他们点进来查看全部消息。

(四) 朋友圈互动的技巧

朋友圈是微商的"主力",若微信好友互动参与少,如何才能让微信好友了解产品呢?互动的目的是提升用户的信任度,信任度越高,越容易实现商品交易。朋友圈的互动包括点赞、评论、回复、转发等方式。

1. 常规互动

及时回答微信好友的回复,主动为微信好友发布的文章点赞、评论,主动参与微信好友发起的活动,重要的节日不要忘记送上祝福。

2. 游戏互动

营销互动游戏:如拆礼盒、一站到底、鹊桥相会等营销互动游戏。

小游戏:商家可以多关注小游戏,有好玩的小游戏第一时间分享至朋友圈,晒晒自己的战绩,与微信好友互动。

自由发挥类:有条件的微商还可以开展有奖竞猜,猜中的用户就能获得小礼品,或者举办抽奖活动。

3. 鼓励用户分享

微商还可以通过一定的激励方式,鼓励用户分享转发。

4. 采用饥饿营销

用户的消费习惯是"买涨不买跌",商家可以用饥饿营销的方式吸引用户抢购。饥饿营销可以在微信营销中以"商品抢购"的形式出现,突出"限量限时"抢购来提升用户的参与度。另外,也可以在微信朋友圈中进行限时抢红包、免费赠送活动。

5. 引出讨论话题

要实现商品成交的结果,首先要解决流量问题,因此比较好的办法是商家先设计一个话题,让微信好友讨论,引起关注。

6. 培育亲密关系

微商经营其实是一种社群商业模式,更多在于通过微商和用户的熟人关系进行商业交易,熟人间的亲密关系是微商持续经营的基础。培育亲密关系的主要方法包括:第一,培育消费达人、用户代言人等关键意见领袖,可以让其参与到新品上市测试、线下活动内测等运作中,这样一方面可以提升用户黏性,另一方面可以强化微商与用户的亲密关系。第二,鼓励用户积极参与反馈,在产品包装中设置相关二维码,在朋友圈中进行必要的调研,积极听取用户的意见和建议,以便更好地改进微商产品及提供优质微商服务。

7. 发布生活化内容

微商如果能够利用生活中的点滴创意和琐碎事情、事物,在合适的时间和合适的地点发布微信朋友圈,也能够为微信朋友圈引来流量,提升微信朋友圈的活跃度。

(五)朋友圈商品成交的技巧

微商是目前比较受欢迎的一种新商业模式,其商业表现多是微商在自己的"朋友圈"或"熟人圈"发布相关的商品信息,依靠朋友间的相关信任完成商品交易、提供服务等。

1. 突出产品价值

对于互联网经济而言,打造"极致产品"永远是第一位的,突出产品价值对于微商来说很重要。在朋友圈突出产品价值主要的方法包括:第一,选择适合自己朋友圈的产品,根据朋友圈用户的消费习惯、购买频率等选择适销对路的产品,而不是单纯选择市场上流行的产品,是精准的发送而不是盲目推送。第二,突出产品的特色价值,结合用户的消费点,彰显用户个性,使产品价值更加明确。

2. 适当提醒

在微信朋友圈有过购物经历的人一定都遇到过这样的情况:在朋友圈看到了比较喜欢的产品,决定购买了,但是因为临时有事最后没有完成支付,过几天想起来再去翻找朋友圈的时候结果忘记是谁发布的,这是因为微信朋友圈发布的信息太多。因此适当的提醒就变得非常重要,提醒也是对其他用户的一种潜在影响,不断地强化用户购买欲望。

3. 优化消费体验

创造优质的体验感是每一名微商深度运作的重中之重,更是每一名微商需要重点关注的方面。商家需要更多关注用户的消费体验,让用户在购买产品的同时,享受优质而全方位的消费体验。

4. 消费提醒

目前微商经营的产品大多是重复购买率高的产品,聪明的微商会进行必要的消费提醒。消费提醒主要的方法包括:第一,对用户进行必要的消费周期预测,针对老用户进行必要的微信提醒,尽量以消费技巧、使用指南等形式发送,避免用户的反感。第二,新产品上市时针对购买金额大、购买频率高的用户进行新品消费推送,吸引其积极参与购买,可以给予购买折扣或积分奖励等。第三,对用户进行适当的活动提醒。

5. 服务营销

只有优质的服务才能提升产品的附加值,微商提供的是价值而不只是价格,所以要将更多的精力放在服务上。微商不仅要给已经购买的老用户提供服务,还要给没有购买的潜在用户提供服务。服务营销的内容一般包括产品说明、使用方法、注意事项等。

(六)朋友圈点赞、评论技巧

朋友圈里所有看得见的评论都是默认展开的,也就是说,在朋友圈发布一条比较长的内容时,它会自动折叠起来,但是当有人发表评论时,无论它有多长,都会全部展示在好友面前。因此商家可以先发布一条朋友圈,然后再自己在刚才发布的朋友圈下发表评论,把其他部分补充进去;也可以把图文消息分开发,先发图片,然后用评论功能发布文字信息。还有一点技巧在于,当已经有人评论或点赞朋友圈信息后,自己再评论时,所有参与评论或点赞的共同好友都会收到新评论的提示。这是一个隐蔽的定向营销方法,这一点也要善于利用。

(七)巧用分组打造朋友圈

长久以来,微商都有一个"刻骨铭心"的感受:用户越来越多,朋友越来越少。因为微商不断在朋友圈发信息,结果被很多朋友拉黑或者屏蔽,所以对微信通讯录进行有效分组势在必行,这样在发送信息的时候,就可以比较明确地选择不同的人群。只要把朋友圈分好组,发信息的时候只选择某一个分组,其他人就看不到了,也就不会被干扰了。

第三节　微信公众号内容运营

一、微信公众号的商业价值

进行内容运营前,首先应了解微信公众号的商业价值,然后结合用户的需求确定提供怎样的服务。微信公众号的商业价值主要有以下几方面。

(一)移动营销平台

(1)微信公众号可作为移动营销平台引导销售,及时快捷地将产品或服务信息推送给用户,促成交易。

(2)宣传品牌形象,通过微信公众号,用户不仅可以接受品牌信息,还可参与互动活动,从而促进品牌传播。

(3)实现促销活动的最大曝光,能及时有效地把企业的促销活动告知用户,吸引用户参与,降低企业营销成本。

(4)实现O2O营销的闭环,线上与线下营销的互通是必然趋势,而微信为二者的结合提供了更加便利的渠道。

(二)用户调研建议的平台

(1)移动电商时代的用户体验将是项目成功的核心竞争力。例如,在售前体验、售后体验等各个环节,用户都可以通过微信进行实时的反馈。

(2)产品调研是电商运营过程中非常重要的环节。以往通过第三方公司发放问卷或者电话调研,不但需要花费很高的成本,而且调研的数据不精准。但是通过微信直达用户,商家不但可以自主调研,而且能省去大笔费用。

(三)用户关系管理

客户关系管理是一个不断加强与用户交流、了解用户需求,并对产品及服务进行改进和提高以满足用户需求的连续过程。其最终目标是吸引新用户、保留老用户,以及将已有用户转为忠实用户。微信作为沟通工具,极大地提升了用户与企业沟通的体验。

(四) 移动电商平台

未来的电子商务一定是商家采用各种渠道,尽可能让用户随时随地购买到产品。微信公众号作为企业移动电商的渠道之一,可以实现线上交易,甚至提供物流查询、客户服务。

二、微信公众号注册与设置

微信公众平台是腾讯公司在微信的基础上新增的功能模块,通过这一平台,个人和企业都可以打造自己的微信公众号,并实现和特定群体以文字、图片、语音形式进行的全方位沟通、互动。

(一) 微信公众平台的作用

微信公众平台主要面向名人、政府、媒体、企业等群体推出合作推广业务。微信公众平台于2012年8月23日正式上线,以创造更好的用户体验为目标,为个人和企业提供创建自己品牌的机会。

微信公众平台的作用在于提升了企业的服务意识。在微信公众平台上,企业可以更好地提供服务,其运营方案有多种模式,可以是第三方开发者模式,也可以是简单的编辑模式。微信公众平台主要有如下的作用:

(1) 信息群发。信息群发即给所有关注者发送信息,同时收集用户数据。微信公众平台的本质是一个数据库营销平台,其内容形式多样,包括语音、图文等。

(2) 高级接口功能延伸。微信公众平台通过认证后,服务号就会自动打开高级接口中的所有接口权限,这种二次开发功能将会大大提升用户的体验度。

通过微信推出的微信支付功能,用户可以在企业微信里面完成支付,还可以开发出微商城。例如,在当前的各类网上商店中,用户可以在企业微信里完成下单,真正形成了一个从营销到销售的闭环,企业可以通过自身的渠道进行商品推广。

(二) 微信公众号注册流程

注册微信公众号的具体操作步骤如下:
(1) 进入微信的官方网站,点击"公众平台"按钮。
(2) 在打开的页面上点击右上角的"立即注册"超链接。
(3) 进入"注册"页面,在"请选择注册的账号类型"下面选择相应的类型,在这里选择"订阅号"。
(4) 填写基本信息,选中"我同意并遵守《微信公众平台服务协议》"复选框,点击底部的"注册"按钮。
(5) 进行邮箱激活,点击"登录邮箱"按钮。
(6) 进入邮箱后,点击提示链接。

(7) 选择类型,选择"订阅号"。

(8) 弹出提示框"您选择的类型是:订阅号,选择公众号类型之后不可更改,是否继续操作?",点击"确定"按钮。

(9) 设置用户信息登记,将"主题类型"设置为"个人"。

(10) 设置主体信息登记,输入身份证姓名和身份证号码,在"运营者身份验证"选项中可以看到提示"为了验证你的身份,请用绑定了运营者本人银行卡的微信扫描二维码,本验证方式不扣除任何费用"。

(11) 打开手机微信,扫描二维码,弹出"银行卡"界面,点击"我确认并遵从协议"按钮。

(12) 弹出信息,提示身份已验证,点击"确定"按钮。

(13) 网页显示"身份验证成功",接下来输入运营者手机号码,接收短信验证码并输入,点击"继续"按钮。

(14) 弹出提示框,提示"主体信息提交后不可修改",点击"确定"按钮。

(15) 设置公众号信息,此时即代表微信公众号注册成功。

(三)消息管理

消息管理是微信公众号的重要部分,会直接反应微信公众号的活跃程度。在此界面里,能看到用户发送过来的实时消息,也可以在此与用户展开互动。

(四)用户管理

微信公众平台的另一个重要功能是用户管理。在用户管理界面,商家可以进行简单的分组管理操作,默认有三个组别,即未分组、黑名单、星标组,也可以新建自定义分组。选择用户和组别,点击"放入"按钮即可完成分组。创建分组是进行群发的基础,商家可以将用户按照性别、地域或者兴趣偏好进行分组,实现精准营销。

(1) 黑名单:如果用户位于黑名单内,微信公众号将不接收此用户发送的消息,但是用户仍然可以接收微信公众号发送的消息。

(2) 未分组:新增用户默认进入此组别。

(3) 星标组:被标记为星标的用户进入此组别。

(五)素材管理

微信公众平台提供了素材管理功能,可以将常用的图片、视频、语音、图文消息保存起来,方便日后制作回复的内容。

三、微信公众号的设计

(一)微信公众号名称的命名

一个好的微信公众号名称能体现出公众号的价值、服务、内容、范围、行业等信息,让感兴趣的用户快速关注。微信公众号取名的常见方法如下：

（1）直呼其名法。直呼其名法即直接命名，以企业名称或者服务、产品名称作为微信公众号的名称，如"雅戈尔""七匹狼"。

（2）功能实用法。功能实用法将公众号的用途和服务展现出来，例如，"美食工坊"用途是制作美食，"网络营销助手"用途是提供网络营销资讯。

（3）形象取名法。形象取名法是将企业的形象或者服务产品形象化的一种手法，把具体的事物或者抽象的事物形象化，可以采用拟人、比喻等手法。

（4）垂直行业领域取名法。垂直行业领域取名法通常就是行业名加用途，如"微法律""豆瓣同城""百度电影"等。

（5）提问式取名法。提问式取名法以提问的方式取名，让关注者获得兴趣，如"今晚看啥""什么能赚钱"等。

（6）另类取名法。另类取名法的特点是新鲜、有趣，只要产品具备某些特点，都可以考虑，如"冷笑话精选"。

（7）百科取名法。百科一般是指涵盖范围比较广，所以不少微信公众号取名总会带有"百科"字样，如"时尚生活小百科"等。

（8）其他取名法。其他取名法包括可以从生活、地域等一些身边比较熟悉的方面着手，也可以参考百度指数或人们对某些事件或者问题的关注度等。

为微信公众号取名是一门很深的学问，每个企业在策划自己微信公众号名称的时候都要根据实际情况来考虑，关键的一点就是要有趣、实用，跟自己的企业有关联。

（二）微信公众号官方认证的优势

微信公众号官方认证是微信公众平台为了确保微信公众号信息的真实性、安全性而设置的功能，微信公众号官方认证的优势主要有以下几方面：

（1）微信公众号官方认证后，用户将在微信中看到微信公众号官方认证特有的标识。2014年5月22日，微信官方团队发布公告，微信公众号官方认证规则改为两步，分为账号主体资质微信审核结果和账号名称审核结果。完成这两个步骤的认证后，账号将获得加认证标识。用户第一眼看到该认证标识后就会感到非常的放心，也就更愿意关注。

（2）用户在搜索相关关键词时，通过官方认证的微信公众号会排在更靠前的位置。

（3）微信公众号官方认证后，可以获得更丰富的高级接口，可以为用户提供更有价值的个性化服务。订阅号将获得自定义菜单接口权限，服务号将获得高级功能接口中所有接口权限、多客服接口，以及可申请商户功能。

（4）避免各种"山寨版"甚至假冒的微信公众号。不少企业反映，官方通过认证之后，其身份的权威性得到了很大程度的加强，关注微信公众号用户的数量也大幅增加了。

四、微信公众号内容策划

微信公众号内容策划也是极其重要的一环，只有把握好内容策划，才能更好地留住用户、吸引用户。

(一) 公众号内容筛选

在设定好企业微信公众号内容定位后,结合所设定位,接下来就是进行内容的筛选。

在内容筛选方面,首先来分析一个微信公众号的案例。"山东电视综艺频道"是一个综艺节目的微信公众号,喜欢山东综艺台的观众朋友可以通过该微信公众号与山东综艺的明星艺员或者评委聊天。怎么从内容筛选上做到与用户高频互动呢?

(1) 关联性:因为是电视节目的微信公众号,所以发布的内容可以是一些相关的节目视频。

(2) 趣味性:除了发布一些相关视频外,还可以根据粉丝群体的特性发布一些有趣的内容。

(3) 实用性:微信公众号需要向粉丝提供实用性的信息,如精彩节目预告等。

(4) 多元性:内容的形式需要多元化,如视频、图片、文字等,让用户能通过多元化的渠道了解节目的相关信息。

(5) 互动性:《相亲相爱》节目开设了报名功能,想要参加的用户可以通过微信报名参加,另外在互动社区还可以发帖回信息。

(6) 一致性:基本每条消息都尽量表达一个主题,让用户容易接受。

(7) 热点话题:当前的热点话题是非常重要的,可以利用热点话题带动用户主动分享。

由此可见,内容的筛选对微信公众号与用户的互动起着重要的作用。只有内容体现出价值,才能引来更多用户的关注和热爱。而且,微信公众号的质量不是从用户数的多少来体现的,企业和用户的互动情况才是最为关键的判断点。

(二) 微信公众号内容栏目设置

确定好微信公众号的内容定位、确立了内容筛选的范围后,接下来就需要对内容进行编制和管理。

按照内容来源方式分类,微信公众号的内容可分为下面几种类别:

(1) 日常内容。日常内容是企业微信公众号每天定时需要发布的内容,为企业微信公众号的固定板块。日常内容可原创,也可引用他人的精华内容。企业可依据品牌特点及微信公众号定位,选取不同的方式规划微信内容。

(2) 营销活动内容。企业通过举办营销活动,可以提高微信公众号知名度,获取潜在用户的关注。活动的形式可以多样化,主要目的是和用户进行持续互动,建立关系。必要时也可以举行一些有奖转发或有奖参与活动,以回馈用户的支持。

(3) 灵活应变内容。灵活应变内容的创作方式可分为两种:一是结合每日微信热门话题榜单进行适当创作;二是针对节假日撰写一些比较特别的文章。

五、微信公众号推广技巧

微店公众号不是注册成功之后就会取得成功,只有真心去维护、运营,才能看到效果。下面介绍几种微信公众号推广技巧。

(一)清晰定位

要想做好微信公众号,首先要有清晰的定位,根据自身的定位确立品牌形象和目标人群。以化妆品类店铺为例,可以介绍一些时下热门的护肤品或是护肤知识,从而吸引爱美的年轻女性关注微信公众号。

(二)优质内容

用户大多因为觉得内容好才关注微信公众号,转发微信公众号的内容也是因为感觉内容有价值,才愿意分享给更多朋友,所以一味地发布产品广告必然适得其反。通过微信公众号与用户成为朋友,为用户提供优质内容,这样才会有接下来的销售。所以,优质的内容推送能让商家的微信公众号人气越来越旺。

(三)真人值守

虽然微信公众号为大家设置了自动回复和自定义回复功能,但真人值守才是最重要和最妥善的。及时查看并回复用户发来的消息,可以让用户感到自己是被重视的,而不是在和机器对话。

(四)完善自定义回复

遇到用户经常提问相同类型的问题,可以统一解答,让自定义回复来分担部分任务。虽然真人值守回复消息很重要,但不能在同样的问题上耗费过多的时间和精力,设置自定义回复,让程序来分担一部分工作,这样做省时又省力。

第四节 今日头条运营

一、今日头条的营销技巧

今日头条是目前做得较好、规模较大、运营稳定、用户群较广泛的自媒体平台,越来越多的个体和商家开始在今日头条平台上获取收益。

(一)开通自营广告

自营广告如今已经成为自媒体营收的一大来源。今日头条如何利用自营广告营收?

(1) 登录今日头条号,在"个人中心"下,选择"我的收益",点击顶部的菜单栏中的"账号权限",查看自营广告是否开通,如果没开通则点击"申请"按钮。

(2) 在"今日头条"下选择"收益分析",然后点击顶部的菜单栏中的"收益设置",在"广告投放"中选中"投放自营广告",然后点击"设置自营广告"。

(3) 进入"新增自营广告"页面,在此页面中设置类型、标题、预览、落地页链接、行业、资质证明等。

(4) 最后点击"提交"按钮并等待批准,即可开通自营广告。

(二) 发布文章开通头条广告

广告点击提成是指今日头条对于在头条号发布文章的自媒体直接分的广告收入,只要文章有点击,就会有广告收入。这里的广告收入要根据发布的文章的质量决定。

在今日头条发布文章的具体操作步骤如下:

(1) 进入头条号后,先进行登录,然后点击"发头条"。

(2) 进入头条文章编写界面,在界面中输入文章标题和正文内容,并设置投放头条广告。

(3) 发表完成后,在内容管理页面可以看到刚刚发布的文章标题。

(三) 发布视频开通头条广告

自媒体时代可以通过上传自己的视频来达到吸引流量的效果。在今日头条发布视频的具体操作步骤如下:

(1) 要上传视频则必须先要注册一个头条号,注册完成之后可以进入主页中,点击"发头条"。

(2) 选择顶部的"小视频"导航,在窗口中点击"上传视频"按钮。

(3) 弹出"打开"对话框,在对话框中选择要添加的视频文件。视频的获取渠道包括截取电视剧、电影的视频片段,从微博、微信等平台获取一些有价值的小视频,或自己拍摄的小视频。

(4) 视频上传成功。

(5) 在"收益分析"中可以查看投放的广告视频收益。有的视频浏览量很不错,但是广告收益一般,原因是其广告引导没有做好。

(6) 也可以在西瓜视频发布,选择西瓜视频下的"发表视频",在页面中点击"上传视频"按钮。

(7) 弹出"打开"对话框,在对话框中选择要上传的视频文件。

(8) 选择"打开"按钮,上传视频文件并设置视频信息。

(四) 参与悟空问答

悟空问答是一个问答社区,专注分享知识、经验、观念。在这里几乎所有人都能找到自己所提问题的答案、参与讨论。用户回答问题还可以赚取收益,具体操作步骤如下:

(1) 进入头条号后,先进行登录,点击"发头条",然后点击"问答"。
(2) 选择页面中一个问题回答。
(3) 完成用于回答提问的文章。

二、今日头条的运营技巧

今日头条作为自媒体平台中的巨头,都有哪些运营技巧?

(一) 头条号推荐机制

头条号推荐机制的基本规则是:用户在头条号发布的文章通过审核后,系统会将文章推送展示给相关关键词人群;系统通过分析用户的阅读速度和文章停留时间,判断是否扩大文章的推荐范围,当阅读人数较多时,进行翻滚推荐。

(1) 专注领域。无论是哪个平台,都喜欢专业性强的作者,专注于一个领域,才能更集中体现自己的优势,显现出自己在这个领域的专长,才能更好地被头条和读者喜欢、发现。

(2) 原创越多,推荐量越高。原创功能是为了鼓励更多的优质作者来今日头条创作,所发布的文章或视频是作者自己原创的。

(3) 内容质量越高,推荐量越高。优质内容才是根本,这一点毋庸置疑。高质量的文章能使用户感觉有收获、学习到技能、了解到知识、获取娱乐资讯或得到精神愉悦等。

(4) "点击率+读完率"的影响。点击标题并读完文章的人越多,文章得到的推荐量越高。在发布文章的时候,标题非常重要,只有标题吸引人,才能够引起用户关注。但不建议做标题党,如果文章内容不好,用户点击完就退出阅读页面,读完率就低了,这也会影响推荐量。

(5) 分类明确。文章兴趣点越明确,推荐量越高。分类就是要把文章主题放到相应的分类中去,如新闻、社会、娱乐、电影等。

(6) 互动数和订阅数。读者越活跃,推荐量越多,读者活跃表现在评论、点赞、分享等方面,一篇好文章当然就会引起用户的互动并分享。

(7) 站外热度。在互联网上关注度高的话题,推荐量就多,所以发布热点话题也会快速地获得更多的推荐量。

(8) 发文频率。经常发文,保持活跃很重要。无论在哪个平台都应遵循这一原则,平台偏爱活跃的作者,这样才能够源源不断地产生信息。

(二) 开通今日头条原创

开通今日头条原创以后,会增加很多功能,最关键的一点是开通原创以后,收益会增加很多。

想要申请开通今天头条原创,必须先满足以下要求:

(1) 开通头条号满30天。
(2) 账号类型为个人、群媒体、新闻媒体或企业。

(3) 已实名认证。

(4) 最近30天内,已发文数量大于10篇。

(5) 无违禁惩罚记录,包括但不限于抄袭、发布不雅内容、违反国家有关政策法规。

(6) 最近30天内没有"图文原创"标签的审核记录。

登录头条号PC端后台后,可以通过选择"我的权限"→"功能权限",申请开通"图文原创"功能。如果"申请"按钮显示为灰色,且不可点击,则意味着该头条号暂时不符合以上条件的至少一项。

(三) 今日头条的审核机制

今日头条的审核机制包括机器审核和人工审核,以机器审核为主,人工审核为辅。机器和人工会对文章进行过滤,根据文章具体情况,决定是否通过审核,审核一般发生在几分钟内。文章只有通过审核后,才会进入推荐系统。

以下是文章没通过审核的一些常见原因:

(1) 标题错误。标题不符合基本的语言规范,如含有错别字或者特殊的符号。若标题含有特殊或敏感信息、冒用头条名义、涉嫌低俗内容等,也无法通过审核。

(2) 正文错误。正文错误包括文章的格式和内容错误等,格式不能出现繁体字、英文等,影响阅读体验;正文内容不能是旧闻。

(3) 虚假故事。有些作者为了提高文章的点击量,会编造一些虚假的故事,这样的文章是不会通过审核的。在如今的移动互联网传播环境下,弄虚作假的作者必然会失去市场。

(4) 包含广告信息。发布的内容中不能有广告和推广信息,这是今日头条平台禁止的,文章内容不能含有二维码、电话号码、网址链接等推广信息。有的作者写文章经常会添加商品的链接,或在文章里添加推广信息,平台对于这样的文章是不会给予审核通过的。

(5) 违规恶劣内容。有的作者发布的文章里包含大量的违规内容,读者阅读这样的文章会很反感,平台也是不会审核通过的。

为了保护用户阅读体验,头条号作者需严格遵守文章审核规范,违规内容将被退回修改或直接不予推荐,部分严重违规内容还将触发惩罚条例。

(6) 抄袭侵权。有些作者在写文章的时候直接抄袭别人的文章,也不做修改,直接将内容进行复制、粘贴就发布,平台对于这样的文章是不会给予审核通过的。

(四) 获得今日头条更多推荐

对于所有今日头条的作者来说,最关心的莫过于推荐量的问题,可是很多作者辛辛苦苦创作的内容却没有推荐量,阅读量更是微乎其微,如何获得今日头条更多推荐?

(1) 面向用户的需求。不要寄希望于钻算法的漏洞,如"标题党""封面党"的操作就并不会成功。对于所有在数据上表现较好的文章,今日头条推荐系统都是有复审流程的。作者应该面向用户的需求,发表一些高质量的文章。

(2) 坚持优质的原创。现在各个平台越来越注重版权问题,所以内容原创越来越重要。在发表原创内容的同时,还要有独特的切入角度,做到内容差异化,才能更容易获得推荐。

不要做低质内容的无用功,因为今日头条整体对低质内容识别手段正在不断进化。

(3) 优化标题。对于首次推荐的内容,系统会先把文章推荐给可能感兴趣的用户。如果点击率高,就会再推荐给更多的相似用户;如果点击率降低到一定程度,推荐则会结束。如果想要用户打开链接、阅读内容,那么吸引力是一定要具备的,首先要注意的就是标题的吸引力。

(4) 关注热点。用户对于热点的关注度较高,所以作者在创作的时候也需要投其所好,创作用户喜欢的内容。

每位自媒体人所写的文章,都希望能够被推荐给更多的人,所以文章标题和内容中能够包含读者所感兴趣的关键词,这对文章阅读量的提升是有很大的帮助的。

(5) 封面要有故事。很多作者选择封面都是比较随便的,其实封面十分重要。一般来说默认封面很难获得更多的推荐,最好是能够单独设置封面,封面清晰度要高,不要模糊,要做到主题鲜明。

(五) 撰写容易被推荐的标题

优质的标题可以帮助机器识别更多的关键词,使机器识别尽可能精准,从而实现个性化精准推荐。相反,如果标题低劣,那么机器无法识别精准,推荐的读者人群就会与实际目标人群有偏差,甚至产生较大差异。

容易被推荐的标题具有以下特点:
(1) 告知读者有价值的信息。
(2) 提出有针对性的问题,引起读者好奇。
(3) 体现名人身份信息。
(4) 提出有情感力度的观点,引发读者共鸣。
(5) 分享实际体验经验,增强读者的信任度。

(六) 今日头条热门文章标题的撰写方法

标题有没有吸引力、能不能抓住用户的眼球至关重要,能让人眼前一亮的文案标题是提高点击量的重要因素。一般来说,如果能换位思考,站在用户的角度思考,就更容易知道他们的需求。常见的热门文章标题撰写方法如下:

(1) 数字化。数字化标题,即将正文的重要数据或本篇文章的思路架构整合到标题。数字化标题一方面可以利用吸引眼球的数据引起读者注意,另一方面可以有效提升阅读标题的效率。

(2) 借助名人。名人的事情是大众所关注的,几乎大部分广告都在利用名人效应。由受众对名人的喜欢、信任,从而转嫁到对名人推荐产品的欢迎、信任。标题也可以借助名人来吸引公众的眼球,提高文章的阅读率。如果所宣传的事物或者产品能和名人产生关联,借助名人的影响力,那么会吸引不少读者的眼球。因此,如果标题中涉及专业人士或名人的观点,那么可以将其姓名直接加入到标题中。

(3) 热点化。热点化是指针对一些时下发生的事件发表评论,引起读者的广泛关注。

体育赛事、热播影视剧、热销书籍等,都会在一段时间内成为讨论热点,登上各大媒体平台热搜榜。以此为文案标题创作源头,通过读者对社会热点的关注,引导读者对文案的关注,提高文案的点击率和转载率。

(4)神秘化。人类的求知本能也让其更喜欢探索未知的秘密,于是揭秘的标题往往更能引发关注。

(5)稀缺化。生活中,超市某商品挂出"即将售罄"的牌子后,通常会引来一波哄抢。"双十一"电商平台产品销量逐年上涨,也是由于平台商家约定"当日价格全年最低"。

同样的,对于稀缺的商品或内容,用户普遍容易更快做出决策,点击浏览或直接购买。因此,新媒体文案标题也可以通过提示时间有限或数量紧缺,提高正文阅读量。

(6)利益化。文案一般都是商家用来宣传产品、品牌的文章,所以一定要以"利"诱人,在标题中就直接指明产品利益点。

(7)新鲜化。人们总是对新鲜的人、新鲜的事物感兴趣,把握住这个特征,创作出具有新闻价值的文案,往往会引发巨大的轰动,从而在网络传播过程中获得更多的转载。

(8)体验化。体验化语言能够将读者迅速带入内容营造的场景,便于文章后续的阅读与消费转化。每位读者所处的环境不同,阅读文章的心情也就不同。为了引导读者的情感,需要为读者营造场景,可以在标题中加入体验化语言,包括"激动""难受"等情感类关键词或"我看过了""强烈推荐"等行为类关键词。

第五节　短视频运营

一、视频营销的趋势

随着互联网、云计算与智能手机的发展,消费者对视频内容的获取变得容易,随时随地掏出手机观看视频已成常态。视频营销具有以下趋势。

(一)短视频营销依然火爆

随着快手、火山小视频、好看视频、抖音、西瓜视频等APP的走红,短视频迎来了大爆发。有趣、有内容的短视频更加受消费者的欢迎,将产品广告巧妙地植入其中,既不尴尬也不生硬,还能为产品带来一定的曝光甚至转化率。

(二)用户对内容的要求更高

无论是短视频、自媒体、公众号还是传统的网络广告,对营销内容质量的要求都越来越高,单一枯燥、广告性较强的内容必将被逐渐淘汰。

(三)内生广告成为风向标

视频广告已经从贴片广告模式进入内生广告模式。内生广告超脱了传统广告模式的局限,相比用户体验差的贴片广告和用户感知度较低的植入广告,内生广告是基于内容而衍生的新型广告模式。

(四)垂直短视频主攻年轻族群

短视频的受众越来越年轻化,相较于单一讲述品牌故事的广告内容,结合声音、画面、情节于一体的短视频更走心,更具备触动年轻用户心扉的内容表达力。

(五)高分享性和互动性

短视频广告的高分享性和互动性赋予了品牌开展病毒式营销的基础,如果内容足够有趣,那么就会天然带动用户自发分享,增强品牌的宣传效果。

(六)全网营销是必经之路

当前网络营销竞争激烈,单一的网络营销方式已经逐渐不能满足企业的需要,视频营销、整合营销就成为市场必争的营销方式。企业可以将一系列的营销方式汇总,有条不紊地进行全网营销,从而获得流量的最大化。

二、视频拍摄

抖音的火爆带动了短视频行业的发展,越来越多的人投入短视频行业中。视频拍摄需要一定的专业技巧,下面介绍视频拍摄的基础知识。

(一)拍摄器材

对于视频拍摄新手来说,他们并不需要购买高端的摄像机等专业的拍摄器材,因为现在手机的拍摄功能已经很强大了,特别是苹果、华为等高端机型基本可以满足新手的拍摄需求。在初期资金紧张的情况下,可以使用手机来代替摄像机进行拍摄。对于专业的视频拍摄,需要的器材如下:

(1)摄影器材。新手对于一些拍摄基本技巧或摄影知识并不是很了解,而且购买专业的拍摄器材要花费大量资金,所以可以使用手机拍摄视频,如苹果、华为、OPPO 等手机的拍摄视频功能就已十分强大。

专业的视频拍摄也可以考虑使用单反相机。机型的选择需要根据自身情况而定,通常 8000 元左右的机型基本可以满足抖音的拍摄需求。如果有其他特别专业的拍摄需求,那么可以再考虑高端机型。

(2)音频器材。音频器材主要是话筒,录音一般需要话筒和声卡,如果只是使用手机拍摄,那么只需购买一个专业的话筒就可以了,一般手机都配备了耳机并具备录音功能。

（3）灯光器材。灯光是整个画面质量中的关键因素。一般来说，新手刚开始拍摄短视频时，无需特意讲究布光的技巧和原则，尽量把拍摄画面照亮，做到光线均匀就可以了。

一般为了保证更好的拍摄效果，尽量配备光源，普通用户可以选择柔灯箱，这类器材的价格较低。预算充足的话，还可以考虑搭配几个LED灯，这样拍出来的视频效果会更好。

（4）支架器材。拍摄视频的时候，往往需要固定镜头，单纯靠人的身体、手臂是不行的，这个时候就需要借助三脚架，三脚架也是拍摄视频时非常重要的器材。

（二）后期处理软件

短视频拍好之后，由于光线、器材等原因，会出现各种各样的瑕疵，这时就需要用到视频后期处理软件。下面介绍几款常用的短视频后期处理软件：

（1）云美摄短视频剪辑软件。云美摄短视频剪辑软件具有强大的美颜功能，可以用来直接拍摄视频，然后再经过剪辑加字幕等工作，最后完成视频的制作并上传到抖音平台。

（2）VUE视频相机。VUE视频相机是一款专门针对视频拍摄所打造的一个相机APP，该软件有丰富的视频功能，如滤镜、贴纸、剪辑等，用户可以通过VUE视频相机轻松打造一个自己想要的短视频、这款软件适合新手操作，入手门槛较低。

（3）快剪视频剪辑大师。快剪视频剪辑大师是一款可以为用户提供便捷的剪辑体验的视频处理软件，因为没有复杂的流程，所以用户使用它可以快速地完成视频的剪辑、字幕的添加、基础特效的制作等方面的工作。

三、收集新媒体短视频

研究数据表明，人类大脑处理可视化内容的速度要比纯文字快60000多倍。从生理角度的人体本能来分析，人们更乐于接受短视频。那么怎样收集新媒体短视频呢？

（一）获取微信文章内的视频链接

微信文章内的视频通常来自腾讯视频，因此获取微信文章内视频的直接方式是在腾讯视频中搜索。但是视频标题很可能与微信文章的标题完全不同，导致视频无法被检索到。

要解决这一问题，可以采用浏览器获取的方式：

（1）在计算机上用浏览器打开图文消息。

（2）在网页任意地方用鼠标右键单击，在弹出的快捷菜单中选择"查看网页源代码"命令，进入代码窗口。

（3）按"Ctrl+F"组合键进行页面搜索，搜索关键词"v.qq.com"，即可查找到图文消息中视频的链接。

（二）导出朋友圈视频

新媒体人需要形成对素材随时保存的习惯。在翻阅微信朋友圈时，如遇好的短视频可以收藏或下载，留存备用，在使用时要获得视频制作者的同意或授权。

（三）保存微博视频

微博视频下载与微信不同，无论是在移动端还是 PC 端，微博都没有"保存视频"按钮，下载微博视频需要借助其他应用。

四、抖音平台的盈利模式

在互联网时代，有用户、有流量就能获得经济效益。任何不能变现、没有盈利模式的运营都是对资源的浪费，抖音平台作为短视频领域的引导者，具有以下的几种盈利模式。

（一）电商模式

用户在抖音上花费的时间可以转化为强大的购买力。用户在观看短视频过程中呈现放松的状态，在这种状态下，用户非常容易接收植入的广告信息。

一般来讲，对于粉丝低于 200 万人的抖音号，可以用来经营品牌商广告和电商广告；关注用户高于 200 万人的抖音号，可以考虑给垂直类目的"达人"开店，让他们卖自己的同款产品。

抖音平台降低开放购物车的标准后，在很多百万级用户关注的抖音号中，其短视频底端出现了"购物车"按钮，点击"购物"按钮即可弹出商品对话框，点击"去看看"按钮直接跳转到淘宝店铺。

在一些关注的用户比较多的抖音号中，也有"TA 的商品橱窗"导航，直接引导用户到商品橱窗购买产品。

（二）广告模式

经营广告也是抖音目前主要的盈利模式，一般是通过软广告植入等巧妙的方式进行品牌合作营销。目前垂直账号最容易变现，如美妆、测评类账号，基本上这类账号有超过 10 万关注的用户，可以获取较高的广告收入。

抖音的广告优势包括以下几方面：

（1）优质的用户资源。
（2）智能社交，用户黏性好。
（3）个性化营销。
（4）互动性强。
（5）名人资源。

（三）达人直播付费模式

抖音有两大流量入口，一个是短视频，另外一个就是达人直播。相比短视频，达人直播互动的即时性更强，用户与达人可以直接通过直播平台进行交流。达人可随时根据用户意见调整直播内容，用户可以为自己喜欢的达人进行直播打赏。

直播也是一种盈利模式,用户通过购买抖币打赏主播,主播获得打赏礼物后就可以获得音浪,而音浪可以直接提现为人民币。除了用户赠抖币,有一技之长的达人还可以通过直播直接卖货,或给自己做其他方面的导流。

(四) 品牌企业宣传

在传播形式日益多元化的今天,越来越多的品牌发现了抖音的营销宣传价值。抖音独特的短视频模式,让许多品牌形象变得立体化,品牌借助抖音平台增加传播的互动性、趣味性,也使其影响力更有穿透力,这比电视广告更能打动消费者。

大品牌因为销售渠道众多,抖音号以宣传为主,作用在于提醒消费者复购而非直接成交,所以一般是以提高曝光度、点击率等为主要考核目标,对销售额不做硬性要求。

(五) 利用抖音拍摄和上传短视频

抖音短视频是今日头条旗下可以拍短视频的音乐创意短视频社交软件。抖音短视频的商业潜力巨大,无论是在广告植入还是电商方面,抖音短视频都有着极好的平台优势和流量优势。

(六) 热门短视频打造技巧

抖音短视频平台本身的流量是非常大的,如果视频资源比较优质,那么上传后的视频半小时之内就能有几百万的播放量;如果视频资源比较一般,那么上传后的视频可能没人点赞,也没有评论,自然也没多少播放量。

在抖音短视频平台,哪怕没有任何名气、没有一位用户关注、完全零流量,也可以在很短的时间内打造出一个百万精准用户的大号。什么样的短视频容易登上热门榜呢?

(1) 优质原创内容。在抖音短视频平台上,优质内容为王,好的内容是非常关键的,能吸引很多用户的眼球。视频尽量拍摄时长为15秒,越长的视频,权重越大,而且视频清晰度越高越好,不要有水印和马赛克。

很多人觉得自己拍摄视频很麻烦,于是搬运别人的视频,但抖音短视频平台有很强的原创识别能力,原创的视频获得推荐的概率较大。

(2) 配音合理。很多热门的短视频配音都非常契合视频内容节奏,能够提高视频观看时长,获得较高的点赞率,这也是短视频登上热门榜的重要因素。

(3) 地点定位。发布短视频之前,可以定位当前手机地点,选择热门地点,以此引起附近用户的共鸣,为短视频点赞,这也是个不错的引流方式。

(4) 点赞数量。点赞数量是指抖音短视频右侧的心形按钮下方的数值,点击一下(或者双击屏幕),就会增加一个点赞量,点赞量越多,越有利于短视频上热门。

(5) 评论数量。多看同行视频的评论,找到引导用户评论的方法,评论越多,越有利于登上热门。不要随意删除视频评论,当然负面或广告评论可以删除。

(6) 发布时间。选择在用户上网的高峰时间段发布视频,此时会有更多的人能够看到视频,如一天中的11:00~13:00以及20:00~22:00,这是用户上网的两个高峰时间段。

第六节　手机淘宝开店

一、店铺的设置与优化

设置与优化店铺不仅可以使卖家的店铺更加美观,而且还能表现出卖家对店铺的重视程度,使消费者觉得卖家在用心经营,从而提升买家对店铺的好感度。

(一)店铺的基本设置

淘宝店铺开店的具体操作步骤如下:
(1)登录淘宝网,进入卖家中心,点击"店铺管理"下的"店铺基本设置"。
(2)设置店铺名称,点击店铺标志下面的"上传图标"按钮。
(3)打开"打开"对话框,在对话框中选择想要上传的图片,点击"打开"按钮。
(4)开始上传店铺标志,然后设置经营地址、主要货源、店铺介绍,设置完毕后,点击"保存"按钮。

(二)添加商品分类

合理的商品分类可以使店铺的商品显示更清晰,方便消费者快速浏览与查找。如果店铺发布的商品数目众多,那么合理的商品分类显得尤为重要。合理的商品分类将会大大方便消费者进行有针对性的浏览和查询。设置商品分类的具体步骤如下:
(1)登录"我的淘宝",进入卖家中心,点击"店铺管理"下的"宝贝分类管理"。
(2)点击打开页面顶部的"添加手工分类"按钮。
(3)在页面的底部出现商品分类的文本框,在文本框中输入分类名称。点击页面右上角的"保存更改"按钮即可保存新建的商品分类。

二、手机淘宝店铺装修

现在越来越多的消费者使用手机淘宝进行购物,移动端淘宝的流量已经远超PC端,所以每一位卖家都应该开通手机淘宝。

(一)手机淘宝店铺装修注意事项

手机淘宝店铺装修需要注意如下事项:
(1)为了节省时间,很多卖家把PC端的店铺图片直接用在手机淘宝店铺上。这种做法不可取,因为手机淘宝上的图片尺寸是有限制的,而这样会导致图片中字体显示不清晰、图片显示不全的情况。

（2）由于手机淘宝店铺的显示页面大小受手机屏幕尺寸的影响，为了引起消费者的注意，应该把促销活动和热卖商品放在显眼的位置。

（3）为了进行视觉营销，在装修手机淘宝店铺时，色彩、风格要保持一致。色彩过于刺眼容易造成消费者的反感，因此在装修手机淘宝店铺时，应该注意色彩的搭配。

（二）手机淘宝店铺首页装修

当消费者访问手机淘宝店铺的时候，店铺首页的信息展示是非常重要的，它在很大程度上决定了消费者是否停留。一个好的店铺首页对店铺的发展起着重要的推动作用。

店铺首页装修的目的在于降低跳失率、提高转化率、提升访问深度。虽然很多消费者是通过商品详情页进入店铺的，但是如果消费者对店铺的产品感兴趣，那么一般会来到店铺首页，看看其他产品，然后再做决定。因此，店铺首页装修至关重要。

在淘宝业务逐渐向移动端倾斜的大趋势下，要想提高手机淘宝店铺的成交率，店铺装修是必不可少的。

（三）购买无线店铺装修模板

淘宝网为卖家提供了无线店铺装修模板，这在帮助卖家提高网店产品销量的同时，也提升了消费者的浏览体验。当卖家购买了单个模板后，可自由使用该模板。

三、商品管理

要想在淘宝网上开店，卖家首先要做的就是发布自己店铺的商品，店铺里面有商品，才可以销售商品。

（一）发布商品

卖家可以直接发布商品，也可以使用"淘宝助理"发布商品。本实例将讲述在淘宝网上直接发布商品的具体操作步骤如下：

（1）登录淘宝网，进入"卖家中心"界面，点击"宝贝管理"下的"发布宝贝"超链接。

（2）进入"一口价"发布商品页面，选择商品的类目，点击"我已阅读以下规则，现在发布宝贝"按钮。

（3）进入"商品发布"界面，根据提示输入发布商品的宝贝类型、宝贝标题、类目属性、销售信息等信息。

（4）点击"宝贝主图"下面的"添加上传图片"按钮，上传商品图片。

（5）输入"电脑端描述"和"手机端描述"信息。

（6）填写支付信息、物流信息和售后服务信息，并点击"提交宝贝信息"按钮。

（7）页面上将显示宝贝已经成功发布。

(二) 修改商品信息

商品发布后,如果商品销售情况不好,卖家可以修改商品的价格、描述等信息,具体操作步骤如下:

(1) 登录"我的淘宝",进入"卖家中心"界面,点击"宝贝管理"下面的"出售中的宝贝"超链接。

(2) 打开"千牛卖家工作台"页面,点击商品后面的"编辑宝贝"。

(3) 打开"商品发布"页面,可以在此页面修改商品信息。

(三) 修改运费

消费者购买商品一般都是要支付运费的,但是如果一次性购买得多,卖家会提供包邮服务。如果消费者拍下商品后仍显示有运费,那么就需要卖家修改物流费用,然后消费者才能拍下商品付款。那么消费者拍下商品后,淘宝卖家怎么修改运费呢?其具体操作步骤如下:

(1) 登录"我的淘宝",点击页面右上角的"卖家中心"下的"已卖出的宝贝"超链接。

(2) 进入"千牛卖家工作台"界面,点击右下角的"修改价格"超链接。

(3) 在打开的页面的"快递"下面的文本框中修改快递价格,或者点击"免运费"按钮直接免运费,修改完毕后,点击"确定"按钮。

(4) 修改运费成功。

(四) 商品下架和上架

1. 商品下架具体操作步骤

(1) 登录"我的淘宝",进入"卖家中心"界面,点击"宝贝管理"下面的"出售中的宝贝"超链接。

(2) 打开"千牛卖家工作台"页面,选中商品前面的复选框,点击"下架"按钮,即可完成商品下架。

2. 商品上架具体操作步骤

(1) 点击"卖家中心"页面左侧的"宝贝管理"下面的"仓库中的宝贝"超链接。

(2) 打开"千牛卖家工作台"页面,选中商品前面的复选框,点击"上架"按钮,即可完成商品上架。

四、物流管理

在出售商品的过程中,卖家要通过物流把商品送到消费者手中,因此卖家还需要学会选择物流发货和物流查询。

(一) 选择物流发货

消费者付款后,所卖商品的交易状态会变成"买家已付款",此时卖家可以联系物流提供

发货服务,具体操作步骤如下:

(1) 进入"已卖出的宝贝"页面,在要发货的商品后面点击"发货"按钮。

(2) 进入发货页面,确认收货信息及交易详情。

(3) 选择要使用的快递公司,使用在线下单服务,选择相应的物流服务,输入运单号码,点击"确认"按钮,即可完成物流信息的填写。

(二) 物流查询

物流是网络购物不可缺少的一部分,当消费者询问所买的产品到哪里的时候,卖家该如何查询物流信息呢?物流信息查询的具体操作步骤如下:

(1) 登录"我的淘宝",进入"卖家中心"页面,打开卖出商品信息,点击商品后面的"查看物流"超链接。

(2) 在打开的页面中即可查询物流信息。

五、评价管理

在手机淘宝开店,买家对商品的评价对于卖家来说是非常重要的。

(一) 评价买家

买家收到货并将货款支付给卖家后,卖家应及时对买家作出评价。只要交易顺利,就不妨多给买家"好评","好评"要日积月累,店铺才能越做越大。

(1) 进入"卖家中心"页面,在"已卖出的宝贝"页面,点击要评价商品的后面的"评价"超链接。

(2) 进入"评价买家"页面,在"对商家进行评价"栏中根据实际情况选择相应的评价,点击"发表评论"按钮。

(3) 成功发表评论。

(二) 查看买家评价

只有买家和卖家双方都评价完成以后,才可以互相查看对方的评价,具体操作步骤如下:

(1) 打开"已卖出的宝贝"页面,点击商品后面的"双方已评"超链接。

(2) 打开页面,可以看到买家的评价。

六、做好移动端营销

因为现在淘宝移动端的流量非常大,所以许多卖家把自己的目光投到了淘宝移动端。下面就介绍淘宝移动端的营销技巧。

(一) 移动端搭配套餐提升客单转化

搭配套餐,顾名思义就是将几种商品组合成一个套餐来销售,通过促销套餐让消费者一次性购买更多商品。这种营销方式在很大程度上提高了卖家促销的自主性,同时也为消费者提供了更多的便利和选择权。

那么,搭配套餐能给卖家带来什么好处呢?

(1) 增加信誉。一位消费者在购买一件满意商品的情况下,对应商品只能增加一个好评,但是如果是搭配套餐,在给予消费者更多优惠的情况下,将有可能至少增加两个商品的好评。

(2) 节省邮费。大多快递公司的收费标准是产品重量在1千克以内计算起步价。小件商品的卖家一件件发货的话,每件商品都是要按照起步价支付邮费的,每件商品的重量往往离1千克还有很大的差距,这样就会增加成本投入。如果按照搭配套餐出售,一次发货只要总重量不超过1千克,那么都只按起步价付费,这样一来就可以节省不少邮费。

(3) 增加商品曝光度。卖家可以将搭配套餐的模板代码复制到店铺的任意位置,提高商品曝光率,让消费者在潜意识中记住此套餐。

(4) 提高客单价。搭配套餐更具有真实性,消费者会认为卖家是在进行薄利多销,往往更加容易相信和接受这样的促销方式,这样自然就提高了店铺的客单价。

商品的搭配套餐设置完成后,在该商品的移动端详情页就会自动给出该商品的搭配套餐。

(二) 设置码上淘实现O2O交易零距离

扫码作为目前O2O中非常重要的连接入口,已经成为连接线上与线下的新流量渠道,成为消费者获取商品信息、享受优惠的途径。

扫码专享价是专门针对消费者手机淘宝扫码下单而设定的价格,需要卖家在商品中设置折上折优惠。消费者只有通过手机淘宝扫条形码或二维码才能享受专享优惠,这样比在PC端下单更便宜。

(三) 无线惊喜天天都有惊喜,无线营销必备工具

无线惊喜是一款基于完成店铺任务的抽奖、兑换活动的应用。消费者通过完成签到、收藏、宝贝浏览等任务获得金币,并用来抽奖及兑换奖品。同时,新设隔日送奖活动是卖家展开无线营销、增加消费者黏性的必备工具。

本章小结

- 移动电子商务,简称移动商务,是指以手机为终端,通过移动通信网络连接互联网进行

的电子商务活动。从广义上讲,移动商务是指应用移动端设备,通过移动互联网进行的电子商务活动。

·移动商务的主要特点:时间碎片化、用户体验至上、O2O融合、社交化、内容为王、服务个性化、定位精准性。

·移动商务的模式:微信朋友圈营销、知识付费、O2O门店聚客、网上开店、广告收费、微店。

·微商是基于移动互联网的空间,借助社交软件为工具,以人为中心、以社交为纽带的新商业模式。其本质就是基于沟通而逐渐建立起强关系,从而建立信任。

·微信公众号内容筛选:关联性、趣味性、实用性、多元性、互动性、一致性、热点话题。

·头条号推荐机制的基本规则:首先用户在头条号发布的文章通过审核后,系统会将文章推送展示给相关关键词人群;然后系统通过分析用户的阅读速度和文章停留时间,判断是否扩大文章的推荐范围,当阅读人数较多时,进行翻滚推荐。

·容易上热门的短视频:优质原创内容、配音合理、地点定位、点赞数量多、评论数量多、发布时间适宜。

·手机淘宝店铺装修注意事项:图片尺寸合适、突出促销活动和热卖商品位置、色彩风格要保持一致。

关键概念

移动商务　微信公众号运营　朋友圈营销　短视频　手机淘宝开店

基本训练

☞ 知识题

1.判断题

(1)微信订阅号是微信公众平台账号的一种,只有企业可以注册,注册成功后,可在其订阅号下推送图文、视频等形式内容。　　　　　　　　　　　　　(　　)

(2)H5技术在宣传营销方面的优势体现为:开发成本低、传播性强、互动性好等。
　　　　　　　　　　　　　　　　　　　　　　　　　　　　　　(　　)

(3)"始于颜值,成于价值"这一原则很适用于直播电商。　　　　　　(　　)

2.选择题

(1)移动商务促使移动营销和(　　)的整合。

A.网络营销　　　B.传统营销　　　C.精准营销　　　D.绿色营销

(2)适合二维码应用的场景包括(　　)。

A.移动支付　　　B.电子票务　　　C.信息发布　　　D.产品宣传

(3)下列哪几项属于移动互联网用户消费特点?(　　)

A.消费移动化、碎片化　　　　　　B.消费需求呈个性化

C.消费入口呈现单一化　　　　　　D.消费决策逐渐理性化

☞ 技能题

1. 分析新冠肺炎疫情对中小企业的影响,并结合本章所学的知识,谈谈有哪些应对措施?

2. 当下,快手、抖音两大短视频平台已成为用户最受青睐的应用,抖音官方数据显示,2020年其日活跃用户数超4亿,请谈谈短视频为什么会呈爆发式的发展态势?试说明制作短视频的注意事项。

参考答案

☞ 知识题

1. 判断题

(1) 错;(2) 对;(3) 对。

2. 选择题

(1) C;(2) ABCD;(3) ABD。

☞ 技能题

1. 影响包括:收入锐减,现金面临断流风险;订单急剧下降,经营陷入困境;人口红利下降,劳动力成本上升;信心下降,消费降级。应对措施:打好现金保卫战;顺应产业线上趋势;社交电商思维持续获客,沉淀流量。

2. 抖音这种短视频平台可以让移动网络用户在碎片化的时间里打发时间和获取信息,因此备受欢迎。基本事项包括:明确主题、写脚本和文案、拍摄视频、视频制作(剪辑、添加字幕等)。

第十章 网上贸易案例分析

 学习目标

- 了解淘宝网、支付宝的网站特色
- 熟悉社交电商的发展方向
- 熟悉拼多多的发展模式
- 熟悉直播电商的发展模式
- 能够对网络营销目标市场进行定位

今天，网络技术日益成熟，网络经济已呈蓬勃发展之势，几乎所有知名企业都投入到建站热潮中，网上企业站点数、站中页面数呈爆炸性增长。但是，网络营销作为新生事物，需要全新的营销策略和手段，其理论和方法也处于不断的发展变化之中。经过几年的发展和探索，许多企业的网站日渐成熟，网站的定位、主题、创意、气势、主页、内容、文字、总体容量、规模、服务功能、互动模式等方面均显示出共性和特色。

本章在前文的基础上，从不同的角度深入分析这些典型知名网站的网络经营策略，对目前企业网站的整体运营做一个全面、清晰的介绍，从中找出它们的成功之处，以为借鉴。

第一节 网络综合销售平台——淘宝网

目前我国应用范围比较大的网络综合销售平台主要有：淘宝、京东和拼多多等，其中规模和影响力比较大的是淘宝网。

一、网站背景

淘宝网成立于2003年5月10日，由阿里巴巴集团投资创办。经过十余年的发展，淘宝网已成为亚洲最大的网络零售网。国内著名互联网分析机构艾瑞咨询调查显示，淘宝网占据国内电子商务80％以上的市场份额。淘宝网秉承"开放、协同、繁荣"的理念，通过开放平台，发挥产业链协同效应，致力于成为电子商务的基础服务提供商，为电子商务参与者提供"水""电""煤"等基础设施，繁荣整个网络购物市场。推动"货真价实、物美价廉、按需定制"网货的普及是淘宝的使命。通过缩减渠道成本、时间成本等综合购物成本，淘宝帮助更多的人享用网货，获得更高的生活品质；通过提供销售平台、营销、支付、技术等全套服务，淘宝帮助更多的企业开拓内销市场、建立品牌，实现产业升级。淘宝将为整个网络购物市场打造一个透明、诚信、公正、公开的交易平台，进而影响人们的购物消费习惯，推动线下市场以及生产流通环节的透明、诚信，从而衍生出一个"开放、透明、分享、责任"的新商业文明。

二、网站特色

（一）产品种类多

淘宝网上的商品非常多而且处于动态发展中，无法具体说明有多少种商品，因为每天每时都会有不同的新开商铺或者下架物品，只能说具体有哪些分类目录。目前淘宝的一般目录有：女装男装、鞋类箱包、母婴用品、护肤彩妆、汇吃美食、珠宝配饰、家装建材、家具家纺、百货市场、汽车用品、手机数码、家电办公、生活服务、运动户外、花鸟文娱、农资采购等。

（二）特色服务

淘宝会员在交易过程中，可以感觉到轻松活泼的家庭式文化氛围。其中一个例子是会员及时沟通工具——阿里旺旺/千牛客户端。会员注册之后淘宝网和阿里旺旺的会员名通用，如果用户进入某一店铺，正好店主也在线的话，会出现掌柜在线的图标，那么用户可与店主及时地发送、接收信息。阿里旺旺具备了查看交易历史，了解对方信用情况、个人信息、头像、多方聊天等一般聊天工具所具备的功能。

（三）安全制度

淘宝网也非常注重诚信安全方面的建设，引入了实名认证制，并区分了个人用户与商家用户认证，两种认证需要提交的资料不一样，个人用户认证只需提供身份证明，商家认证还需提供营业执照，而且一个人不能同时申请两种认证。从这方面可以看出淘宝在规范商家方面所作出的努力。

淘宝同样引入了信用评价体系，点击界面还可查看该卖家以往得到的信用评价。

小应用 10.1

淘宝信用评价体系由心、钻石、皇冠三部分构成，目的是为诚信交易提供参考。并在此过程中保障买家利益，督促卖家诚信交易。淘宝网所有店铺违规、产生纠纷的退款及受到的处罚，将被完全公布在评价页面。升级后的评价体系将在以往的评价列表基础上，加上店铺相关信息，包括是否参加消费者保障计划、对消费者有何承诺、受到处罚的情况。

对于已经加入消保的卖家，显示信息包括：该店铺已加入淘宝网消费者保障服务及对买家的承诺等。因违规而被清退出消保的卖家，在被清退后的30天之内，其页面将显示：该店铺已被清退出淘宝网消费者保障服务。同时，在卖家服务质量查询栏，消费者可以看到该卖家近期是否有被投诉情况、产生纠纷的退款情况及违规情况。

这成为除评价以外，买家对卖家诚信度判断的最重要标准。

（四）千牛

千牛是一个卖家工作台，由阿里巴巴集团官方出品，淘宝卖家、天猫商家均可使用。千牛包含卖家工作台、消息中心、阿里旺旺、量子恒道、订单管理、商品管理等主要功能，目前有两个版本：PC版和手机版。PC版在卖家版阿里旺旺的基础上升级而来，其核心是为卖家整合店铺管理工具、经营咨询信息、商业伙伴关系，借此提升卖家的经营效率，促进彼此间的合作共赢关系。

小应用 10.2

淘宝大学

淘宝大学是由亚洲最大的购物网站——淘宝网创办的专业网商培训中心,它承载着淘宝网未来为社会提供一百万个就业机会、帮助更多的人成就网商梦想的社会使命。经过不断的探索与实践,淘宝大学研发了一系列实战课程,拥有资深淘宝卖家讲师50余名,并逐步形成了在线培训、现场授课和培训认证三位一体的教学模式,培训足迹已遍布全国40余座城市。

淘宝大学可以提供的服务包括:

(1)致力于网上经营培训,帮助广大学员获取全面的网上创业知识、经验和技巧,协助广大学员在网上创业、就业。

(2)为学员提供产品货源。

(3)针对经营实力较弱的学员,提供产品代发货,让学员完全没有资金积压、库存风险。

(4)为学员提供物流优势,学员的物流费用一年可以省上千元。

(5)学员学习完以后可以加入风语淘宝卖家联盟,解决经营难题,共享资源。

(6)学员学习完以后,暂时不愿开店创业的,也可以选择相应的网店营销岗位就业。

(7)每年组织学员参加多场高级卖家经验交流会,拓展学员的经营思维。

(8)为了让广大网商能更好地发展壮大自己的事业,风语淘宝创业联盟正在积极和银行洽谈,为优质联盟会员提供低息创业贷款,解决资金短缺等难题。

第二节 第三方支付平台——支付宝

现在我国应用范围比较大的网络第三方支付平台主要有:支付宝、快钱和财付通等,其中规模和影响力比较大的是支付宝。

一、网站背景

支付宝(中国)网络技术有限公司是国内领先的独立第三方支付平台,是阿里巴巴集团的关联公司。支付宝致力于为中国电子商务提供"简单、安全、快速"的在线支付解决方案。

支付宝公司从2004年建立开始,始终以"信任"作为产品和服务的核心。不仅从产品上确保用户在线支付的安全,还让用户通过支付宝在网络上建立起相互的信任,为建立纯净的互联网环境迈出了非常有意义的一步。

支付宝提出的建立信任、化繁为简、以技术的创新带动信用体系完善的理念,深得人心。

为电子商务各个领域的用户创造了丰富的价值,成长为全球领先的第三方支付公司之一。

目前除淘宝和阿里巴巴外,支持使用支付宝交易服务的商家已经超过46万家,涵盖了虚拟游戏、数码通信、商业服务、机票等行业。这些商家在享受支付宝服务的同时,还拥有一个极具潜力的消费市场。

二、支付分类

(一) 快捷支付

快捷支付是指支付机构与银行合作直连,形成一个高效、安全、专用(消费)的支付方式。

在推出快捷支付之前,大部分网络支付通过网络银行完成,但网络银行存在支付成功率低、安全性低等固有问题;除了大银行之外,国内1000多家银行中仍有大量城镇银行未提供网银服务。

快捷支付解决了上述问题,支付成功率达到95%以上,高于网银的65%左右;快捷支付用户资金由支付宝及合作保险公司承保,若出现资损则可获得赔偿。

2010年12月,中国银行与支付宝首次推出信用卡快捷支付服务。陆续有180多家银行开通了快捷支付服务。

在支付宝推出该业务之后,财付通、银联等第三方支付机构都推出了"快捷支付"服务。

(二) 手机支付

自2008年起,支付宝开始介入手机支付业务,2009年推出首个独立移动支付客户端,2013年初更名为"支付宝钱包",并于2013年10月成为与支付宝并行的独立品牌。用户下载安装"支付宝钱包",使用支付宝账号登录就能使用。

自2013年第二季度开始,支付宝的用户数、支付笔数均超过PayPal成为全球最大平台,这一优势仍在不断得到强化;2014年3月,支付宝每天的手机支付笔数已经超过2500万笔。

(三) 二维码支付

2010年10月,支付宝推出国内首个二维码支付技术,帮助电商从线上向线下延伸发展空间。用户在支付宝钱包内,点击"扫一扫",对准二维码按照提示操作就能完成支付。

2011年7月1日,支付宝在广州发布条码支付(BarcodePay),适合便利店等场景使用。这是国内第一个基于条形码的支付方案,尚无同类支付技术。使用时,用户在"支付宝钱包"内点击"付款码",收银员使用条码枪扫描该条码,即可完成付款。

(四) 声波支付

2013年4月12日,支付宝与合作方青岛易触联合推出全球首个声波售货机。市面尚无同类支付技术商用。

用户在支持声波支付的售货机等场景下,选择商品,然后在支付宝钱包内点击"当面付",按照提示即可完成支付。

(五)NFC支付

2012年7月31日,支付宝推出利用NFC、LBS等技术的新客户端。随后这一技术方案得到进一步改进。

2014年4月28日,支付宝钱包8.1版支持NFC功能,用户可以用来向北京公交一卡通进行充值。用户将公交卡等放置在具有NFC功能的安卓手机后,即可查询公交卡余额以及充值。

值得注意的是,支付宝移动支付均为远程在线支付方案,NFC在其中的作用为"近场握手、远程支付",与统称的NFC略有差异。

(六)IPTV支付

2012年3月29日,华数传媒与支付宝推出互联网电视支付,实现3秒支付。用户注册为华数会员,并关注服务窗号。使用"支付宝钱包"扫描电视上的二维码,即可完成支付。

(七)指纹支付

2014年7月16日,移动支付平台支付宝钱包宣布试水指纹支付服务。用户使用指纹注册成为会员后,通过指纹识别即可消费或打折,省去了随身携带众多卡片的烦恼。

(八)刷脸支付

2018年12月13日,支付宝宣布推出一款全新的刷脸支付产品——"蜻蜓",直接将刷脸支付的接入成本降低80%。

三、产品服务

使用支付宝支付服务需要先注册一个支付宝账户,其分为"个人账户"和"企业账户"两类。在支付宝官方网站或者支付宝钱包注册均可。

(一)实名认证

用户使用支付服务需要实名认证是央行等监管机构提出的要求,实名认证之后可以在淘宝开店,增加更多的支付服务,更重要的是有助于提升账户的安全性。

实名认证需要同时核实会员身份信息和银行账户信息。从2016年7月1日开始,实名认证不完善的用户,其余额支付和转账等功能会受到限制。

个人支付账户分为三类,三类账户的功能、额度和信息认证标准不同。其中,Ⅰ类账户只需要一个外部渠道认证客户身份信息。例如,联网核查居民身份证信息,对应的付款限额只有自账户开立起累计1000元的限额。该类账户余额可以用于消费和转账,主要适用于客户小额、临时支付。Ⅱ类和Ⅲ类账户的客户实名认证强度相对较高,分别通过3~5个外部渠道验证客户身份信息。其中,Ⅱ类账户的余额付款限额为年累计10万元。Ⅲ类账户的余额付款限额为年累计20万元。

(二) 支付宝钱包

支付宝也可以在智能手机上使用,该手机客户端为支付宝钱包。支付宝钱包具备了PC版支付宝的功能,也因为手机的特性,内含更多创新服务,如"当面付""二维码支付"等。还可以通过添加"服务"来让支付宝钱包成为自己的个性化手机应用。

支付宝钱包主要在iOS、Android系统上使用,iPad版与WP版也已开发完成。

(三) 支付安全

支付涉及用户的资金安全,因此遵循官方的安全规范至关重要。如安全控件、短信校验服务、数字证书、第三方证书、支付盾、宝令、宝令手机版、安全保护问题、安全策略、手机安全设置等。

(四) 还款服务

2009年1月15日,支付宝推出信用卡还款服务,国内39家银行发行的信用卡均可支持。还款服务主要优势有免费查询信用卡账单、免费还款,还有自动还款/还款提醒等增值服务。用户可以使用支付宝账户的可用余额、快捷支付或网上银行,轻松实现跨行、跨地区的为自己或他人的信用卡还款。

(五) 转账功能

支付宝转账分为两种:一是转账到支付宝账号,资金瞬间到达对方支付宝账户;二是转账到银行卡,用户可以转账到自己或他人的银行卡,支持百余家银行,最快2小时到账。

四、网站特色

(一) 优点

支付宝为买家提供简单、安全、便捷的购买和支付流程,能够极大限度地减少买家的流失,提高成交支付转化率。同时支付宝以稳健的作风、先进的技术和敏锐的市场预见能力,赢得了银行、国际机构和合作伙伴的认可。国内各大银行(中国工商银行、中国农业银行、中国建设银行、招商银行和上海浦东发展银行等)及中国邮政、VISA国际组织等各大机构均与支付宝在电子支付领域建立了稳固的战略合作关系,使支付宝成为电子支付领域最值得信任的合作伙伴之一。

(二) 缺点

(1) 支付宝不能很好地打击网上支付宝骗子。

（2）支付宝对虚拟物品纠纷缺乏评判标准,特别是网站、域名、程序等类别的网络交易。

（3）当支付卡太多时,用户还需要再次选择所在银行才能充值或付款,不如支付宝卡通支付一样便捷。

（4）遇到黑客时,资金的安全问题。

小思考 10.1

使用支付宝应该注意哪些安全措施?

答:使用支付宝时,应该注意:① 谨慎接收文件;② 警惕仿真号码和假客服;③ 切勿外泄校验码;④ 请不要把支付宝账号出租给他人;⑤ 好友借钱需确认;⑥ 谨防低价陷阱。

第三节 社交电商——小红书

小红书是年轻人的生活方式平台,由毛文超和瞿芳于2013年在上海创立。小红书以"Inspire Lives 分享和发现世界的精彩"为使命,用户可以通过短视频、图文等形式记录生活点滴,分享生活方式,并基于兴趣形成互动。截至2019年10月,小红书月活跃用户数已经超1亿,活跃用户呈年轻化趋势,年龄主要集中在18～34岁,占比83.31%,并将持续快速增长。

一、发展方向

（一）内容社区

和其他电商平台不同,小红书是从社区起家。一开始,用户注重于在社区里分享海外购物经验。到后来,除了美妆、个护外,小红书上出现了关于运动、旅游、家居、旅行、酒店、餐馆的信息分享,触及消费经验和生活方式的方方面面。

2016年初,小红书将人工运营内容改成了机器分发的形式。通过大数据和人工智能,将社区中的内容精准匹配给对它感兴趣的用户,从而提升用户体验。

小红书作为一个生活方式社区,其最大的独特性在于,大部分互联网社区更多是依靠线上的虚拟身份,而小红书用户发布的内容都来自真实生活,一位分享用户必须具备丰富的生活和消费经验,才能有内容在小红书分享,继而吸引粉丝关注。

大部分网络社区都是虚拟社区,用户在线上消费内容,体验也在线上结束。而小红书被称为"三次元社区",这是因为用户在小红书不管是看了美食,还是旅行目的地,都必须回到现实生活中进行消费,才能完成这个体验。

在小红书上,一位用户通过线上分享消费体验,引发"社区互动",能够推动其他用户去到线下消费,这些用户反过来又会进行更多的"线上分享",最终形成一个正循环。而随着人民生活越来越走向数字化,小红书社区在"消费升级"的大潮中发挥出更大的社会价值。

过去几年,包括完美日记、钟薛高、小仙炖、谷雨、Maia Active等在内的新兴品牌在小红书上成长起来,回力、百雀羚、大白兔、李宁等传统品牌通过小红书被更多年轻人喜爱,成为新消费品牌的代表,小红书也成为助力新消费、赋能新品牌的重要阵地。

(二) 产品电商

2014年10月小红书福利社上线,旨在解决海外购物的另一个难题:产品难以购买。小红书已累积的海外购物数据,分析出最受欢迎的商品及全球购物趋势,并在此基础上把全世界的好产品,以最短的路径、最简洁的方式提供给用户。

小红书电商的独特性在于:第一,口碑营销。没有任何方法比真实用户口碑更能提高转化率,就如用户在淘宝上买东西前一定会去看用户评论。小红书是一个真实用户口碑分享的社区,整个社区就是一个巨大的用户口碑库。第二,结构化数据下的选品。小红书的社区中积累了大量的消费类口碑,就好像几千万用户在这个平台上发现、分享全世界的好东西。此外,用户的浏览、点赞和收藏等行为,会产生大量底层数据。通过这些数据,小红书可以精准地分析出用户的需求,保证采购的商品是深受用户推崇的。

小红书启动电商模式后,短短5个月,销售额便达到2亿元;截至2020年底,小红书营收超过120亿元。

(三) 正品自营

小红书与澳大利亚保健品品牌Blackmores、Swisse,日本化妆品排行榜@cosme美容大赏等多个品牌达成了战略合作,还有越来越多的品牌商家通过品牌号在小红书销售。品牌授权和品牌直营模式并行,确保用户在小红书购买到的都是正品。

小红书在全球29个国家建立了专业的海外仓库,在郑州和深圳的保税仓设立了产品检测实验室。用户如有任何疑问,小红书会直接将产品送往第三方科研机构进行光谱检测,从源头上将潜在风险降到最低。

2017年,小红书建成REDelivery国际物流系统,确保国际物流的每一步都可以被追溯:用户可以在物流信息里查找到商品是坐哪一架航班来到中国的。

小红书设立保税仓备货,主要出于三个考虑:

首先,它缩短了用户与商品之间的距离。如果通过海外直邮等模式,那么用户可能要等一个月才能收到货,而在小红书,用户下单后大概两三天就能收到货。

其次,从保税仓发货也可以打消用户对产品质量的顾虑。在这里,中国海关会对所有进口商品进行清点、检验、报关,在缴税后才放行。

最后,大批量同时运货也能节省跨境运费、摊薄成本,从而降低消费者为买一件商品实际付出的价格。在刨去中间价和跨境运费之后,小红书基本能做到所售商品价格与其来源地保持一致,甚至有时还会因出口退税等而低于当地价格。

小红书从诞生伊始,就根植于用户信任。不论是从正品、送货速度,还是外包装上,缔造用户信任,创造良好的用户体验是小红书一贯坚持的战略。

(四) 品牌活动

1. 小红书"6·6周年庆"

小红书创立于6月6日。因此，在每年的6月6日，小红书会推出一系列大型周年庆促销活动，也是小红书全年促销力度最大的时间段之一。2017年"6·6周年庆"，小红书开卖2个小时销售额即达到1亿元，在苹果App Store购物类下载排名第一。

2. "红色星期五"

熟悉海外市场或经常海淘的消费者可能对"黑色星期五"这个说法更熟悉，这是美国非官方的圣诞购物季的启动日。在这一天，美国的商场都会推出大量的打折和优惠活动，在年底进行最后一次大规模的促销。小红书将其移植到国内，结合自身独特的红色元素，推出"红色星期五"大促。

二、运营模式

小红书的经营模式和传统经营模式完全相反，传统企业是先做产品，再找用户，也就是企业研发生产出产品后，进行各种营销方式宣传并卖给用户。而小红书则是先聚用户，再做产品，根据用户的需求来开发产品，这就是社群经济，是移动互联网时代新的商业模式。小红书采用的是典型的"社区＋电商型产品"的模式，而且聚焦跨境电商、海淘。

小红书的用户主要都是"90后""00后"的年轻人，这些年轻人坚信"好东西值得好价格"。他们并不是崇洋媚外、追求品牌，相反，他们在买东西的时候比过去的消费者更理智。比如为了找到好东西，他们会上网查攻略，去各大论坛看用户的评价，经过一系列考察并且核算价格之后，他们会托朋友从国外带、去香港买，或者找海淘平台采购。

小红书恰恰是看懂了现在这个时代，看懂了现在的年轻人，用购物攻略型的社区形式，将这些年轻人聚集在一起。小红书鼓励大家将海淘产品的使用心得发布在社区，或者让住在国外的用户告诉大家哪些东西是值得买的。

这样一来小红书的社区粉丝越来越多，形成了一个强大的社群，这就是在聚集用户，让有相同价值观的、相同目的的人聚在一起。这些用户在小红书的社区里分享交流经验，慢慢地就产生了感情。

小红书社群帮大家解决了"买什么""多少钱才值得买"的问题之后，搭起了自己的供应链系统——海外仓库、国内仓库和保税仓库，并正式上线了电商平台"福利社"去解决用户"哪里买"的问题，这就是社群。

进一步剖析传统企业如何做社群？社群是一种很重要的商业模式，传统企业一定要学会用社群链接产品，学会用产品链接社群。

小红书的切入点是社区，为什么要把社区作为突破口？小红书的目标是想快速解决这群潜在目标用户的疑问，进而转化为直接用户。这样做的优点有两个：一是利用社群关系可以打造成黏性强的社群经济，也就是平台回购率，因为目标用户群体是有限的，用户流失是一个很严重的问题；二是社区能够赋予用户平台归属感，特别是粉丝众多的专家级别的用户，这类用户是小红书的重要资源，因为这些用户在平台上的UGC是权威或者具有代表性的,普通用户则会被这些内容吸引,SNS平台也正是有了这类用户,发展的雪球才越滚越大。

在小红书上,来自用户的数千万条真实消费体验,汇成全球最大的消费类口碑库,也让小红书成了品牌方看重的"智库"。欧莱雅首席用户官Stephan Wilmet说:"在小红书,我们能够直接聆听消费者真实的声音。真实的口碑,是连接品牌和消费者最坚实的纽带。"

小红书成为了连接国内消费者和优秀品牌的纽带。通过小红书,国内消费者了解到了国外的好品牌。比如,Tatcha在美国口碑很好,在我国却默默无闻,用户在社区分享消费体验后,它渐渐受到国内消费者的关注和青睐。现在,小红书成为Tatcha在我国的唯一合作方。

小红书也致力于推动国产品牌走向世界。小红书上已经聚集了一批优秀的国产品牌。借助于小红书社区的口碑模式,这些品牌不必将大量的资源投入到广告营销中,而是可以专注于设计和品质。小红书创始人瞿芳说:"我们相信,只要将最好的设计、最优的品质和消费者对接,一个具有市场潜力的中国品牌就会冉冉升起。"

小思考 10.2

小红书的电商模式是B2C吗?如何看待它的电商模式?

答:小红书电商模式为社区电商平台(偏内容和交流)。它以图文视频为载体,类似抖音,是一个内容为主的视频社区。主打正品自营和B2C模式,从纯社区分享转B2C商城,延续内容分享。

第四节　专注C2M拼团购物——拼多多

拼多多是国内移动互联网的主流电子商务应用产品,是专注于C2M拼团购物的第三方社交电商平台。拼多多成立于2015年9月,用户通过发起和朋友、家人、邻居等的拼团,可以以更低的价格,拼团购买优质商品。旨在凝聚更多人的力量,用更低的价格买到更好的东西,体会更多的实惠和乐趣。通过沟通分享形成的社交理念,形成了拼多多独特的新社交电商思维。

C2M是英文Customer-to-Manufacturer的缩写,意为用户直连制造,是一种新型的工业互联网电子商务的商业模式,又被称为"短路经济"。目前,拼多多平台已汇聚7.313亿年度活跃买家和510万活跃商户,平台年交易额达人民币14576亿元,迅速发展成为中国第二大电商平台。

拼多多以独创的社交拼团为核心模式,主打百亿补贴、农货上行、产地好货等,致力于服务中国最广大的普通消费者。拼多多平台以"好货不贵"为运营理念,为消费者提供补贴折扣大牌商品、原产地农产品、工厂产品和新品牌商品等。其中,拼多多独创发起的百亿补贴创造了中国电商行业活动规模和持续时长的新纪录。拼多多脱胎于农产品电商平台拼好货。人民网此前发布报告显示,拼多多已经成为中国最大的农产品上行平台。

2018年7月,拼多多在美国纳斯达克证券交易所正式挂牌上市。

一、始终将消费者需求放在首位

拼多多致力于为最广大用户创造价值,让"多实惠,多乐趣"成为消费主流。

创立至今,拼多多始终将消费者需求放在首位,通过C2M模式对传统供应链成本进行极致压缩,为消费者提供公平且最具性价比的选择。

通过去中心化的流量分发机制,拼多多大幅降低传统电商的流量成本,并让利于供需两端。基于平台大数据,拼多多根据消费者喜好与需求,帮助工厂实现定制化生产,持续降低采购、生产、物流成本,让"低价高质"商品成为平台主流。2019年,拼多多平台订单包裹数已突破197亿个。

新电商模式释放的潜力,也为拉动我国内需、推动广大区域消费升级作出了巨大贡献。目前,拼多多平台的商品已覆盖快消、3C、家电、生鲜、家居家装等多个品类,并以持续增长的态势,满足消费者日益多元化的需求。

二、推动农产品大规模上行,有效助力精准扶贫

拼多多将创新的电商模式与精准扶贫紧密结合,为推动农产品大规模上行提供了有效途径。平台的"拼购"模式能够迅速裂变并聚集消费需求,实现大规模、多对多匹配,将农产品直接从田间送到消费者手中,令中国农业生产与需求离散化的劣势转变为优势。

基于此,拼多多积极响应党中央、国务院关于打赢扶贫攻坚战和实施乡村振兴战略的号召,投入大量资源,深入全国近千农业产地,以市场为导向解决覆盖农产区产销问题,以技术为支撑打造"农货中央处理系统",创新了以农户为颗粒度的"山村直连小区"模式,为脱贫攻坚贡献积极力量。

基于"最初一公里"直连"最后一公里"的产销模式,拼多多全力培育具备网络营销能力的"新农人",努力实现应急扶贫与长效造血的融合发展。截至2019年底,拼多多已累积带动86000余名新农人返乡,平台及新农人直连的农业生产者超过1200万人。通过精简农产品供应链,拼多多持续提升留存价值链的附加值,推动生产要素尤其是人才要素实现优化配置,有效激发覆盖产区的内生动力,带动产业下沉。

2019年,拼多多平台农产品及农副产品订单总额达1364亿元,较2018年的653亿元同比增长109%,成为我国最大的农产品上行平台。农副产品年活跃买家数达2.4亿,较上一年增长174%。期间,拼多多相继探索、实践"多多农园"等创新扶贫助农模式,有效帮助贫困地区农户增产增收。

三、推动供给侧改革,培育更多中国品牌

拼多多立足国内,与中小企业共同成长。平台"拼购"少SKU、高订单、短爆发的模式,不仅能迅速消化工厂产能,还帮助生产厂商通过"现象级"爆款迅速赢得消费者的信任,树立

品牌形象。

拼多多通过提供免费流量,大幅降低生产商的营销成本,平台还持续向有志于打造自主品牌的生产商倾斜资源,助力其转型升级。

创立至今,拼多多平台已催生近千家工厂品牌,并通过C2M模式持续推动多个产业集群的供给侧改革。2017年,拼多多在长三角的19个产业带中,共计扶持18万商家,帮助大量工厂摆脱代工地位,以最低成本实现品牌化。2018年12月,拼多多推出了聚焦中国中小微制造企业成长的"新品牌计划",旨在扶持1000家覆盖各行业的品牌工厂,帮助他们有效触达消费者,以最低成本培育品牌。

截至2020年10月,参与"新品牌计划"定制研发的企业已超过1500家,累积推出4000多款定制化产品,涉及家电、家纺、百货、数码等近20个品类,累积定制化产品订单量超过4.6亿单。

登陆纳斯达克之后,拼多多正致力于引领平台入驻品牌走向国际,为培育国产品牌、推动国产品牌得到国际认可作出更多贡献。

四、谨守"本分"价值观,坚持做正确的事

拼多多的成绩源自公司上下"本分"的价值观,即"坚守自己的本职"。对于平台而言,最大的"本分"是始终专注于为消费者创造价值。

第五节 直播电商——抖音

电商直播是一种购物方式,在法律上属于商业广告活动,主播根据具体行为还要承担"广告代言人""广告发布者"或"广告主"的责任。如果消费者买到假货,那么销售者即卖家需承担法律责任,主播和电商直播平台也要承担相应的连带责任。

抖音是由今日头条孵化的一款音乐创意短视频社交软件,该软件于2016年9月20日上线,是一个面向全年龄的音乐短视频社区平台。抖音的出现,颠覆了电商领域的传统模式,甚至成为国内电商平台中第一个成功走出去的平台,将"短视频+销售额"的模式通过App Store传播到了世界各地,为什么抖音能在短短的两年时间内取得这样大的发展呢?

一、抖音大发展的原因

从选品而言,抖音更"新",因为其他平台的消费者更多是想买什么产品再到平台上去搜索,而抖音却更多的是鼓励消费者在毫无预先准备的情况下"冲动"消费。

与其他平台相比,抖音更"大",因为与微信相比,抖音会更多地为用户推送巨大流量,而微信只能在用户自己的朋友圈内部扩散。

与其他平台相比,抖音更"快",因为与各大电商平台相比,它们的每个版位都要用销量和转化率来支撑,而抖音更多是搭配在精准的社交流量上。

与其他平台相比,抖音更"便宜",因为抖音为用户带来的流量更多是来自于推送,而不是广告、刷单和送测。

与此同时,抖音更"轻",因为抖音的流量和单量来得太"猛",猛到卖家只能出售已经有充分库存的产品,所以销售无需提前备货,即使备货也来不及生产。

对于抖音的文案制作而言,抖音也许是真正做到了"快",因为卖家不需要进行不断的优化与分析,一张着陆页只卖一个产品,非常简单。

对于抖音的广告与数据分析而言,抖音比Facebook和Amazon简单太多,因为在短短几天甚至1~2天便可以完成测款。

对于抖音的广告投放效果而言,抖音也许是唯一一个真正按"效果"收费的平台,因为没有订单就没有广告费。

对于销量而言,抖音也许是唯一一个要么没有销量,要么只有爆款的平台。

当然,因为抖音"快"的特质,所以可以认为抖音上的产品生命周期也会非常短,但是这也许正好符合世界工厂"中国供货商"的需要。

二、抖音直播电商的模式

(一) 店铺直播模式

主播针对每个在售产品款式进行逐一介绍,或者由观众在评论区留言,告诉主播要看哪款。此时,直播内容就是直播间的各个款式,其竞争力来源于在播商品,依靠购物袋中的商品引起观众互动。

(二) 海外代购模式

主播在国外给粉丝带货,商品随着镜头的画面变化而变化,价格是该模式的优势,同时也容易激发观众的好奇心。该模式的局限性在于时常会因为镜头只对着部分商品,所以造成该模式辨识度不是很高。

(三) 基地走播模式

该模式较"轻",主播不用担心货源和库存压力,也不用费心于售后服务问题。主要由供应链构建直播基地,主播到各个直播基地去做直播,一般提前到基地选好货,等基地做好场景搭建,主播即可开播。

内容上,主播会依据粉丝的需求来筛选款式,一场直播往往提供大量款式。与此同时,一般基地的装修和直播设备比较高档,画质都比较好,内容辨识度也可观。

一般而言,基地会为协助主播"演双簧",采用"好款惜售"的模式,容易造成冲动下单,同时也可能造成售后退货的情况。

(四) 直播间出品模式

这种模式是操作难度最大，门槛也是最高的。主播根据粉丝的需求，推出特有的款式，同时也保证了品质。货品多采买于供应链供货/工厂订制或市场。粉丝对上新的内容有期待。

成交的冲动性主要来自粉丝对主播的信任以及对款式的认同。

(五) 砍价模式

一货一品，容易引起哄抢。而且观众喜欢围观砍价和成交过程，既然别人抢到了，自己就会有去购买的冲动。

以翡翠耳环为例，主播拿到货主的翡翠后，把商品的优缺点分析给粉丝听，同时也告诉粉丝商品大概的价值，征询有意向购买的粉丝。在这个基础上，货主报价，主播砍价，价格协商一致后三方成交。主播赚取粉丝的代购费和货主的佣金。

(六) 秒杀模式

主播和品牌商合作，帮品牌商带销量，同时给粉丝谋福利，主播渲染商品价值的能力是其核心能力。

这个模式容易形成马太效应，主播带货能力越强，越受品牌方的青睐，拿到的折扣也就越低，也就越能吸引粉丝，而主播的收益来自"坑位费"和销售返佣。

(七) 专家门诊模式

如同专家门诊般，一对一帮助粉丝解决问题。这种模式的成交转化率特别高，但不容易获得流量。

(八) 达人模式

通过此模式获取到的粉丝，对主播的信任度都较高，让转化率有不错的表现。

不过该模式需要主播在某个领域有非常深厚的专业认识，对该领域的商品了如指掌，能成为该领域的消费意见领袖，比如"口红一哥"李佳琦。

(九) 博彩模式

这种模式玩法辨识度高，成交冲动性强，内容可期待性强，是直播过程中最容易操作的模式。之前的赌石、当下的珍珠开蚌等都带有强烈的博彩性质。各种直播均可设计一些博彩的环节，增强内容的趣味性。

(十) 产地直播模式

土鸡、土鸡蛋、大龙虾、腊肉、芒果、榴莲……无论是自产自销还是产地直销，到产地买，性价比最高，观众对产品品质也放心。

局限在于该直播模式的内容每天都差不多,不容易被观众期待。

(十一) 抢拍模式

该模式氛围和互动性比较高,具备成交冲动性。

例如,主播销售一双小白鞋,39码商品的编号为"6",只有被叫到名字的观众才能领到号码,领取号码后到链接里付款并备注编码。

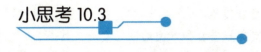

电商直播成功的要素有哪些?

华东师范大学社会发展学院院长、社会学教授文军认为,电商直播增强了主播与观众的互动,在线观看的人数、购买产品的信息也可能刺激消费者购物。

浙江大学传媒与国际文化学院教授赵瑜认为,相比电视购物,电商直播不是用夸张的语言和戏剧效果来实现"饥饿营销",而是更强调主播与受众的交互和共情,符合互联网时代用户的社交习惯。

北京大学光华管理学院工商管理博士后穆胜认为,电商直播成功应具备四要素(见图10.1):① 主播——选择形象适宜、画风匹配的主播至关重要。② 用户(需求侧)——主播是否具有影响用户的能力,即是否具有私域流量。按照私域流量AIE标准,主播要有长期的私域流量,就必须IP化,必须有忠实粉丝。③ 货品(供给侧)——直播让产品成为焦点,会极大程度地放大瑕疵,商家高效的供应链和过硬的产品是关键。④ 剧本——主播、用户、货品三者是基于场景交互的,需要按照既定剧本控制剧情并形成"场域",促成大量成交。

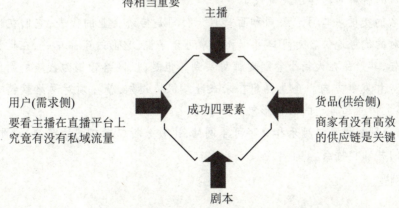

图10.1 电商直播成功应具备四要素

本章小结

· 淘宝网是亚太地区最大的网络零售商圈,致力打造全球领先的网络零售商圈,由阿里巴巴集团在2003年5月10日投资创立。淘宝网现在业务跨越C2C(个人对个人)、B2C(商家对个人)两大部分。淘宝网的优势包括:广泛的市场宣传推广、出类拔萃的网站质量、永远免费的吸引政策、完善的信用体系建设、灵活的支付宝交易平台和方便的旺旺交流工具。

· 支付宝(Alipay)最初是淘宝网公司为了解决网络交易安全而设的一个功能,该功能首先使用"第三方担保交易模式",由买家将货款打到支付宝账户,由支付宝向卖家通知发货,买家收到商品确认指令后支付宝将货款付于卖家,至此完成一笔网络交易。支付宝开放的平台为网络交易奠定了基础,目前它不仅和全国72家银行合作,还推出了手机支付、电视支付等业务。

· 电商直播是一种购物方式,在法律上属于商业广告活动,主播根据具体行为还要承担"广告代言人""广告发布者"或"广告主"的责任。如果消费者买到假货,那么销售者即卖家需承担法律责任,主播和电商直播平台也要承担相应的连带责任。

基本训练

☞ 实验题

可口可乐和百事可乐的网络营销特色分析

传统企业如何在信息经济时代赶上潮流,如何在网络环境下开展产品营销?这是传统企业必须面对的崭新问题和巨大挑战。

全球著名的美国可口可乐公司和百事可乐公司是传统企业的代表,它们在世界饮料市场上占有绝对的优势地位。对可口可乐和百事可乐来说,它们的产品单一,在世界各地不间断地大做广告,其产品在大街小巷随时都可买到。但是,以网络营销为代表的新经济代表着一种商业趋势和发展方向。企业要想在未来继续保持领先,就必须对网络营销有足够的重视,并在网络上树立起自己的品牌形象。

要求:请分别登录可口可乐和百事可乐网站,比较分析二者在网站定位、网页特点、网站功能等方面的共性和特点。

☞ 案例题

大众汽车的网上推广策略

大众汽车在产品推广方面有个好主意,它要在网上发布最新的两款甲壳虫车型——亮黄和水蓝。总共2000辆新车出售，而且均在网上销售。公司花了数百万美金在电视和印刷媒体上大做广告，推广活动的广告词为："只有2000，只有在线"。大众汽车e-Business经理Tesa Aragones认为："大众汽车的用户中有很多人能上网，我们这次市场活动不仅推广了新车型，而且支持了整个在线购车的过程。我们将使之成为一次独特的品牌宣传，大约60%的客户通过互联网来购买我们的产品和服务。"

这是大众汽车第一次在自己的网站上销售产品，推广活动从当年5月4日延续到6月30日。网站采用Flash技术来推广两款车型，建立虚拟的网上试用驾车。

Aragones解释道："采用Flash技术，将动作和声音融入活动中，让用户觉得他们实际上是整个广告的一个部分。用户可以选择网上试用驾车的不同场景，如在城市中、在高速公路上、在乡间田野或其他地方。"

网上试用驾车使得网站流量迅速上升。Aragones指出网站每月平均有100万人次访问。在推广的第一天，就有超过8万的访问量。在活动期间，每天独立用户数平均为47000，每个用户花费时间翻了1倍，达到19分钟，每页平均浏览1.25分钟。

网上试用驾车同时完成了重要目标——得到更多的注册用户。用户能够在网上建立名为"我的大众"的个人网页。Aragones指出，在推广期间，超过9500人建立了自己的网页。他们能够更多地了解自己需要的汽车技能，通过大众的销售系统检查汽车的库存情况，选择一个经销商，建立自己的买车计划，安排产品配送时间。

Aragones说："用户能够根据自己的需要，通过互联网、BBS或电话与经销商取得联系。一旦交易成功，用户能直接确定新车型的发送时间。"

Aragones说推广活动产生了2500份在线订单，其中60%的用户选择了水蓝车型。"因为水蓝车型有着更多的价格选择，所以它卖得较好。亮黄则只有一种型号且较贵。"

这次市场活动对于美国国内的大众汽车经销商来说也是成功的。超过90%的经销商参与了活动，虽然Aragones拒绝透露销售的具体情况，但是她还是指出销量是非常高的。

Aragones说："这次活动达到了我们的预期目标。我们向消费者证明了在线买车为他们提供了更多的选择余地。活动也向我们的经销商证明了电子商务的力量所在，让他们为汽车行业在线销售的高速增长做好了准备。"

问题：分析大众汽车的网上试用驾车对于促进产品销售的效果如何？

参考答案

☞ 实验题

分析提示：

1. 网站定位

（1）可口可乐。针对其产品早为人们熟悉的特点，将可口可乐定义为美国文明史的一部分，体现可口可乐是具有文化内涵的品牌而不仅仅是饮料。

（2）百事可乐。以年轻人为主要推广对象，成功地树立起了独立、叛逆和富于个性的时尚形象。

2. 网页特点

(1) 可口可乐。网页的设计和手法上着意于各种出其不意的花样和噱头,刻意追求光怪陆离的视觉效果。整个网站营造出了一种热闹纷繁的场面,这在互联网中显得极为独特。

(2) 百事可乐。主页采用了方方正正的"传统型"设计风格,画面与其商标一样,取蓝白冷色为主。网页风格新奇、大胆、活泼、现代,完全迎合青年人的口味。

3. 网站功能

(1) 可口可乐。第一是创造出一种可乐文化。它并不期望网民点击鼠标来购买产品,而是要让大众时时记着这一网站,时时光顾,看看有何"可乐",所以公司采用多幅首页的方式。访问者每次看到的首页都不一样,每幅走马灯式的首页都用涂鸦体的嬉皮士腔调来一段话,彼此间无关联。第二它向网络渗透、扩张的意图非常强烈,与网民交互中获取信息是其网络营销的核心任务。如在网上商场设立了网络调查栏目,通过一系列问题来获得客户的资料。

(2) 百事可乐。第一注重公司形象和产品的推广,它按产品广告与经营业绩分为两大板块,分别在首页页眉的左右侧目录区列出。第二面向经销商、承运商等设立普及电子数据交换(EDI)系统栏目。

案例题

分析提示:

1. 网上试用驾车对销售的促进作用

(1) 推广了新车型。

(2) 支持整个在线购车的过程。

(3) 使之成为一次独特的品牌宣传。

(4) 采用Flash技术来推广两款车型,建立虚拟的网上试用驾车,加强了用户对新车的感性认识。

2. 网上试用驾车的效果

(1) 网站流量迅速上升,得到更多的注册用户。

(2) 通过大众的销售系统检查汽车的库存情况,选择一个经销商,建立自己的买车计划,安排产品配送时间。

(3) 推广活动产生了2500份在线订单。

3. 意义

在线买车为他们提供了更多的选择余地。活动也向经销商证明了电子商务的力量所在,让他们为汽车行业在线销售的高速增长做好了准备。

参 考 文 献

［1］北京鸿科经纬科技有限公司.网店推广［M］.北京:高等教育出版社,2019.
［2］俞漪.客户服务与管理［M］.北京:电子工业出版社,2018.
［3］李玉清.网络营销实务［M］.北京:电子工业出版社,2018.
［4］岳俊芳,吕一林.市场营销学［M］.北京:中国人民大学出版社,2019.
［5］卡尔·达克丹尼尔,罗杰·盖茨.市场调研精要［M］.范秀成,杜建刚,译.北京:电子工业出版社,2015.
［6］邵贵平.电子商务数据分析与应用［M］.北京:人民邮电出版社,2018.
［7］吴洪贵.商务数据分析与应用［M］.北京:高等教育出版社,2019.